Iedereen doet aan psychologie

Maarten
Derksen

ℍ   1999

Iedereen doet aan psychologie

Retorica en demarcatie
in de Nederlandse
psychologie

1892 – 1992

Historische Uitgeverij

Groningen

Deze uitgave kwam tot stand mede dankzij
financiële steun van de stichting NWO en
de stichting WeTeN.

© 1999 Maarten Derksen | Bath
Afbeelding voorplat Paul Klee | Zwitscher Maschine, 1922
Vormgeving rudo Hartman | Den Haag
Zetwerk GrafiData | Meppel
Druk Salland de Lange | Deventer
ISBN 90 6554 499 2
NUGI 644 | 711

Inhoud

Kennis en deskundigheid
7

Grenzen en gemeenplaatsen
15

De muren van het lab
35

Wetenschappelijke mensenkennis
78

De valstrikken van de sensus communis
125

De geest weet zelf niet wat de geest is
150

Iedereen doet aan psychologie
175

Verantwoording
189

Kennis en deskundigheid

Weinig onderwerpen prikkelen de menselijke onderscheidingsdrang zo sterk als kennis. Om soorten kennis te benoemen is een groot aantal bijvoeglijke en zelfstandige naamwoorden in gebruik: wetenschappelijke kennis, intuïtieve kennis, common sense, gezond verstand, mensenkennis, boekenwijsheid, openbaring, dogma, gnosis, speculatie, zelfkennis, inheemse kennis, aangeboren en aangeleerde kennis, ervaring, knowing how en knowing that. Kennis wordt onder andere onderscheiden naar de wijze waarop ze is verworven (empirisch of a priori, bijvoorbeeld), naar het deel van de werkelijkheid waarop ze betrekking heeft (sterren, geleedpotigen, ethische normen), naar het soort vraag dat ze beantwoordt (wat? hoe?) en naar het soort antwoord dat ze geeft (een wiskundige formule of een historisch narratief).

Het categoriseren van kennis is een controversiële aangelegenheid. Van sommige soorten kennis wordt het bestaan betwist. Velen bestrijden bijvoorbeeld de mogelijkheid van parapsychologische kennis, omdat ze menen dat paranormale fenomenen niet voorkomen. Bij andere categorieën is er onenigheid over de juiste definitie (wat is wetenschap?), over de relaties tussen de rubrieken (sluiten wetenschap en dogma elkaar uit?), of over de vraag wat er tot het domein van een categorie behoort (valt het werk van Jung onder de psychologie?). De gemoederen lopen vaak hoog op in dit soort discussies, want het categoriseren van kennis is niet zonder gewicht. Niet alle soorten kennis worden even betrouwbaar en nuttig geacht, de gebruikte categorieën hebben vaak evaluatieve connotaties: het adjectief 'wetenschappelijk' suggereert betrouwbaarheid, terwijl met 'filosofisch' nutteloze diepzinnigheid kan zijn aangeduid. Echter: ook over de waarde van de diverse soorten kennis is weinig overeenstemming. Er zijn mensen voor wie alleen de door God geopenbaarde kennis van waarde is, anderen willen zich slechts op de wetenschap verlaten, en weer anderen zweren bij het gezond verstand. Wat buiten de eigen categorie valt gunt men dikwijls de naam 'kennis' niet: dat zijn louter opinies, vooroordelen, of zelfs illusies. Er is dan maar één soort kennis: ware kennis.

Debatten over soorten kennis en hun waarde worden gedomineerd door woordvoerders, mensen die de zeggenschap over een bepaalde categorie kennis opeisen. Voor hen zijn, naast specifieke aanduidingen als astronoom of priester, soortnamen in gebruik zoals deskundige, expert, ingewijde, autoriteit, en kenner. Om hun woordvoerderschap te bestendigen is het nodig dat hun deskundigheid wordt herkend en gewaardeerd, en zij moeten dus aan anderen duidelijk maken over welke kennis ze beschikken en wat die waard is. Epistemologische cartografie, het onderscheiden en indelen van soorten kennis, speelt in dat proces een grote rol, al is het maar omdat het meestal gemakkelijker valt aan te geven waar men te vinden is op de culturele landkaart, dan te vertellen wat men daar precies doet. In conflicten tussen deskundigen staan dan ook vaak cartografische kwesties centraal. De controverse rond het onderwijzen van de evolutie-theorie op middelbare scholen, waarin onder meer mensen optreden die voor de wetenschap, voor de biologie, of voor het creationisme spreken, spitst zich toe op de vragen: kan het creationisme tot de wetenschappen worden gerekend, is de evolutie-theorie een vorm van dogma, en: zijn wetenschap en religie strikt gescheiden culturele gebieden. Op grond van het antwoord op deze vragen wordt beslist of evolutie-theorie dan wel creationisme het soort kennis is dat men op school onderwezen wil zien.

Waar deskundigen zijn, zijn ook leken, mensen die géén zeggenschap hebben over een bepaalde soort kennis. Niet iedereen is kunsthistoricus, wiskundige of wijnkenner; deskundigheid is verdeeld. Veel gebieden op de epistemologische landkaart zijn territoria van groepen mensen die een soort kennis in bezit hebben. Zulke territoria en hun bewoners worden in dit boek 'disciplines' genoemd. Gezien het enorme belang dat in de huidige maatschappij aan kennis in het algemeen wordt gehecht, en gegeven het feit dat niet alle soorten kennis evenveel waard worden geacht, is de verdeling van deskundigheid tevens een verdeling van macht. Discussies over soorten kennis en hun waarde krijgen zo een politieke lading, die tot uitdrukking komt in de felheid waarmee wordt gedebatteerd.

Dit boek gaat over de epistemologische cartografie van psychologen. Aan de hand van episodes uit de geschiedenis van de Nederlandse psychologie wordt beschreven hoe psychologen hun soort kennis, psychologie, hebben afgebakend van andere categorieën, hoe ze de psychologie herkenbaar hebben gemaakt, hoe ze andere mensen hebben overtuigd van de waarde van psychologische kennis en deskundigheid, en hoe ze hen duidelijk hebben gemaakt dat zíj geen psychologische kennis en deskundigheid bezitten. Het is een verslag van historisch onderzoek: de blik is voornamelijk op het verleden gericht, en het doel is, in eerste instantie, om een cultureel proces te beschrijven, niet om er zelf aan deel te nemen. Een studie als deze kan echter, door te reflecteren op de geschiedenis, wel bijdragen aan een beter begrip van de huidige situatie en zo het proces wellicht inspireren. De cartografie van kennis is immers allerminst voltooid. Er bestaat, de inspanningen van wetenschapsfilosofen ten spijt, nu eenmaal geen algemeen aanvaarde rubricering van alle mogelijke soorten kennis, noch is er zoals gezegd overeenstemming over hun waarde. Voor de psychologie geldt dit in sterke mate. De plaats van de psychologie op de culturele landkaart is nog steeds onderwerp van zorgelijke bespiegelingen en felle discussies, zowel tussen psychologen en buitenstaanders als tussen psychologen onderling.

Zorgen over de status van de psychologie

In de marges van de Nederlandse psychologie wordt regelmatig gesproken over de verhouding tussen psychologie en maatschappij. Het is een onderwerp dat zich goed lijkt te lenen voor een voordracht voor het congres van het Nederlands Instituut van Psychologen (het NIP), een column of artikel in het verenigingsblad *De psycholoog*,[1] een essay in de krant, of het voorwoord van een bundel. Gelegenheden die uitnodigen tot bespiegeling. Soms leidt zo'n reflectie op de plaats van het vak in de wereld tot een klein debat, maar er is geen sprake van een systematische discussie. Men identificeert zich niet met een richting of school in dezen, er wordt geen empirisch onderzoek naar verricht. In vergelijking met de wetenschappelijke productie, is het vertoog over de relatie tussen maatschappij en discipline tamelijk ongedisciplineerd.

Voor veel psychologen is de verhouding met de maatschappij een bron van zorgen. De psychologie, zo is het gevoelen, wordt niet op haar waarde geschat. Een van de telkens weerkerende klachten in de columns van Piet Vroon in *de Volkskrant* gold 'de beleidsmakers die steeds maar weer maatregelen bedenken die strijdig zijn met de manier waarop wij zijn gebouwd'.[2] Beleid dat gebruik zou maken van de aanbevelingen die psychologen doen, zou toch vele miljarden guldens uitsparen ('sick buildings' kosten twee miljard per jaar, bijvoorbeeld). Willem Wagenaar, een andere nationaal bekende psycholoog, heeft zich eveneens ontevreden betoond over het gebrek aan waardering voor de psychologie. Hij zag zelfs 'bittere gevechten over de waarde van de psychologie', en verweet de toenmalige minister van Verkeer Maij-Weggen dat ze 'meer in politiek gelooft dan in eenvoudige waarnemingspsychologie'.[3] De arbeids- en organisatiepsycholoog Rob Roe wijdde in 1988 zijn gastvoordracht voor het NIP-congres aan de 'enorme wanverhouding tussen de toepasbaarheid van de psychologie en de feitelijke toepassing'. Het probleem beperkt zich niet tot overheid en bedrijfsleven: 'in nagenoeg alle sectoren van de maatschappij wordt de kennis waarover de psychologie beschikt grootschalig genegeerd'.[4]

De oorzaak van het gebrek aan erkenning zoeken veel psychologen bij een concurrerende soort kennis: 'De kern van het probleem is dat zowel de overheid als het bedrijfsleven zich vaak baseert op wat we een 'psychologie van het dagelijks leven' kunnen noemen. Als aanbevelingen van deskundigen daarmee niet in overeenstemming zijn, worden hun werkstukken doorgaans in een onbereikbare bureaula opgeborgen. In de praktijk houdt de situatie dus in dat de meeste adviezen niet worden opgevolgd.'[5] Alledaagse psychologie, common sense, gezond verstand, *folk psychology* en volkspsychologie worden als synoniemen voor deze categorie kennis gebruikt. Volgens psychologen beoordelen leken de verklaringen en adviezen die wetenschappelijke psychologen hen bieden volgens criteria die voortkomen uit hun eigen psychologie. Ze achten zich dus zelf deskundig op een terrein dat door wetenschappers wordt opgeëist. 'Iedereen voelt zich gekwalificeerd om uitspraken te doen die kant noch wal raken, maar die wel hardnekkig zijn', stelde Harald Merckelbach.[6] De leek denkt mee te kunnen praten, en wat de psychologen betreft is het geen prettig gesprek. Men vindt de common sense een eigenwijze tegenstrever, een van de kenmerken waarover psychologen zich dikwijls beklagen is 'de haast onweerlegbare zekerheid die deze zelfkennis suggereert'.[7] Leken denken de waarheid in pacht te hebben. Als de psychologie eens een theorie produceert die wel in overeenstemming is met de alledaagse psychologie, dan wordt honend geroepen dat iedereen dat al wist. Maar 'wat iedereen weet', werpen de psychologen weer tegen, is een vat vol tegenstrijdigheden: de common sense heeft overal een verklaring voor, maar de verklaringen spreken elkaar vaak tegen. Common sense is geen betrouwbare vorm van kennis.

Niet iedere psycholoog legt de schuld voor het gebrek aan erkenning bij de common sense. Roe wees die verklaring in de genoemde voordracht resoluut van de hand. De oorzaak ligt volgens hem bij de gebrekkigheid van psychologische kennis. 'Ons publiek de schuld geven van gebrek aan interesse en wachten op betere tijden, is zinloos en ongepast.'[8] Wim Hofstee keerde zich eveneens tegen het gebruik van het publiek als zondebok, maar ook voor hem is de plaats van psychologie in de maatschappij vooral bepaald door de relatie met de common sense.[9] De bijdrage van de psychologie aan de beschaving bestaat enerzijds uit het ontmaskeren van onjuiste alledaags-psychologische zekerheden, anderzijds uit 'aansluiting bij de common sense' en het systematiseren van de daar aanwezige kennis.[10]

Naast gebrek aan erkenning is een tweede vaak uitgesproken grief dat leken een verkeerd beeld van de psychologie zouden hebben. Dat imago is vooral te 'soft', men identificeert psychologie met psychotherapie. Het frustreert menig psycholoog enorm dat de zachte psychologie nu juist wel geaccepteerd en populair is onder leken. 'Het grote publiek heeft een heel andere opvatting over psychologie dan wij', vertelde Wagenaar zijn collega's in een bespiegeling op het eeuwfeest van de Nederlandse psychologie.[11] Vroon schreef in het voorwoord van een van zijn column-bundels dat 'politici en het publiek de psycholoog nog steeds zien als een figuur die (..) meent een diep inzicht in mens en samenleving te hebben'.[12] Die misvatting, schadelijk voor het vak, wilde Vroon met zijn columns rechtzetten. De schuld legde hij impliciet bij populariserende klinisch psychologen en psychotherapeuten. Wagenaar deed in de genoemde column hetzelfde: na een lijstje termen van klinische en persoonlijkheids-psychologische signatuur te hebben genoemd die in het dagelijks denken en taalgebruik zijn ingeburgerd, sprak hij er zijn teleurstelling over uit dat desondanks 'de *wetenschap* psychologie' zo weinig aanzien heeft. Waarna een waarschuwing volgde tegen premature popularisering: 'ik denk dat het publiek op grote schaal veel te vroeg is beïnvloed door de onrijpe produkten van ons vak'.[13] Een van de gevolgen is een toevloed van misleide eerstejaars studenten. Klaas Visser, hoofd Onderzoek en Onderwijs aan de Faculteit Psychologie van de UvA, beklaagde zich over de verkeerde voorstelling die veel studenten van de psychologie hebben: 'Die denken, *psychologie, dat is iets met mensen.*'[14] Visser stelde hiervoor expliciet klinisch psycholoog René Diekstra en diens populariseringen verantwoordelijk.

Ook wat dit probleem betreft spreken psychologen niet met één stem. Het zal niet verbazen dat Diekstra zelf van mening is dat zijn populair-wetenschappelijke artikelen wèl wetenschappelijk onderbouwd zijn.[15] De toenmalige directeur van het NIP, Theo Jonkergouw (geen psycholoog overigens), noemde Diekstra zelfs 'onze sterspeler' in de media.[16] Wagenaar verdedigde de instelling van een psychologie-opleiding aan de Universiteit van Limburg met het argument dat psychologie 'gaat over het allerinteressantste onderwerp dat er bestaat: *jezelf*,[17] wat doet vermoeden dat psychologie toch iets met mensen te maken heeft. Sociaalpsycholoog Henk Wilke, ten slotte, ziet in tegenstelling tot de meeste van zijn collega's geen enkel probleem in de erkenning voor of het publieke beeld van de psychologie. In zijn reactie op Roe[18] toonde hij zich juist zeer tevreden over de belangstelling voor psychologie en de verbreiding van psychologische kennis.

Vraag, materiaal en hulpmiddelen

Een eeuw Nederlandse psychologie[19] heeft geen consensus opgeleverd over de vraag wat voor kennis de psychologie produceert en wat die kennis waard is. Psychologen zijn het onderling wel eens over de waarde van de psychologie, maar verschillen van mening over wat psychologie eigenlijk is. Buitenstaanders wordt verweten dat zij psychologie ten onrechte als zielknijperij opvatten, maar Diekstra, de psycholoog die door sommigen verantwoordelijk wordt gehouden voor dit imago, kreeg van zijn collega's in 1994 de NIP-Van Gorcum Mediaprijs voor zijn populariserende werk.[20] Wel bestaat er onder psychologen overeenstemming over het idee dat psychologie, wat voor soort kennis zij ook is, nauw verband houdt met een categorie van kennis die onder andere common sense en alledaagse psychologie wordt genoemd. Volgens velen is die alledaagse psychologie zelfs de oorzaak van het gebrek aan erkenning voor de wetenschappelijke psychologie.

In dit boek wordt de voorgeschiedenis van de huidige onvrede onderzocht. De vraag luidt wat psychologen in het verleden eigenlijk hebben gedaan om hun soort kennis af te bakenen en gewild te maken. Het onderzoeksmateriaal bestaat uit gepubliceerde teksten van Nederlandse psychologen. Die keuze heeft een pragmatische reden, maar is ook historiografisch verantwoord. Historisch materiaal van Nederlandse psychologen is hier te lande beter beschikbaar dan dat van buitenlanders. Dat geldt zeker voor teksten die voor buitenstaanders zijn geschreven, aangezien zulke 'populariseringen' minder status hebben dan erkend wetenschappelijk werk en daarom buiten het eigen taalgebied nauwelijks door bibliotheken worden verzameld. Het hier bestudeerde proces speelt zich grotendeels in dit soort teksten af. Historiografisch gezien is een onderzoek van de Nederlandse psychologie interessant als tegenwicht voor de vele geschiedenissen van de psychologie waarin de ontwikkelingen in de Verenigde Staten worden gepresenteerd als die van de psychologie tout court.

Hoewel historici graag de schijn wekken, kunnen ook zij niet 'gewoon beschrijven wat er gebeurd is'. De blik van de geschiedkundige moet met hulpmiddelen scherp worden gesteld. Voor dit onderzoek is geput uit het wetenschapsonderzoek en uit de retorische traditie. De manier waarop wetenschappelijke territoria worden afgebakend en verdedigd is sinds de jaren tachtig veel bestudeerd. In dit boek wordt gebruik gemaakt van analytisch gereedschap dat is ontwikkeld voor het bestuderen van afbakeningsprocessen. Uit de retorische traditie worden aanvullende concepten geleend. Het conceptueel kader dat zo in hoofdstuk twee wordt ontwikkeld is de leidraad waarlangs, in de rest van het boek, een geschiedenis van de Nederlandse psychologie wordt verteld. Het is een gesystematiseerde metafoor, die als gids dient. Gidsen zijn bedoeld om de reiziger de weg te wijzen, om de aandacht te vestigen op zaken die gemakkelijk over het hoofd worden gezien, om kenmerken van stad of land van context te voorzien, om de merkwaardige gewoontes van de bevolking uit te leggen. Een gids, kortom, presenteert de stad of het land aan de reiziger die het bezoekt. Een gids is echter geen representatie, geen afbeelding of model. Zo is ook het conceptuele kader dat hier wordt gebruikt geen model of theorie van de geschiedenis van de psychologie. U treft in dit boek dan ook geen voorspellingen aan die kunnen worden getoetst aan een onafhankelijke historische werkelijkheid. Het conceptuele kader biedt een manier om over de geschiedenis te spreken; de toetssteen is het verhaal dat ermee wordt verteld.

Noten

1 K. Soudijn, 'Dertig jaar psychologie in De Psycholoog. Een impressie', *De psycholoog* 30 (1995), 504-509.
2 P. Vroon, 'Dankbaar werk', *De psycholoog* 27 (1992), 479.
3 W.A. Wagenaar, 'Licht', *De psycholoog* 27 (1992), 263.
4 R. Roe, 'Over welke mensen gaat de psychologie eigenlijk? Of: wat een 50-jarige kan leren uit 100 jaar pech', *De psycholoog* 24 (1989), 67-73, 68.
5 P. Vroon, 'De psychologie vergeet hoeveel ze eigenlijk weet', *de Volkskrant*, 14 november 1992, Wetenschapsbijlage, 19.
6 M. Evenblij, 'De psychologie kan ook een harde wetenschap zijn', *de Volkskrant*, 22 oktober 1994, Wetenschapsbijlage, 15.
7 A. Fischer, 'Het succes van de weerman', *De psycholoog* 23 (1988), 324-326, 324.
8 Roe, 'Welke mensen', 72.
9 W.K.B. Hofstee, 'Praktizerende psychologie', *De psycholoog* 26 (1991), 226-227, 227.
10 Ibidem.
11 W.A. Wagenaar, 'Honderd jaar psychologie', *De psycholoog* 27 (1992), 453.
12 P. Vroon, *Psychologie in het dagelijks leven. Signalement van vragen, verschijnselen en praktische informatie*, Baarn 1983.
13 Wagenaar, 'Honderd jaar'.
14 M. Kerbert, 'Veel studenten denken: psychologie, dat is iets met mensen', *de Volkskrant*, 23 januari 1993, supplement Vervolg, 14.
15 Zie bijvoorbeeld M. Evenblij, 'Ik wil mensen graag helpen nadenken over hun gedrag', *de Volkskrant*, 9 oktober 1993, Wetenschapsbijlage, 19.
16 T. Jonkergouw, 'Psychologie dichter bij de mensen', *De psycholoog* 25 (1990), 566, 638. Inmiddels is gebleken dat de sterspeler verboden middelen heeft gebruikt om tot zijn prestaties te komen. Diekstra heeft ontslag genomen als hoogleraar, nadat plagiaat was geconstateerd in zijn populariserende werk en in een wetenschappelijk artikel.
17 J. Herraets, 'Psychologie gaat over het allerinteressantste onderwerp dat er bestaat: jezelf', *Observant*, (7 september 1995) 2, 8.
18 H. Wilke, 'Over de dubbelzinnigheid van de empirie. Reactie op Roe', *De psycholoog* 24 (1989), 73-76.
19 Zie onder, 'De muren van het lab', 35-77.
20 Diekstra heeft de prijs na de plagiaat-affaire moeten inleveren.

Grenzen en gemeenplaatsen

Demarcatie kost werk

Wil men de waarde van iets kunnen bepalen, dan dient men te weten wat het is. Kennis heeft niet de zichtbaarheid die geld (nog) heeft: geld is over de hele wereld als zodanig herkenbaar, en bovendien is op de munten en biljetten duidelijk aangegeven om wat voor soort geld het gaat. Een of twee handtekeningen geven verder aan wie er zeggenschap over dit geld heeft. Wie autoriteit over een bepaald soort kennis claimt heeft die mogelijkheden niet. Bij gebrek aan glinstering en watermerk moet kennis worden beschreven om zichtbaar te zijn en gewaardeerd te kunnen worden. De geciteerde klachten over het softe imago van de psychologie en over de toeloop van misleide studenten maken bovendien duidelijk dat het doel van de beschrijving vooral het voorkomen van verwarring is. Deskundigen trachten hun eigen expertise veeleer af te bakenen dan uitputtend te beschrijven. De leek hoeft niet tot in detail te weten wat psychologie precies is, maar wel wat haar onderscheidt van andere disciplines, en wat het verschil is met common sense. De herkenbaarheid van de psychologie is vooral een kwestie van demarcatie.

Demarcatie is de laatste jaren een druk bestudeerd onderwerp geworden. Steven Shapin[1] heeft beschreven hoe onderzoek van de afbakening van wetenschap een alternatief biedt voor het inmiddels doodgebloede 'internalisme-externalisme debat'. Jarenlang werd de wetenschapsgeschiedenis beheerst door de vraag of de ontwikkeling van een wetenschap moest worden verklaard uit intern-wetenschappelijke factoren zoals 'de wetenschappelijke methode' of uit externe factoren zoals 'de klassenstrijd'. Shapin laat zien dat het debat werd gekarakteriseerd door spraakverwarring, gebrek aan precisie en bovenal door presentistische opvattingen over wat binnen en buiten de wetenschap ligt. Zowel internalisten als externalisten als de vele eclectici in het debat beschouwden de huidige afbakening tussen wetenschap en niet-wetenschap als maatgevend. Shapin pleit voor een daadwerkelijk historisch onderzoek van afbakening: in plaats van te veronderstellen dat de wetenschappen drie eeuwen geleden dezelfde demarcaties kenden als nu, 'we should seek to discern how past actors cut up the cultural terrain'.[2]

Door de historische actoren te volgen bij hun pogingen de wetenschap af te bakenen wordt het werk zichtbaar dat dan wordt verricht. De neiging bestaat om de vanzelfsprekendheid van de huidige afbakening van vooral de natuurwetenschappen op te vatten als verklaring voor die afbakening. De geschiedenis lijkt dan een gestage, rechtlijnige ontwikkeling naar een rationele verdeling van deskundigheid, men ziet 'an immanent force by which the modern relations of science and public have been progressively unveiled'.[3] Het voorlopige eindpunt van de geschiedenis wordt gezien als het doel dat de historische actoren nastreefden, de rationaliteit van de stand van zaken wordt beschouwd als de verklaring voor haar ontstaan. Deze opvatting, die als 'finalisme' te boek staat, heeft een aantal mankementen. Rein de Wilde heeft er in zijn geschiedenis van de identiteit van de sociologie op gewezen dat de huidige demarcatie van wetenschappelijke disciplines geen rationele, meta-historische grondslag heeft.[4] Het idee dat de verdeling van deskundigheid is gebaseerd op de verschillende soorten objecten die er in de werkelijkheid te vinden zijn wordt gelogenstraft door de praktijk. Dit 'legpuzzelmodel' (elke discipline voegt een stukje toe aan de representatie van de werkelijkheid) kan niet verklaren waarom er dikwijls problemen zijn bij het integreren van kennis uit verschillende disciplines en waarom er onder discipline-genoten zo vaak getwist wordt over het geëigende object van onderzoek. Disciplines zijn geen afschaduwing van de structuur van de werkelijkheid. Het alternatieve 'loketmodel', volgens welk disciplines zich onderscheiden naar het soort vraagstukken dat ze onderzoeken, kent soortgelijke zwakheden: binnen en tussen disciplines bestaan vaak meningsverschillen over wie welke problemen dient te onderzoeken. Ook de zoektocht naar de rationele afbakening van wetenschap en niet-wetenschap is nog niet ten einde. Filosofen en sociologen hebben diverse demarcatie-criteria voorgesteld, maar geen daarvan kan op universele acceptatie rekenen.[5]

De huidige demarcatie van de wetenschappen kan dus nauwelijks een duidelijk, rationeel eindpunt van een ontwikkeling worden genoemd. Dat geldt in het bijzonder voor de psychologie, waarvan de afbakening in sterke mate aan discussie onderhevig is. Zelfs als de nu bestaande situatie probleemloos zou zijn en aan alle criteria voor redelijkheid voldeed blijft de vraag of ze als verklaring van haar eigen ontstaan kan gelden. Authentieke, waardevolle kennis draagt immers geen merkteken dat haar onmiddellijk herkenbaar maakt. Waarheid, rationaliteit en logica zijn geen autonome krachten, die de geschiedenis sturen. Finalisme maakt het werk onzichtbaar dat nodig is om te bepalen wat in een gegeven situatie waar, redelijk of logisch is. De finalist denkt dat de wijzers van de klok rond gaan omdat ze zo de tijd correct aangeven, en vergeet het mechaniek achter de wijzerplaat. Zelfs als er inderdaad één rationele verdeling van kennis en deskundigheid zou bestaan, dan nog blijft het mensenwerk om die te vinden.

Een derde probleem van finalistische geschiedschrijving is dat de rechtlijnige ontwikkeling die ze veronderstelt alle 'zijpaden' van de geschiedenis aan het zicht onttrekt. Met het heden als norm wordt alles wat ooit van het rechte pad afweek afgedaan als historische aberraties, fraude of vergissingen. De complexiteit van de geschiedenis wordt zo gereduceerd tot een aantal anorectische ontwikkelingslijnen en de aantrekkingskracht van de inmiddels verdwenen variaties blijft onverklaard. Ook 'vergissingen' zijn gebaseerd op percepties, interpretaties en argumenten, die bovendien verband zullen hebben met de achtergronden van de succesvolle innovaties. Wat nu als zijpad wordt beschouwd, was ooit deel van de historische situatie waarin de hoofdweg tot stand kwam.[6]

Demarcatie verricht werk

De demarcatie van disciplines vereist werk, maar demarcaties verrichten ook werk. De afbakening van wetenschap en niet-wetenschap en van disciplines onderling heeft praktische consequenties; het categoriseren is geen doel op zich, maar is instrumenteel. 'Demarcation is not just an *analytical* problem: because of considerable material opportunities and professional advantages available only to 'scientists', it is no mere academic matter to decide who is doing science and who is not.'[7] Vanwege de praktische gevolgen zijn demarcaties meer dan lijnen op een landkaart, het zijn grenzen.

Sinds de wetenschappelijke revolutie in de zeventiende eeuw is er geleidelijk een steeds nauwere band ontstaan tussen de begrippen 'wetenschap' en 'waarheid', zozeer dat 'de wetenschap' tegenwoordig door velen als de uiteindelijke arbiter van waarheid wordt beschouwd. Waarheid is dan altijd wetenschappelijke waarheid en alleen wetenschappelijke kennis is waardevol. Ook voor degenen die hier genuanceerder over denken is het label 'wetenschap' vaak een garantiebewijs. Wetenschappelijke kennis bepaalt voor een belangrijk deel het handelen van wetgevers, rechters, onderwijzers, ondernemers en ouders, omdat de wetenschap geacht wordt betrouwbare kennis te leveren over de milieu-effecten van een groter Schiphol, de toerekeningsvatbaarheid van de verdachte, de juiste toetsvorm voor het onderwijs, de wensen van de consument en de nukken van het kind. Het is dan ook niet verwonderlijk dat de disciplines die het predikaat 'wetenschappelijk' hebben verworven er scherp op toezien dat alleen zij er gebruik van mogen maken. Waar het merkteken 'wetenschappelijk' wordt gebruikt voor kennis die niet betrouwbaar is, verliest het aan waarde. Veel natuurwetenschappers bijvoorbeeld beschouwen disciplines als sociologie, psychologie en pedagogiek als onwetenschappelijk omdat ze ondeugdelijke kennis produceren, en ze laten niet na duidelijk te maken daar niet mee geassocieerd te willen worden. Zo is de controversiële tentoonstelling over 'Science in American Life' in het Smithsonian Museum onder druk van chemici en fysici gezuiverd van psychologische en antropologische onderdelen.[8]

Demarcaties zijn ook sociale grenzen: een discipline omvat niet alleen een soort kennis, maar tevens de mensen die er zeggenschap over hebben. Het label 'wetenschappelijk' verleent cognitieve autoriteit aan de woordvoerders van een soort kennis, het is een teken dat hun uitspraken vertrouwen verdienen. 'In modern societies, science is next to being *the* source of cognitive authority: anyone who would be widely believed and trusted as an interpreter of nature needs a licence from the scientific community.'[9] Voor wetenschappers gaan deuren open die voor anderen gesloten blijven. Ze krijgen toegang tot overheidssubsidies, tot gerespecteerde tijdschriften, tot laboratoria, collegezalen en congressen. Anderen, leken, zijn hiervan uitgesloten. Het is dus even belangrijk om deskundigheid herkenbaar te maken, als het is om verwarring over soorten kennis te voorkomen. Het moet duidelijk zijn wie mag beschikken over de baten die aan de of een wetenschap toebedeeld worden: wie het geld mag uitgeven, wie vertrouwen verdient, naar wie moet worden geluisterd. Wetenschappers zijn, evenmin als wetenschappelijke disciplines, onmiddellijk als zodanig herkenbaar. Ook over het label 'wetenschapper' (of 'psycholoog', of 'natuurkundige') wordt dus strijd gevoerd. Het demarqueren van een nieuwe discipline gaat vaak hand in hand met het demarqueren van een groep discipline-genoten; wat een discipline is en wie zich tot de vakgenoten mogen rekenen wordt dikwijls tegelijkertijd bepaald. In hoofdstuk vier wordt beschreven hoe zich rond de labels 'psychotechniek' en 'psychotechnicus' een complex proces afspeelde waarin demarcatie van discipline en demarcatie van deskundigen tegelijkertijd aan de orde waren. Het voorlopige resultaat was een geïnstitutionaliseerde groep (het Nederlands Instituut voor Praktizeerende Psychologen), die haar eigen grenzen en die van de discipline trachtte te controleren. Het NIPP eiste de zeggenschap op over wat psychotechniek was en wie haar mocht beoefenen.

De baten die tot nu toe zijn genoemd als beloning voor succesvolle demarcatie-arbeid betroffen de academische basis van wetenschappelijke disciplines en de mensen die daar werken. Het voorbeeld van de psychotechniek, een vroege vorm van toegepaste psychologie, laat zien dat wetenschappelijkheid ook buiten de academie vruchten af kan werpen. Door het afbakenen van soorten kennis en deskundigen, wetenschappelijk of niet-wetenschappelijk, deze of gene discipline, probeert men tevens toepassingsgebieden af te grenzen. Abbott spreekt van een strijd om 'jurisdictie', het recht zich als expert met een bepaald soort praktisch probleem bezig te houden.[10] Het verschil dat Plato in de *Gorgius* maakte tussen *empeiria* en *technê* was meer dan een zuiver filosofisch onderscheid tussen twee soorten kennis: de inzet van de demarcatie was de sofisten uit te sluiten van de groeiende markt van hoger onderwijs in het Athene van die tijd. De *empeiria* die de sofisten volgens Plato te bieden hadden was niet meer dan praktische kennis, handigheid zonder theoretisch inzicht; geen waardevolle basis voor de opleiding van toekomstige staatslieden.[11] In hun analyse van twee Amerikaanse rechtszaken rond het gebruik van de evolutietheorie in het onderwijs, laten Gieryn, Bevins en Zehr zien dat het demarqueren van wetenschap en religie als onderscheiden soorten kennis tegelijkertijd een afbakening betekent tussen culturele invloedssferen: de evolutionisten proberen hun creationistische opponenten buiten de scholen te houden en buiten de wetenschap. De creationisten daarentegen wijzen de scheiding tussen religie en wetenschap af, en daarmee de grens die hen binnen de kerk en uit het curriculum houdt.[12]

Vertrouwen

Demarcatie is werk: de grenzen tussen wetenschappelijke disciplines en tussen wetenschap en niet-wetenschap moeten worden geconstrueerd, ze liggen niet klaar om te worden ontdekt. Anderzijds verrichten grenzen ook arbeid, ze hebben praktische gevolgen: ze zorgen ervoor dat groepen wetenschappers in relatieve autonomie kunnen samenwerken, dat hun discipline wordt herkend als wetenschap en daarvan profiteert. Herkenbaarheid als deze of gene wetenschap is echter niet genoeg om van die status het volle profijt te trekken. De in het inleidende hoofdstuk geciteerde psychologen wilden niet alleen herkend, maar vooral ook erkend worden. Minister Maij-Weggen wist waarschijnlijk wel wat psychologie is, misschien was ze zelfs op de hoogte van het bestaan van waarnemingspsychologie, maar ze erkende de waarde daarvan voor haar eigen werk niet. Het afgrenzen van een discipline moet niet alleen de mogelijkheid scheppen om in besloten kring wetenschappelijke theorieën te ontwikkelen, het moet ook vraag creëren naar een bepaald soort kennis en deskundigheid. Buitenstaanders (bijvoorbeeld klanten, studenten, andere wetenschappers) moeten de geproduceerde kennis interessant of nuttig gaan vinden. Een discipline heeft naast autonomie ook allianties nodig. Grenzen moeten dus niet alleen uit- en insluiten, ze moeten ook grensverkeer mogelijk maken en stimuleren. Een grens moet scheiden èn verbinden. Het is de relatie tussen deze twee functies die, op verschillende wijzen, het werk bepaalt dat aan en door grenzen wordt verricht. In de volgende pagina's wordt die relatie verder uitgewerkt. De term 'demarcatie' verwijst in het vervolg naar het scheidende aspect van een grens, voor het verbindende aspect zal ik de term 'alliantie' gebruiken.

In een serie studies naar het ontstaan van de moderne wetenschap in de zeventiende eeuw, geschreven met de Engelse Royal Society als middelpunt, heeft Steven Shapin gewezen op het verband tussen demarcatie en vertrouwen.[13] Vertrouwen is aan de orde bij alle, niet alleen wetenschappelijke, kennis. Wil men, ten eerste, de waarheid van een uitspraak, vermoeden, stelling of wat dan ook controleren, dan kan men niet anders dan vertrouwen op de waarheid van andere gegevens. Toetsen veronderstelt zekerheid, wantrouwen is alleen mogelijk binnen een kader waarop wordt vertrouwd.[14] Shapin[15] geeft het voorbeeld van een biochemische test op de aanwezigheid van DNA, die onvermijdelijk zaken als de betrouwbaarheid van het gebruikte glaswerk, de juiste snelheid van de centrifuge, en de validiteit van het test-protocol veronderstelt. Uiteraard kan hetgeen waarop de analist vertrouwd heeft zelf onderwerp van toetsing worden, maar dan moet men noodzakelijkerwijs op andere zaken vertrouwen. Totaal scepticisme is onmogelijk. Ten tweede vertrouwen we dagelijks op wat anderen ons vertellen over de wereld en zouden we zonder dat vertrouwen bitter weinig kennis bezitten. Dat wat we zelf gezien, gehoord, uitgerekend of afgeleid hebben is maar een klein deel van wat we weten. Vooral dit soort vertrouwen heeft een problematische relatie tot demarcatie. Vaak is er om tot bepaalde oordelen te komen competentie nodig die niet iedereen heeft: dat Fermat's 'laatste stelling' eindelijk is bewezen moet vrijwel iedereen maar op goed vertrouwen aannemen van een zeer beperkt aantal wiskundigen. Vaardigheid in de wiskunde was al in de oudheid een belangrijk onderscheid tussen beoefenaars van bijvoorbeeld astronomie en hun publiek,[16] en tot op de dag van vandaag zetten wetenschappers van diverse pluimage hun wiskundige vaardigheid in als argument om hun expertise te demarqueren. Met de voortgaande specialisering is bovendien het verschil in competentie tussen wetenschappers vergroot, en daarmee de noodzaak om experts op ander terrein te vertrouwen als men hun resultaten voor eigen doeleinden wil gebruiken. Hoe groter echter de kloof in competentie, hoe minder mogelijkheden men heeft dit vertrouwen te toetsen door bijvoorbeeld pogingen tot replicatie.[17]

De vorm van wetenschapsbeoefening die Robert Boyle en de andere leden van de Royal Society voorstonden was niet zozeer op (wiskundige) competentie gestoeld, als wel op experimentele manipulatie en observatie. Hun empirisme hield in dat de uiteindelijke waarborg voor een kennisclaim lag in het waarnemen van feiten. De waarnemingen van één man konden echter hoogstens meningen opleveren en waren geen voldoende basis om van een feit te spreken. 'An experience, even of a rigidly controlled experimental performance, that one man alone witnessed was not adequate to make a matter of fact. If that experience could be extended to many, and in principle to all men, then the result could be constituted as a matter of fact.'[18] In de praktijk was het aantal getuigen van een gebeurtenis echter vaak beperkt: gebeurtenissen, zeker als die door dure en zeldzame apparaten als Boyle's luchtpomp werden geproduceerd, konden maar op bepaalde plaatsen worden waargenomen, en de ruimte in laboratoria liet maar een klein publiek toe. De kloof tussen het ideaal van publieke kennis en de praktijk van in gedeeltelijke afzondering geproduceerde gebeurtenissen moest worden overbrugd door de getuigenissen van aanwezigen. Shapin & Schaffer's *Leviathan* en Shapin's *Social history of truth* beschrijven op welke wijzen Boyle en de zijnen vertrouwen trachtten te wekken voor die getuigenissen, zodat 'iedereen' tenminste virtueel getuige kon zijn van de experimenten en er zo een bondgenootschap kon worden gesmeed tussen de mensen binnen en de mensen buiten het laboratorium. Vooral een adellijke afkomst werd geacht de oprechtheid van een getuige te garanderen. Tegenwoordig is het zonder universitaire 'afkomst' moeilijk vertrouwen te wekken in de observaties die men in het eigen laboratorium (schuur, kelder) heeft gedaan.

Legitimiteit

Naast de noodzaak vertrouwen te wekken in de eigen waarachtigheid, roept afzondering de behoefte aan legitimering op.[19] Vanuit het gezichtspunt van de leek zijn wetenschappers de buitenstaanders, de zonderlingen, en de geschiedenis[20] heeft laten zien dat wie zichzelf buiten de groep plaatst, daar maar beter een heel goede reden voor kan hebben. Men moet de anderen overtuigen dat de afzondering maar gedeeltelijk is, dat de afgebakende praktijk deel uitmaakt van het grotere geheel van de cultuur, dat men dezelfde doelen dient als andere burgers. In de eeuwen dat de moderne wetenschap in opkomst was werd de Europese cultuur beheerst door het christendom. De wetenschap werd, Galilei's rebellie ten spijt, doorgaans gelegitimeerd op grond van haar belang voor het geloof. Het Boek der Natuur was immers door God geschreven, en het systematisch bestuderen ervan kon dezelfde religieuze doelen dienen als de traditionele onderdelen van de godsdienst. Deze 'natural theology' bleef tot in de negentiende eeuw het argument om de vorming van een afgebakende wetenschappelijke praktijk te legitimeren, maar werd toen verdreven door het Wetenschappelijk Naturalisme. De legitimiteit van de wetenschap werd nu niet meer verdedigd door een beroep op haar christelijke aard, integendeel, wetenschap werd gepresenteerd als een alternatieve en superieure levensbeschouwing. Dit naturalisme is wel de 'religion of science' genoemd en had als centraal principe dat de natuur, met inbegrip van mensen en hun denken, uit natuurlijke oorzaken verklaard diende te worden. Dit idee werd met evangelische geestdrift gepopulariseerd in een poging om alle bijgeloof, onwetendheid, dogmatisme, irrationaliteit en ander obscurantisme te weren. Niet alleen de wetenschap moest zo worden gezuiverd, maar de gehele maatschappij: de wetenschappelijke manier van denken zou overal vooruitgang brengen.[21] Tegelijkertijd werd echter de autonomie van de wetenschap benadrukt: de wetenschappelijke manier van denken was weliswaar een morele opdracht aan iedereen, maar dat betekende niet dat iedereen zich met de wetenschap moest bemoeien. Wetenschappers onderscheidden zich namelijk van andere sociale groepen door hun zelfverloochening, ze hadden persoonlijk gewin en subjectieve opvattingen afgezworen ten dienste van de objectiviteit. Het publiek diende passief, volgzaam te zijn, 'the only role that could be served by the public was to encourage and support the programmes of work and conceptions decided upon by autonomous scientists'.[22] In ruil voor hun uitsluiting mochten de leken rekenen op de nuttige producten en technologieën die alleen een objectieve wetenschap opleverde. In de twintigste eeuw is dit naturalisme deels verdrongen door wat Mary Midgley 'minimalisme' heeft genoemd. Hierin wordt juist het gebrek aan morele betekenis van de natuur en de wetenschap benadrukt. Niet alleen is het universum in essentie contingent en niet het resultaat van een ontwerp, maar ook de wetenschap heeft geen betekenis meer voor de samenleving. Wetenschap is geen religie en brengt geen verlossing, ze is een uitzonderlijk goed functionerende maatschappelijke praktijk die gelegitimeerd wordt door de grote materiële baten die ze oplevert, niet door haar zingevende rol. De samenleving moet zelf haar doelen kiezen, wetenschap en technologie leveren slechts de middelen.[23] Gebleven is de nadruk op de autonomie van de wetenschap en de strikte demarcatie ten opzichte van het publiek.[24] Ik denk dat Midgley en Burnham de invloed van het minimalisme overschatten, maar ook in dit boek komen wetenschappers voor die de culturele betekenis van hun discipline bagatelliseren en vooral het praktische nut van de wetenschap benadrukken.[25]

Een belangrijk medium voor legitimeringen zijn disciplinegeschiedenissen, de 'legendes'[26] die de leden van een discipline elkaar en anderen vertellen over het ontstaan en de ontwikkeling van hun vak. Het feit dat een discipline een geschiedenis hééft die verteld kan worden legitimeert haar voortbestaan al tot op zekere hoogte. Tevens kan het feit dat een discipline elders al een geschiedenis kent een argument vormen om haar ook hier in te voeren. De overtreffende trap in het gebruik van geschiedenis als legitimering is het idee dat een discipline eigenlijk al bestond voordat ze werd 'ontdekt', de basis van de hierboven bekritiseerde finalistische geschiedschrijving. Zo schreef Rein de Wilde over dit genre in de sociologie: 'De traditionele disciplinegeschiedenis van de sociologie presenteert de maatschappij gewoonlijk als een soort natuurverschijnsel dat pas in de negentiende eeuw werd opgemerkt en waarvan de bestudering, nadat eenmaal aan bepaalde intellectuele en sociale voorwaarden was voldaan, min of meer vanzelfsprekend tot de vorming van een aparte discipline heeft geleid.'[27] Kortom, een bron van legitimiteit van een discipline is de onzichtbaarheid van het werk dat in haar afbakening is gestoken; door die afbakening aan anderen toe te schrijven, of door een discipline als een natuurlijke categorie voor te stellen en niet als door mensenhanden gemaakt, wordt haar bestaan vanzelfsprekend. Deze legitimeringsstrategieën worden veel gebruikt als er binnen een discipline een strijd heerst tussen verschillende stromingen of scholen. Elk kamp probeert dan haar eigen afbakening de status van vanzelfsprekendheid te geven door een geschiedenis van die demarcatie te schrijven die zo ver mogelijk terug gaat, liefst tot de 'stichters' van het vak, en onderweg zoveel mogelijk heldendaden insluit.[28]

Samenwerking

Het afbakenen van een discipline moet samengaan met het winnen van het vertrouwen van buitenstaanders voor de kennis en deskundigheid binnen de discipline, en bovendien moet de autonomie van de discipline worden gelegitimeerd. Ook het werk verricht door grenzen wordt echter gekenmerkt door de functies van demarcatie en alliantie. Wetenschappelijke disciplines zijn nooit volledig autonoom. Ten eerste is vooruitgang op het terrein van de ene discipline dikwijls afhankelijk van het werk verricht door andere wetenschappers. Doorbraken in natuurkundig onderzoek worden vaak gestimuleerd door innovaties in de wiskunde, de biologie speelt leentjebuur bij de chemie en de psychologie bedient zich onder andere van de neurologie. De theoretische vernieuwingen in het ene vak worden door een ander gebruikt als middel om het eigen onderzoek te ondersteunen; wat hier jarenlang een omstreden 'topic' was, wordt elders een betrouwbare 'resource'. Ten tweede moeten wetenschappers niet alleen kunnen samenwerken met wetenschappers van andere disciplines, maar ook met universiteitsbestuurders, ondersteunend personeel, proefpersonen, proefdieren, studenten, gemeentelijke, provinciale en landelijke overheden. De grenzen van disciplines moeten kortom zowel autonomie als samenwerking bewerkstelligen.[29]

De spanning tussen deze twee aspecten van grenzen, het faciliteren van zowel autonomie als samenwerking, is beschreven door Leigh Star en James Griesemer.[30] Zij merken allereerst op dat volledige consensus tussen samenwerkende groepen niet nodig is: verschillende 'sociale werelden'[31] hebben eigen doeleinden, eigen opvattingen over redelijk en onredelijk, goed en kwaad, triviaal en belangrijk, en komen toch tot samenwerking. Hoe kan er dan coherentie worden geschapen binnen die heterogeniteit? Star en Griesemer zien hierin 'the fundamental tension of science: how can findings which incorporate radically different meanings become coherent?'[32] Hoe kan een natuurkundige theorie, met zijn eigen plaats en betekenis binnen de natuurkunde, functioneren binnen een andere wereld zoals de scheikunde? Hoe kan een psycholoog samenwerken met een onderwijzer, als bijvoorbeeld 'intelligentie' voor beiden iets anders betekent? Hoe kan, om een voorbeeld van Star en Griesemer te gebruiken, een natuurhistorisch museum gebruik maken van de observaties van amateur-biologen, als zij een heel andere kijk op de natuur hebben?

Star en Griesemer betogen dat sociale werelden onder andere worden verbonden door 'boundary objects'.[33] Het gaat hier om (abstracte of concrete) objecten die gedeeld kunnen worden door verschillende sociale werelden. 'Boundary objects are objects which are both plastic enough to adapt to local needs and the constraints of the various parties employing them, yet robust enough to maintain a common identity across sites. They are weakly structured in common use, and become strongly structured in individualist use.'[34] Een universiteitsbibliotheek is een voorbeeld van een *boundary object*, maar met een beetje goede wil kan er erg veel worden ondergebracht in deze categorie: alles wat wordt gedeeld door verschillende mensen of groepen en voor elk een eigen betekenis of gebruik heeft. *Boundary object* is een categorie zonder veel onderscheidingsvermogen op empirisch niveau. Het nut van het concept ligt in de twee ideeën die erin zijn gecombineerd: het idee dat grenzen dikte hebben, en het idee dat flexibiliteit en vaagheid een integrerende functie kunnen vervullen.

Peter Galison heeft gewezen op het belang van zogenaamde grenszones in de interactie tussen verschillende groepen wetenschappers.[35] Hij beschrijft hoe in de twintigste eeuw binnen de fysica drie gescheiden sociale werelden zijn ontstaan, die van de theoretici, de experimentatoren en de instrumentmakers. Elk heeft eigen tijdschriften en eigen congressen, en wie een carrière begint in een van de drie, blijft daar ook werkzaam. 'Each subculture has its own rhythms of change, each has its own standards of demonstration, and each is embedded differently in the wider culture of institutions, practices, inventions and ideas.'[36] Galison stelt, net als Star en Griesemer, dat samenwerking tussen deze werelden niet tot stand komt door volledige consensus, maar door lokale coördinatie. Daar waar nodig wordt een 'trading zone', een grenszone, geconstrueerd, waar de subculturen kunnen onderhandelen over en handelen in ideeën, instrumenten, experimentele fenomenen. De betekenis van de handelswaar voor de subculturen is zelden dezelfde. Wat voor de theoretici een cruciale voorspelling is, kan voor de experimenteerders een van de vele te testen hypothesen zijn. Dat wil echter niet zeggen dat er sprake is van volledige incommensurabiliteit tussen sociale werelden. De werelden worden verbonden door beperkte overeenstemming, een consensus die door voortdurend onderhandelen in stand wordt gehouden. Een grenszone hoeft geen fysieke ruimte te zijn: de verschillende groepen fysici dreven ook handel via de post, maar fysieke grenszones zijn vaak wel het resultaat van de handel tussen sociale werelden.

Ilana Löwy heeft de concepten 'trading zone' en 'boundary object' gecombineerd: 'These concepts may be viewed as complementary. 'Boundary objects' (..) facilitate the constitution and maintenance of heterogeneous interactions between distinct professional groups. They may thus be viewed as tools which further the development of 'trading zones' (..) between disciplines, specialties and professional segments.'[37] Wat *boundary objects* zo geschikt maakt om binnen een grenszone te functioneren is hun flexibiliteit. Löwy beschrijft hoe het juist de vaagheid van het concept 'immunologisch zelf' was die in de jaren '50 samenwerking tussen onderzoekers en clinici mogelijk maakte en de immunologie in een nieuwe, succesvolle richting stuurde. Een voorbeeld uit de geschiedenis van de psychologie is de rol van het begrip 'intelligentie' bij de invoering van intelligentie-tests in het Amerikaanse leger. John Carson beschrijft hoe Amerikaanse psychologen onder leiding van Robert Yerkes in 1917 onderhandelingen openden met het leger, dat op dat moment in oorlog was met Duitsland, over het gebruik van tests bij de selectie van militairen. Centraal in de onderhandelingen stond 'intelligentie', een concept dat gedeeld werd door beide werelden, maar in elk een enigszins verschillende betekenis en waarde had.[38] Zo hadden de militairen volgens Yerkes 'very peculiar conceptions of what is meant by intelligence'[39] en vonden veel militairen karakter relevanter dan IQ. 'Intelligentie' was echter binnen de psychologie noch binnen het leger een uitgekristalliseerd, helder begrip en die vaagheid gaf Yerkes en zijn collega's ruimte om de bestaande intelligentie-tests aan te passen aan de legeropvattingen. De flexibiliteit had aan beide zijden wel grenzen: de tests moesten passen binnen de organisatie en doelstellingen van het leger, en Yerkes moest er (om zijn achterban tevreden te houden) voor zorgen dat ze ondanks de aanpassingen redelijk bleven correleren met de Stanford-Binet. Op de plaats waar leger en psychologie overlapten, de grenszone, werd een cluster van *boundary objects* geconstrueerd: leger-intelligentie, de *army alpha test* waarmee ze gemeten werd en de speciale kaarten waarop de score van elke soldaat genoteerd kon worden. Deze *boundary objects* maakten het op hun beurt mogelijk dat de informele grenszone van onderhandelingen tussen psychologen en leger geïnstitutionaliseerd kon worden in de vorm van de Psychological Division van het Army Medical Corps en de test-ruimtes in de legerkampen, waarin de test onderdak kon vinden.

Demarcatie-retoriek

Het afgrenzen van de of een wetenschap kost werk, heb ik beredeneerd, en de grenzen van de of een wetenschap verrichten ook werk. Het werk verricht aan en door grenzen, vanaf nu grenswerk of demarcatie-arbeid genoemd, wordt gekenmerkt door de noodzaak demarcatie en alliantie te combineren: er moet vertrouwen worden gewekt voor de in relatieve afzondering te produceren kennis, de afzondering moet worden gelegitimeerd, en de grens van de discipline moet samenwerking met buitenstaanders mogelijk maken. Dit grenswerk wordt gedaan met een grote verscheidenheid aan hulpmiddelen. In het voorgaande zijn genoemd disciplinegeschiedenissen, vage concepten, *boundary objects* en een beroepsvereniging. Grenzen hebben talige, materiële en sociale aspecten.[40] In dit boek staat de taal van grenzen centraal: het gebruik van woorden om een demarcatie tussen soorten kennis en deskundigen te bewerkstelligen, het gesproken of geschreven woord als middel om luisteraars en lezers te overtuigen van het bestaan en het nut van de psychologie. Het gaat hier om de retorica van het afgrenzen, de kunst van het overtuigend spreken en schrijven als grenswerk. Dingen en mensen nemen deel aan dit werk voor zover ze een retorische functie hebben, als argumenten, metaforen, voorbeelden, of als redenaar dan wel publiek.

Demarcatie veronderstelt communicatie. Een demarcatie moet overtuigend zijn, een grens die niet wordt herkend en gerespecteerd is niet functioneel. Het herkenbaar maken van een soort kennis of expertise vereist dat men zich tot een publiek richt en hen het verschil met andere soorten kennis of expertise duidelijk maakt. De aspirant-expert moet, in ieder geval voor de duur van de boodschap, een publiek aan zich binden om dit te overtuigen van het bestaan van een verschil. Retorica vereist een gedeelde taal, gedeelde veronderstellingen en doeleinden, en vraagt tenminste de passieve medewerking van het publiek.[41] De retorische opgave waar de wetenschapper-redenaar voor staat komt naar voren in dit citaat van Cicero: 'omdat bij de bestudering van de overige kunsten en wetenschappen veelal geput wordt uit diep verborgen bronnen, terwijl de kunst van het spreken binnen ieders bereik ligt en te maken heeft met de praktijk van alledag en met het gewone doen en laten en taalgebruik van de mensen. Daardoor munt bij de overige vakken datgene het meest uit wat het verst verwijderd ligt van het begrip en het aanvoelingsvermogen van leken, terwijl het bij het spreken juist de grootste fout is om af te wijken van de gewone omgangstaal en van de algemeen aanvaarde ideeën'.[42] Redenaars moeten, door hun manier van spreken, hun toehoorders aan zich binden. Wetenschappelijke redenaars moeten die alliantie echter gebruiken om hun publiek ervan te overtuigen dat hun kunst het begrip en de capaciteiten van dat ongeschoolde publiek te boven gaat.

De gedeelde vooronderstellingen die de band vormen tussen redenaar en publiek zijn in retorische handboeken vanouds geabstraheerd tot basisthema's, die konden worden gerangschikt en opgesomd. Redenaars konden dan de voor hun doel geëigende thema's opzoeken en die benutten om de juiste argumenten te construeren. De basisthema's werden in het Grieks *topoi*, in het Latijn *loci communes* genoemd, gemeenplaatsen dus, omdat daar meerdere, gelijksoortige argumenten samenkomen. Het zijn tevens, in figuurlijke zin, de ontmoetingsplaatsen van redenaar en publiek. Naast inhoudelijke veronderstellingen maken ook procedurele aspecten, dat wil zeggen vormen van argumentatie en bewijsvoering, deel uit van de tijdelijke band tussen redenaar en publiek. De toehoorders moeten niet alleen kunnen instemmen met de uitgangspunten, maar ook met de wijzen waarop er conclusies uit worden getrokken. Ook die procedurele argumentatie-regels werden wel onder de topica gerangschikt.[43] In dit boek gaat het echter vooral om de inhoudelijke gemeenplaatsen.[44] De reden voor die keuze is dat tussen substantiële gemeenplaatsen (cruciaal onderdeel van de techniek van retorische demarcatie-arbeid) en het doel van demarcatie-arbeid (een grens tussen discipline en buitenwereld) met name in het geval van de psychologie een interessante spanning bestaat.

Michael Billig heeft voorgesteld gemeenplaatsen als volgt op te vatten: 'If orators are identifying with their audiences, then they are emphasizing common links, foremost amongst which are shared values or beliefs. The concept of common sense (*sensus communis*) might be a helpful one for discussing this common content. The orator, in identifying with the beliefs of the audience, will be treating the audience as a community bound together by shared opinions.'[45] Zoals in het inleidende hoofdstuk is gebleken, is het doel van veel demarcatie-werk van psychologen echter juist de eigen soort kennis en deskundigheid te onderscheiden van common sense. Het gezonde verstand wordt doorgaans geportretteerd als vijand van de wetenschappelijke psychologie. Het retorische middel (common sense) lijkt het doel (demarcatie tussen psychologie en common sense) in de weg te staan.

Dit probleem is niet specifiek voor de psychologie: ook andere specialisten onderscheiden hun soort kennis van wat iedereen weet, en zullen het verschil aan anderen duidelijk moeten maken in termen van wat iedereen weet. Maar in de psychologie is dit dilemma zowel schrijnender als complexer. Er is psychologen erg veel aan gelegen om hun discipline te onderscheiden van common sense, juist omdat zovelen het verschil niet zien. Niet alleen journalisten als Jan Blokker laten zich denigrerend uit over de psychologie, ook uit de hoek van het lichtend voorbeeld, de natuurwetenschap, klinken dikwijls laatdunkende geluiden. Is er dus reden te over voor grenswerk, over het gewenste resultaat zijn psychologen het dikwijls oneens. De verschillende scholen en stromingen hebben elk hun eigen opvattingen over de demarcatie van de psychologie. Dat leidt ertoe dat de ene psycholoog nog wel eens buiten de grenzen valt die een ander graag rond de psychologie zou zien. De grensretoriek is vaak evenzeer voor ongewenste 'vakgenoten' bedoeld als voor leken. Voorts beschouwen veel psychologen demarcatie van het vak als inherent problematisch vanwege de bijzondere aard van de psychologie. Zij menen dat de psychologie uniek is onder de wetenschappen, omdat onderzoeker (subject) en onderzochte (object) in essentie dezelfde zijn: de mens. In de psychologie onderzoekt de mens zichzelf. Men noemt dit wel de 'zelfbetrokkenheid' van de psychologie. Of dit werkelijk een uniek kenmerk is, is hier niet van belang, wel dat psychologen dikwijls een verband leggen tussen zelfbetrokkenheid en de moeizame relatie met leken. Omdat mensen weliswaar als objecten kunnen worden bestudeerd, maar desondanks net als psychologen altijd subjecten blijven, met eigen meningen en theorieën, zien psychologen zich geconfronteerd met objecten van onderzoek die terugpraten, reageren op wat de psychologie over hen te zeggen heeft.[46] De koppigheid van de common sense waar psychologen zo vaak over klagen, is voor hen tegelijk een teken van het uitzonderlijke karakter van de zielkunde. De problematische grenzen van de psychologie zijn dan een centraal kenmerk van het vak. Wat zelfbetrokkenheid precies inhoudt en wat de gevolgen ervan zijn of zouden moeten zijn voor de psychologie en haar relatie met leken en hun common sense, is echter een van de onderwerpen waarover de diverse stromingen en scholen in de psychologie van mening verschillen. De grens tussen psychologie en 'wat iedereen weet', en daarmee de aard van de psychologie, wordt op uiteenlopende wijzen geconceptualiseerd. Zelfs de termen wisselen: de psychologie staat soms tegenover de alledaagse psychologie, dan weer tegenover *folk psychology* of het gezond verstand. Hoewel dit verwante termen lijken, zou het een vergissing zijn op voorhand aan te nemen dat ze dezelfde betekenis hebben. De verschillende betekenissen ten slotte worden onder andere gearticuleerd in en door middel van empirisch onderzoek. Vooral in de sociale psychologie en in de functieleer wordt getracht om psychologische modellen en wetten op te stellen voor common sense, alledaagse psychologie, 'naive psychology',[47] alledaags redeneren en 'lay epistemics'.[48] Er is zelfs een test voor common sense ontwikkeld.[49]

Zo bevinden psychologen zich ten opzichte van de common sense in een moeilijk parket: uitgejouwd door critici en vaak in onmin met elkaar pogen ze aan leken en vakgenoten het onderscheid tussen psychologie en common sense duidelijk te maken, maar uit retorische noodzaak moeten ze daarbij common sense argumenten gebruiken; vanwege de zelfbetrokkenheid van hun discipline zien zij de common sense als een lastige, maar onvermijdelijke gesprekspartner, die men echter tevens object van onderzoek maakt. Het spel van toenadering en verwijdering, alliantie en demarcatie, dat grenzen in het algemeen kenmerkt, lijkt rond de psychologie wel zeer veel tact en strategisch inzicht te vereisen.

De gevalsstudies in de volgende vier hoofdstukken illustreren hoe dit spel van demarcatie en alliantie rond de psychologie verloopt. Daarbij komt telkens de vraag aan de orde in hoeverre de vaagheid en flexibiliteit die de grenzen tussen sociale werelden kenmerkt, ook in de retorische demarcatie van de psychologie is aan te treffen. Is het genre grensretoriek te beschrijven in termen van grenszones en *boundary objects*?

Het verbale contact tussen wetenschappelijke disciplines en leken wordt doorgaans geacht zich af te spelen in populariseringen: een genre waarin wetenschappers of journalisten in voor leken begrijpelijke taal de stand van zaken of de laatste ontdekkingen en theorieën in de wetenschap proberen uit te leggen. Het begrip popularisering is echter in een onderzoek als dit onbruikbaar, omdat het het bestaan van grenzen veronderstelt, waarvan hier het ontstaan wordt onderzocht.[50] Een tekst als popularisering benoemen impliceert dat er al een onderscheid bestaat tussen wetenschappelijke kennis en common sense, en tussen wetenschappers en leken. Waar de constructie van die verschillen wordt onderzocht, kan bezwaarlijk het bijbehorende onderscheid tussen wetenschappelijke en populair-wetenschappelijke teksten worden verondersteld. In plaats daarvan zal worden onderzocht of de kenmerken van grenszones en *boundary objects* van toepassing zijn op het genre grensretoriek. Populariseren is eenrichtingsverkeer (de leek heeft de wetenschapper niets te vertellen) — grenszones daarentegen zijn hybride ruimtes voor handel en onderhandeling. Populariseringen zijn nooit goed, want nooit meer dan een schaduw van de ware kennis — *boundary objects* zijn goed genoeg, aanvaardbaar voor meerdere partijen. Grensretoriek, zo luidt de verwachting, speelt zich af in zulke onderhandelingsruimtes en de gemeenplaatsen die erin worden gehanteerd zijn de flexibele banden tussen degenen die zich daar bevinden.

Dit onderzoek kent een aantal beperkingen, waarvan er twee belangrijk zijn om te vermelden. Het is ten eerste geen 'geschiedenis van de Nederlandse psychologie': het belicht een bepaald aspect van die geschiedenis, de afgrenzing van de discipline, aan de hand van enkele gevalsstudies. Andere aspecten van en episodes uit de Nederlandse psychologie blijven grotendeels buiten beschouwing. Ten tweede wordt alleen op de retorica van het grenswerk rond de psychologie gelet, niet op de materiële en sociale kanten daarvan. Voor zover hier dingen en mensen ter sprake komen, gaat het om hun functie binnen de retoriek, niet om hun eigen dynamiek. Er zullen dan ook geen uitspraken worden gedaan over de grenzen van de psychologie in het algemeen: hun precieze ligging, hun samenstelling en hun effectiviteit worden beschreven noch verklaard. De waarde van dit onderzoek ligt in de confrontatie tussen het retorische begrip 'gemeenplaats' enerzijds en de preoccupatie van hedendaagse psychologen met de relatie tussen psychologie en common sense (en verwante begrippen) anderzijds. Door common sense op te vatten als gemeenplaats en het concept te situeren in een retorische problematiek wordt de mogelijkheid geopend de voorgeschiedenis van de oppositie psychologie-common sense te onderzoeken zonder de huidige betekenissen van 'psychologie' en 'common sense', op presentistische wijze, als maatgevend te beschouwen. De tegenwoordige grensretoriek rond de psychologie, zoals hierboven beschreven, wordt opgevat als een antwoord op het retorische dilemma dat in dit hoofdstuk geschetst is: hoe kunnen psychologen de eigen specialistische kennis en deskundigheid aan anderen duidelijk maken, hen ervan overtuigen dat die kennis en kunde vertrouwen verdienen en een legitiem deel van de cultuur vormen, in een retorische situatie die vereist dat ze daarbij gebruik maken van wat iedereen weet. In de volgende vier hoofdstukken wordt beschreven tot welke retorica deze opgave eerder aanleiding heeft gegeven.

Noten

1 S. Shapin, 'Discipline and bounding: the history and sociology of science as seen through the externalism-internalism debate', *History of science* 30 (1992), 333-369.
2 Shapin, 'Discipline and bounding', 352 Zie ook T. Dehue, *De regels van het vak. Nederlandse psychologen en hun methodologie 1900-1985*, Amsterdam 1990.
3 S. Shapin, 'Science and the public', R.C. Olby, G.N. Cantor, R. Christie & M.J.S. Hodge (red.), *Companion to the history of modern science*, Londen 1990, 990-1007.
4 R. de Wilde, *Discipline en legende. De identiteit van de sociologie in Duitsland en de Verenigde Staten*, Amsterdam 1992.
5 T.F. Gieryn, 'Boundary-work and the demarcation of science from non-science: strains and interests in professional ideologies of scientists', *American sociological review* 48 (1983), 781-795.
6 Zie T. Dehue, *Changing the rules. Psychology in the Netherlands 1900-1985*, Cambridge 1995, hfdst. 1, voor een uitgebreide bespreking van presentisme en finalisme.
7 Gieryn, 'Boundary-work', 781.
8 T.F. Gieryn, 'Policing STS: a boundary-work souvenir from the Smithsonian exhibition on 'Science in American life', *Science, technology and human values* 21 (1996), 100-115; P.R. Gross, 'Reply to Tom Gieryn', *Science, technology and human values* 21 (1996), 116-120.
9 B. Barnes & D. Edge (red.), *Science in context*, Cambridge 1982, 2.
10 A. Abbott, *The system of professions: an essay on the division of expert labor*, Chicago 1988.
11 G. Böhme, 'Demarcation as a strategy of exclusion: philosophers and sophists', G. Böhme & N. Stehr (red.), *The knowledge society*, Dordrecht 1986, 57-66.
12 T.F. Gieryn, G.M. Bevins & S.C. Zehr, 'Professionalization of American scientists: public science in the creation/evolution trails', *American sociological review* 50 (1985), 392-409.
13 S. Shapin & S. Schaffer, *Leviathan and the air-pump. Hobbes, Boyle, and the experimental life*, Princeton 1985; S. Shapin, 'The house of experiment in seventeenth-century England', *Isis* 79 (1988), 373-404; Shapin, 'Science and the public'; S. Shapin, *A social history of truth: civility and science in seventeenth-century England*, Chicago 1994.
14 L. Wittgenstein, *Über Gewißheit/On certainty*, Oxford 1969, is de klassieke uitwerking van dit idee.
15 Shapin, *Social history*, 17 e.v.
16 Shapin, 'Science and the public'.
17 Omgekeerd wordt het mislukken van een replicatie dikwijls geweten aan een gebrek aan competentie, wanneer het studenten betreft bijvoorbeeld. H.M. Collins, *Changing*

order. Replication and induction in scientific practice, Londen 1985, legt uit waarom competentie en replicatie geen onafhankelijke grootheden zijn.
18 Shapin & Schaffer, *Leviathan,* 25.
19 Legitimering heeft in de sociologie geen eenduidige betekenis. Hier wordt bedoeld het verantwoorden van een discipline als waardevol onderdeel van de cultuur.
20 En de sociologie, antropologie, en psychologie eveneens.
21 J.C. Burnham, *How superstition won and science lost,* New Brunswick 1987; M. Midgley, *Science as salvation. A modern myth and its making,* Londen 1992.
22 Shapin, 'Science and the public', 1000.
23 Burnham, *Superstition,* signaleert een terugkeer van obscurantisme en wijt dit aan het verdwijnen van de 'evangelische' stijl van populariseren: wetenschap wordt niet meer gebracht als een alomvattende denkwijze en levensbeschouwing, maar als faits divers.
24 Midgley, *Salvation.*
25 Volgens Abbott laat de twintigste eeuw een overeenkomstige verschuiving in de legitimering van professies zien: 'efficiency' en technische vaardigheid zijn in de plaats gekomen van een beroep op traditie en het karakter van de vakman. Abbott, *Professions,* hfdst. 7.
26 De Wilde, *Discipline en legende.*
27 Ibidem, 37.
28 W. Lepenies & P. Weingart, 'Introduction', L. Graham, W. Lepenies & P. Weingart (red.), *Functions and uses of disciplinary histories,* Dordrecht 1983, ix-xx, xvii; C. van El, *Enrolling Durkheim. School formation and the rewriting of disciplinary history,* paper gepresenteerd op EASST, Conference of science, technology and change, Budapest (28-31 augustus 1994); De Wilde, *Discipline en legende;* Lepenies & Weingart geven een indeling in soorten disciplinegeschiedenis en verbinden aan elk een bepaalde legitimerende functie. De door hen beschreven functies komen grotendeels overeen met de hier genoemde wijzen van legitimeren: op grond van culturele betekenis, praktisch nut of vanzelfsprekendheid.
29 Voor onderzoek dat vooral gericht is op de allianties van psychologen met diverse andere groepen, zie P.J. van Strien, 'Transforming psychology in the Netherlands II: audiences, alliances and the dynamic of change', *History of the human sciences* 4 (1991), 351-369; en P.J. van Strien, *Nederlandse psychologen en hun publiek. Een contextuele geschiedenis,* Assen 1993.
30 S.L. Star & J.R. Griesemer, 'Institutional ecology, 'translation' and boundary objects: amateurs and professionals in Berkeley's museum of vertebrate zoology, 1907-1939', *Social studies of science* 19 (1989), 387-420.
31 Het concept is afkomstig uit de symbolisch interactionistische sociologie en duidt groepen aan waarvan de leden een betrokkenheid met bepaalde activiteiten hebben en de hulpmiddelen delen die nodig zijn om hun doelen te bereiken.
32 Star & Griesemer, 'Boundary objects', 392.
33 Een andere manier om sociale werelden te verbinden is het gebruik van standaarden. Zo is binnen een groot deel van de wetenschappen een wiskundige formulering de standaard die kennis uit diverse vakgebieden compatibel maakt.

34 Star & Griesemer, 'Boundary objects', 393.
35 P. Galison, *Image and logic, a material culture of microphysics*, Chicago 1997.
36 Galison, *Image and logic*, 798.
37 I. Löwy, 'The strenght of loose concepts-boundary concepts, federative experimental strategies and disciplinary growth: the case of immunology', *History of science* 30 (1992), 371-396, 375.
38 J. Carson, 'Army alpha, army beta, and the search for army intelligence', *Isis* 84 (1993), 278-309.
39 Carson, 'Army intelligence', 296.
40 Shapin & Schaffer, *Leviathan*, hebben een onderscheid tussen literaire, materiële en sociale technologieën geïntroduceerd als heuristiek om de heterogeniteit van wetenschappelijk werk te ordenen. Zie I. Hacking, 'The self-vindication of the laboratory sciences', A. Pickering (red.), *Science as practice and culture*, Chicago 1992, 29-64, voor een alternatieve classificatie.
41 C. Perelman & L. Olbrechts-Tyteca, *The new rhetoric, a treatise on argumentation*, Notre Dame 1969, 14 e.v. (oorspr. *La nouvelle rhétorique, traité de l'argumentation*, Parijs 1958.) M. Billig, *Arguing and thinking. A rhetorical approach to social psychology*, Cambridge 1987, hfdst. 8.
42 Cicero, *De oratore*, I, 3, 12; de passage is genomen uit Cicero, *Drie gesprekken over redenaarskunst. Weten-denken-spreken*, vertaald en toegelicht door H.W.A. van Rooijen-Dijkman & A.D. Leeman, Amsterdam 1989. Deze wordt geparafraseerd in J. Linschoten, *Idolen van de psycholoog*, Utrecht 1964, 62.
43 Billig, *Arguing and thinking*, 198.
44 Voor een retorische wetenschapsstudie die beide soorten gemeenplaatsen analyseert, zie A.G. Gross, 'On the shoulders of giants: seventeenth-century optics as an argument field', *The quarterly journal of speech* 74 (1988), 1-17. Gross definieert een 'scientific argument field' als 'a set of field-specific assumptions and their inference rules. For example, the central assumptions and agreed-upon methods of traditional optics constitute an argument field in science' (3).
45 Billig, *Arguing and thinking*, 196.
46 Andere argumenten die worden genoemd voor de uniciteit van de psychologie zijn: de mens gebruikt taal; de mens is uiteindelijk een vrij wezen; er kan om ethische redenen maar zeer beperkt geëxperimenteerd worden op mensen. De wezenlijke vrijheid van de mens en de zelfbetrokkenheid van de psychologie worden wel gecombineerd in de stelling dat de psychologie uniek is omdat mensen hun gedrag kunnen veranderen op grond van psychologisch onderzoek naar dat gedrag en zo dat onderzoek kunnen falsifiëren. Zie onder, 'De valstrikken van de sensus communis'.
47 F. Heider, *The psychology of interpersonal relations*, New York 1958.
48 A.W. Kruglanski, *Lay epistemics and human knowledge, cognitive and motivational bases*, New York 1989.
49 R.J. Sternberg, R.K. Wagner, W.A. Williams & J.A. Horvath, 'Testing common sense', *American psychologist* 50 (1995), 912-927.
50 Of het concept popularisering überhaupt analytische waarde heeft wordt betwijfeld

door onder anderen G. de Vries & H. Harbers, 'Attuning science to culture, scientific and popular discussion in Dutch sociology of education, 1960-1980', in T. Shinn & R. Whitley (red.), *Expository science, forms and functions of popularisation*, Dordrecht 1985, 103-117; S. Hilgartner, 'The dominant view of popularization, conceptual problems, political uses', *Social studies of science* 20 (1990), 519-539; B. Wynne, 'Public understanding of science', in S. Jasanoff, G.E. Markle, J.C. Petersen & T. Pinch (red.), *Handbook of science and technology studies*, Londen 1995, 361-388.

De muren van het lab

Voor Heymans

Over het ontstaan van de psychologie zijn drie clichés in omloop. Volgens het eerste ligt de oorsprong van de psychologie in de stichting van een laboratorium voor experimentele psychologie door Wilhelm Wundt; volgens het tweede heeft de psychologie altijd al bestaan, een stelling die meestal kracht wordt bijgezet door de naam van Aristoteles te noemen. Het derde cliché combineert de eerste twee in de formule dat de psychologie een lang verleden heeft, doch een korte geschiedenis.[1] Leipzig, 1879 markeert dan de overgang naar een wetenschappelijke studie van de geest, na eeuwen van onwetenschappelijke vorsing. Voor de Nederlandse psychologie wordt de breuk met het verleden gesitueerd in Groningen, 1892, toen Gerard Heymans fl 500,- kreeg van zijn universiteit om er een psychologisch laboratorium mee te beginnen.

Achter de helderheid van het cliché, in 1892 begon de wetenschappelijke psychologie in Nederland, schuilt een complex patroon van filosofische en methodologische innovaties, disciplinevorming en demarcatie-arbeid. 'Psychologie' en 'zielkunde' waren, om te beginnen, geen onbekende begrippen in 1892. Diverse Nederlandse wijsgeren hadden zich al over de psychologie gebogen en enkelen zagen er een strenge wetenschap in.[2] Heymans' voorganger in Groningen bijvoorbeeld, B.H.C.K. van der Wijck, publiceerde in 1872 een *Zielkunde*.[3] Hij verdedigde een fechneriaans idealistisch monisme, volgens welk het bewustzijn de grondslag vormt van al het bestaande. De psychologie moest met behulp van de innerlijke waarneming de samengestelde feiten van het bewustzijn tot elementen ontleden en daartussen de wetmatige verbanden vaststellen. F.A. Hartsen, onder meer medicus en filosoof, schreef rond dezelfde tijd een aantal brochures en leerboeken waarin hij eveneens de wetmatigheid van de geest beargumenteerde en pleitte voor een natuurwetenschappelijke psychologie.[4] Maar de zielkunde was vooral een zaak van pedagogen. Door en voor onderwijzers werden gedurende de negentiende eeuw vele Duitse leerboeken over 'empirische zielkunde'[5] vertaald, bewerkt en soms naar eigen inzicht aangevuld. Heymans bezat zelf een exemplaar van de *Beginselen der zielkunde*,[6] door P.J. Prinsen in 1833 gepubliceerd ten behoeve van 'het publiek, maar bijzonder den aankomenden onderwijzers'.[7] Prinsen, invloedrijk directeur der Rijkskweekschool te Haarlem,[8] had zijn beginselen vergaard uit drie Duitse leerboeken. Vier jaar later vertaalde zijn zoon een leerboek van C.F. Handel.[9] In het 'voorberigt' van deze *Beknopte zielkunde voor ouders en onderwijzers* formuleerde Prinsen senior het belang van zielkundige kennis. 'Het is ontegenzeggelijk dat het leezen van eene duidelijke en omvattende zielkunde voor ouders en schoolonderwijzers zoo noodzakelijk is, als zij zich verpligt moeten achten, hunne kinderen naar behoren op te leiden en in alles te verzorgen.'[10]

De empirische zielkunde die de onderwijzers zo gretig in zich opnamen werd onderscheiden van wat wijsgerige, rationele, of speculatieve zielkunde heette. Men benadrukte dat men niet deductief te werk ging, maar inductief uit ervaringsgegevens de wetten van het bewustzijn trachtte af te leiden. Als gegevens dienden 'zelfwaarnemingen' van de 'feiten der innerlijke ervaring',[11] aangevuld met waarnemingen van het gedrag van andere mensen. Volgens Lindner was inmiddels gebleken dat 'de aanwending der natuurwetenschappelijke methode der inductie op het gebied der innerlijke ervaring uitstekende resultaten oplevert, en vooral sedert de baanbrekende onderzoekingen van Herbart kan de empirische zielkunde onder de exacte wetenschappen gerekend worden.'[12] Fröhlich, die de herziene versie van Lindners leerboek had verzorgd, waarop de vertaling van 1896 was gebaseerd, voegde daaraan toe dat het soms noodzakelijk kon zijn 'proefnemingen' te verrichten om de factoren die op een zielkundig verschijnsel van invloed zijn te kunnen isoleren. Wundt en Weber, voorstanders van het experiment, pasten met Herbart, verklaard tegenstander, in hetzelfde leerboek.

Heymans' oratie

In zijn colleges in de jaren 1890 repte Heymans niet van een breuk met het verleden, maar hij meende wel dat de psychologie in een 'overgangstijdperk' verkeerde en 'een wetenschap in wording' was.[13] Waar het in de Verenigde Staten gebruikelijk was om te spreken van de 'nieuwe psychologie'[14] noemde Heymans het vak dat hij doceerde de 'nieuwere psychologie'. Ze onderscheidde zich van de 'oudere' doordat ze de zelfwaarneming aanvulde met het experiment. (Het waarnemen van anderen werd door Heymans niet als complementaire methode genoemd.) Zelfwaarneming bleef het alfa en omega van de psychologie, maar daartoe beperkt 'kon de psychologie nauwelijks hopen, ooit op de rang eener exacte wetenschap aanspraak te maken', schreef Heymans in een brief aan de curatoren van de Groninger universiteit waarin hij subsidie vroeg voor zijn laboratorium.[15]

De 'experimenteele psychologie' was een noodzakelijke innovatie binnen de bestaande empirische zielkunde. Op grond van de definitie van het experiment in zijn oratie[16] en de voorbeelden van experimenten die hij daar geeft, kan men echter concluderen dat er ook in de oudere psychologie al werd geëxperimenteerd. Heymans spreekt van een experiment 'wanneer de verschijnselen, die men waarneemt, zijn tot stand gekomen onder willekeurig ingevoerde omstandigheden'.[17] Het experiment staat tegenover de 'passieve waarneming'. Nu kan men de omstandigheden waaronder bewustzijnsverschijnselen tot stand komen even goed manipuleren als die waaronder natuurverschijnselen optreden: 'de uitwendige prikkels waardoor zinnelijke gewaarwordingen tot stand komen, de overwegingen die leiden tot een of andere overtuiging, de voorstellingen die eene bepaalde stemming opwekken, kunnen middellijk of onmiddellijk, door woord of handeling, bij onszelf of bij anderen worden in het leven geroepen'.[18] Zo experimenteert de historicus, wanneer hij zich probeert te verplaatsen in de situatie van een historisch personage, om te zien of uit deze 'kunstmatig ingevoerde gegevens'[19] de denkbeelden van de bestudeerde ontstaan. Ook de wetten der logica zijn ooit, door systematisch afleidingen te toetsen op hun aanvaardbaarheid voor het denken, op inductieve wijze vastgesteld. Gegeven deze ruime definitie van het experiment, lijken de gedachtenexperimenten en de redeneringen op basis van alledaagse voorbeelden waaruit de empirisch psychologen hun zielkundige wetten afleidden, evengoed 'willekeurig ingevoerde omstandigheden' te zijn geweest.

Feit blijft evenwel dat Heymans 'het experiment' inzette om zijn positie af te bakenen. Zijn demarcatie-arbeid ving aan met zijn oratie, getiteld 'Het experiment in de philosophie'. Heymans was uit Leiden, waar hij rechten en filosofie had gestudeerd, naar Groningen gehaald om de eerder genoemde Van der Wijck op te volgen en evenals deze onderwijs in 'de geschiedenis der wijsbegeerte, de logica, de metaphysica en de zielkunde'[20] te geven. De zielkunde, in de onderwijswet van 1876 toegevoegd aan het wijsgerig curriculum, blijkt de speciale belangstelling te hebben van de jonge hoogleraar. Staande voor de curatoren der universiteit, zijn nieuwe collega-hoogleraren en zijn nieuwe studenten meldt Heymans dat er een 'nieuwere philosophie' is gekomen, en dat deze in essentie de 'psychologie van het denken' behelst.[21] Al sinds de tijd van de oude Grieken, toen 'de jeugdige menschheid (..) voor het eerst, in begeerige haast, de hand had uitgestrekt naar de kostelijke vrucht der waarheid'[22] wordt de mens bedrukt door het inzicht, door Protagoras geformuleerd, dat de mens de maat is van alle dingen. Onze kennis berust niet alleen op de eigenschappen van de wereld om ons heen, maar ook, onvermijdelijk, op de eigenschappen van de wereld in ons, onze geest. Kennis is dus altijd relatief.

De oudere wijsbegeerte trachtte vruchteloos achter de verschijnende wereld de wezenlijke werkelijkheid te vinden; de nieuwere filosofie streeft ernaar de relativiteit te begrijpen, niet haar te overwinnen. Zij aanvaardt de wetenschap, en probeert de wetmatigheden te vinden in de subjectieve factoren die met de objectieve factoren onze kennis van de wereld bepalen. In de zin dat deze filosofie bewustzijnsverschijnselen wil vaststellen en verklaren, is zij een deel van de psychologie: de psychologie van het denken namelijk. De filosofie is dus 'een wetenschap zoals elke andere',[23] en haar methoden zijn empirisch. Een van de belangrijkste hulpmiddelen is het experiment, het waarnemen van verschijnselen onder gecontroleerde omstandigheden.

Aldus de omtrekken van de wetenschap die Heymans wilde gaan beoefenen. De filosofie was afgebakend als de experimentele psychologie van het denken, die in de alliantie met de andere disciplines de taak had de subjectieve factoren in hun kennis te begrijpen om zo de relativiteit te overwinnen. Wat vanuit het perspectief van de oude filosofie een verlies aan status betekende, de wijsbegeerte zou immers niet meer boven, maar tussen de wetenschappen staan, was voor de psychologie een verheffing in de adelstand. De nieuwkomer werd terzijde van de natuurkunde geplaatst, als haar noodzakelijk complement. Om zijn gehoor voor dit gewaagde voorstel te winnen, baseerde Heymans zijn betoog op twee soorten gemeenplaatsen: historische en introspectieve topoi.

De geschiedenis van de filosofie wordt door Heymans gebruikt om de psychologie een lange, gewichtige stamboom te geven. De oorsprong van de psychologie ligt in 'een groot maar somber woord' (Protagoras' dictum), dat zich 'van de oudste tijden af' 'van geslacht tot geslacht' heeft voortgeplant, de wetenschap dikwijls 'tot verlammens toe neerdrukkende onder zijn gewicht', stelt hij al in de eerste zin. Anderhalve pagina lang schildert Heymans vervolgens hoe 'de menschheid' 'de eeuwen door' is gekweld door 'Protagoras' geweldig woord', dat hij drie maal, in het Grieks, citeert. Dat de pogingen van de oudere filosofie om de relativiteit van de kennis te boven te komen moesten mislukken, ligt dan al voor de hand, en Heymans ruimt de 'dogmatische' concurrentie definitief uit de weg met een beroep op enkele 'eenvoudige waarheden'[24] over 'ons denken'.[25] Door middel van vooral retorische vragen construeert hij de gemeenplaats dat 'ons weten'[26] altijd subjectief is en voorstellingen nu eenmaal alleen met andere voorstellingen vergeleken kunnen worden, niet met het wezen der werkelijkheid. Wat de oudere filosofie wilde, de werkelijkheid direct kennen, kan gewoonweg niet. Om de nieuwere filosofie te introduceren doet Heymans andermaal beroep op 'de geschiedenis der wetenschap' en vooral op 'de ervaring van ons eigen denken'.[27] Introspectie leert namelijk dat sommige van onze overtuigingen, de axioma's van de wiskunde bijvoorbeeld, ons volstrekt zeker toeschijnen, terwijl andere, zoals de gravitatiewet van Newton, die eigenschap niet hebben. De psychologie van het denken nu is de wetenschap die, in navolging van Kant, die absolute zekerheid tracht te herleiden tot eigenschappen van de geest. In tegenstelling tot Kant gebruikt ze daarbij empirische methoden.

Slechts zelden is de verwijzing naar introspectieve evidentie expliciet, zoals in: 'Ook hier constateer ik slechts feiten, die zich door de eenvoudigste zelfwaarneming laten bevestigen'.[28] Doorgaans is Heymans' appel subtieler, door middel van retorische vragen bijvoorbeeld, maar bovenal valt het gebruik van het persoonlijk voornaamwoord 'wij'[29] op. 'Wij' refereert ten eerste aan Heymans en zijn gehoor of lezers: 'u en ik'. In een stijl die nu wat ouderwets aandoet grossiert hij in frases als 'vatten wij het voorgaande even samen' en 'bepalen wij ons in de eerste plaats tot'. 'Wij' verwijst in wijdere zin echter niet alleen naar spreker en publiek, maar tevens naar het geheel waar zij deel van uitmaken: wij allemaal, de mens. Soms lopen de twee betekenissen naadloos in elkaar over: 'Vergelijken wij met elkander de aard der zekerheid, die wij b.v. aan een mathematisch axioma, en die wij aan eene natuurwet toekennen, dan vinden wij gemakkelijk dat aan de eerste een eigenaardig karakter van noodzakelijke algemeenheid en volstrekte nauwkeurigheid toekomt, dat bij de laatste ten eenenmale ontbreekt.'[30] Heymans en zijn gehoor doen gezamenlijk een introspectief experiment, en stellen een denkpsychologisch feit vast.

De 'wij'-constructie stelt Heymans in staat zijn nieuwe universitaire collega's medeplichtig te maken aan de introductie van de experimentele psychologie in hun midden. Het 'wij' verankert de psychologie, haar positie ten opzichte van de andere disciplines, in wat wij allen weten: wij weten dat er een wereld in ons is, gescheiden van de buitenwereld, en dus kunnen we niet anders dan instemmen met een aparte wetenschap die de geest bestudeert; wij, de mensheid, worden sinds jaar en dag geplaagd door de relativiteit van onze kennis, dus een discipline die dit tracht te verhelpen door het bestuderen van de subjectieve factoren in ons wereldbeeld is zeker een legitiem onderdeel van de wetenschap; de zielkunde verdient vertrouwen omdat ze dezelfde methoden gebruikt als elke andere wetenschap, en dat zulke methoden mogelijk zijn in de psychologie blijkt wel uit het feit dat wij allen kunstmatig gegevens kunnen invoeren in onze geest.

Heymans' demarcatie-arbeid begin jaren 1890 wierp vruchten af. Het college van curatoren ontving van de nieuwe hoogleraar twee brieven waarin hij de argumenten van de oratie nog eens samenvatte en subsidie vroeg voor het opzetten van een laboratorium voor psychologie. Hierdoor aangespoord verzocht het college op zijn beurt de minister om het benodigde geld beschikbaar te stellen, waarbij verwezen werd naar de inaugurele rede van Heymans.[31]

Het lab

Terwijl 'wij' in de oratie nog vooral verwees naar empirische, introspectief vast te stellen feiten met betrekking tot 'ons denken', ondersteunde Heymans zijn latere demarcatie-arbeid ook met evidente kenmerken van andere aspecten van ons geestesleven. Het domein dat hij afbakende omvatte inmiddels meer dan alleen de denkpsychologie en de gemeenplaatsen bestreken een overeenkomstig groter terrein. Ook Heymans' publiek was breder. De denkpsychologie van de oratie moest een positie naast de natuurwetenschappen krijgen en zich bezighouden met de relativiteit van hun kennis; het gehoor in het academiegebouw bestond precies uit de mensen die zich daarin zouden moeten schikken. De psychologie die Heymans later wilde bedrijven omvatte alle bewustzijnsverschijnselen van alle mensen, en moest ook tegenover niet-academici worden verdedigd. Het medium dat Heymans hiervoor koos was *De gids*.

Van de ruim honderd boeken en artikelen die Heymans publiceerde verscheen de helft eerst of alleen in het Nederlands, en de andere helft, behoudens enkele Franse en Engelse artikelen, in het Duits. De verslagen van psychologische experimenten verschenen meestal in het Duitse *Zeitschrift für Psychologie*. Voor het overige is er geen verband te ontdekken tussen onderwerpen en medium of taal van publicatie. Zowel in het Nederlands als in het Duits publiceerde Heymans over staatswetenschap, kennisleer, ethiek, metafysica en psychologie. In *De gids*, waarvan Heymans enige tijd medewerker was, verschenen in totaal veertien bijdragen van zijn hand, waaronder het eerste artikel dat hij het licht deed zien, een doorwrocht essay van 64 pagina's getiteld 'De methode der moraal'.[32] Remieg Aerts heeft opgemerkt dat Heymans 'het meeste van zijn werk voor een algemeen publiek heeft geplaatst in *De gids*'.[33] Dat wil niet zeggen dat men in Heymans' werk eenvoudig vakpublicaties van populariserende stukken kan onderscheiden. Toen Heymans in 1922 een overzicht gaf van zijn filosofische werk voor de bundel *Philosophie der Gegenwart in Selbstdarstellungen*[34] maakte hij daarin geen onderscheid tussen wetenschappelijk en populariserend werk. *Gids*-artikelen staan gebroederlijk naast bijdragen aan de *Annalen der Naturphilosophie*. Heymans gebruikte de kolommen van *De gids* en andere algemeen-culturele tijdschriften als

Onze eeuw ook niet alleen om zich tot het publiek buiten de universiteit te wenden, maar ook om te polemiseren met academische collega's als Bolland en Van der Waals. Dat dit soort bladen als fora tot op zekere hoogte inwisselbaar waren met vaktijdschriften, blijkt ook uit het feit dat soms hetzelfde artikel zowel voor collega's als voor leken geschikt werd geacht. 'De methode der moraal'[35] verscheen een jaar later vertaald en licht bewerkt als 'Die Methode der Ethik' in een Duits filosofisch tijdschrift;[36] 'Het psychisch monisme' werd geplaatst in het *Tijdschrift voor wijsbegeerte* en tevens uitgebracht in de serie populariserende brochures *Uit zenuw- en zieleleven* van uitgeverij Hollandia.[37]

Het brede publiek dat bladen als *De gids* las was smaller dan wat men tegenwoordig met die term zou aanduiden. Toen *De gids* in 1900 Couperus' *De stille kracht* plaatste, werd er gewaarschuwd dat *De gids* 'toegang tot alle huiskamers had',[38] en schreef een trouw lezeres dat het blad toch vooral werd gelezen door gewone burgers, niet alleen door mondaine types.[39] De categorie gewone burgers was rond de eeuwwisseling echter een stuk kleiner dan ze nu zou zijn als men zich nog in die termen zou uitdrukken. De onderklasse van arbeiders was een onderwerp van zorg in de kolommen van *De gids* — ook Heymans publiceerde over de zogenaamde 'sociale kwestie', het verpauperen der arbeiders terwijl de burgers welvarender werden. Maar het proletariaat las *De gids* niet. *De gids* was een blad voor het geschoolde, liberale establishment, waartoe ook de meeste academici behoorden.

Het heeft daarom weinig zin *De gids* te beschrijven in termen van de tegenstelling tussen populariserende en wetenschappelijke tijdschriften. Opvallend aan *De gids* en concurrerende bladen als *Onze eeuw* was juist hun hybride karakter. Romans in feuilleton-vorm stonden er naast boekbesprekingen en literatuurkritiek, polemieken tussen vooraanstaande filosofen en wetenschappers werden afgewisseld door stukken waarin de laatste ontwikkelingen in de fysica werden uitgelegd. *De gids* was een grenszone, haar pagina's een plek waar vertegenwoordigers van diverse sociale werelden, kunst, politiek, wetenschap, met elkaar en met de ontwikkelde burger in contact kwamen. Het was een algemeen-cultureel blad omdat alle delen van de cultuur er aan bod kwamen, niet omdat er gepopulariseerd werd; het publiek dat *De gids* las was een algemeen publiek in de zin dat het bestond uit alle geledingen van de gegoede burgerij, niet in de zin dat iedereen *De gids* las of kon lezen. Toch kon ook *De gids* niet om de specialisering in de cultuur heen.[40] Er kon niet altijd op voet van gelijkheid gedebatteerd worden, vooral op wetenschappelijk gebied moest er wel eens iets worden uitgelegd. Soms was het noodzakelijk dat een auteur op z'n knieën ging zitten en zijn vak, vondst of idee in voor iedere *Gids*-lezer begrijpelijke taal verklaarde. Zo'n stuk is Heymans' 'Een laboratorium voor experimenteele psychologie'.[41] Het is echter goed te bedenken dat daarmee niet alleen niet-academische leken werden bereikt, maar dat ook zijn academische collega's meelazen. Met de voortgaande arbeidsdeling in de wetenschappen werden zij in toenemende mate leken wat betreft elkaars werk.[42]

Heymans introduceert het stuk als een poging om het onbegrip over de experimentele psychologie bij de 'leek' weg te nemen door het geven van 'inlichtingen' via 'een enkel woord in 't openbaar'.[43] De vriendelijke, behulpzame toon blijft het stuk door gehandhaafd: jargon als 'associatief verband' wordt geparafraseerd ('zoo noemt men de betrekking krachten welke twee voorstellingen elkander in het bewustzijn reproduceeren'[44]), elke mogelijke tegenwerping wordt aan de orde gesteld en beantwoord ('maar, zal de lezer zeggen, wanneer nu...'[45]), de voorbeelden worden ontleend aan het dagelijks leven. Het zijn deze vriendelijk toegesproken leken zelf waar Heymans' demarcatie-arbeid zich op richt: zij worden buiten de wetenschappelijke psychologie gesloten.

De bedenkingen die leken hebben over de experimentele psychologie komen volgens Heymans voort uit een verkeerd begrip van het object van de psychologie en van haar methode. Is de ziel immers niet een onstoffelijk wezen, laat hij zijn critici vragen, en is experimenteren niet het blootstellen van lichamen aan allerlei materiële invloeden? Hoe kan er dan een experimentele wetenschap van de ziel zijn? De psychologie is dan ook geen wetenschap van de ziel, legt Heymans uit, zij is de wetenschap der bewustzijnsverschijnselen, en het experiment is niet gedefinieerd door stoffelijkheid, maar door het controleren van de omstandigheden waaronder het onderzochte verschijnsel zich voordoet. Om het optreden van bewustzijnsverschijnselen goed te kunnen manipuleren is het gebruik van een psychologisch laboratorium vereist. Na zo'n lab beschreven te hebben weerlegt Heymans ten slotte twee bezwaren, namelijk dat op basis van proefnemingen met één of enkele proefpersonen geen algemene wetten kunnen worden opgesteld, en dat de psychologie geen zelfstandige wetenschap is, maar gereduceerd kan worden tot de fysiologie. 'Een laboratorium voor experimenteele psychologie' is een schets van de hoofdkenmerken van de klassieke bewustzijnspsychologie: een experimentele wetenschap van bewustzijnsverschijnselen, bedreven in laboratoria met behulp van deskundige proefpersonen, nauw gelieerd, maar niet identiek aan de fysiologie. Het artikel is tevens een poging het ommuren van de psychologie te legitimeren tegenover de buitenstaanders en hun vertrouwen te wekken in de kennis die binnen wordt geproduceerd. Heymans' belangrijkste retorische gereedschap is andermaal de 'wij'-constructie.

'De psychologie te definieeren als de wetenschap van de ziel is niet zozeer onjuist als wel gevaarlijk, omdat het gemakkelijk kan leiden tot misverstand.'[46] Het misverstand namelijk dat de nieuwe wetenschap zou pretenderen iets over het wezen van de ziel te kunnen of mogen zeggen. De positivistische wetenschap was in fin de siècle Nederland uitermate controversieel. In de 'intens actieve, heftig reagerende Nederlandse cultuur'[47] leefde bij velen de wens het oprukkende materialisme te beteugelen en religie, kunst en ethiek te vrijwaren van wetenschappelijke usurpatie. Ook in *De gids* werd dikwijls front gemaakt tegen het stoffelijk wereldbeeld.[48] Was deze nieuwe wetenschap wel een legitieme bijdrage aan de cultuur, of was ze eerder een bedreiging voor haar meest hooggeschatte waarden? Heymans, zelf evenmin geporteerd voor het materialisme, diende duidelijk te maken dat zijn wetenschap de traditioneel met religie, kunst en ethiek verbonden ziel niet zou bezoedelen, zonder echter het belang van de ziel te bagatelliseren of haar bestaan te ontkennen. Heymans' poging de kool en de geit te sparen steunt op 'onze' introspectieve zekerheden. 'Wanneer wij den blik naar binnen richten, letten op 't geen er in ons verstand of ons gemoed omgaat, dan nemen wij wel allerlei verschijnselen waar die de uitwendige zintuigen ons niet doen kennen: liefde en haat, hoop en vrees, begeerte en afschuw, maar de ziel, waaraan wij deze verschijnselen als hare toestanden of werkingen toeschrijven, komt nooit zelve tot waarneming.'[49] Dat wil, anderzijds, niet zeggen dat de ziel niet bestaat; het idee van een ziel heeft zijn eigen introspectieve zekerheid: 'wij komen daartoe, omdat wij ons eene voorstelling, eene aandoening, eene begeerte niet als iets zelfstandigs, maar alleen als de voorstelling, aandoening of begeerte van iets of iemand kunnen denken; en vervolgens omdat deze verschijnselen zich voordoen als zoo iets geheel anders dan 't geen wij als toestanden of werkingen der stof kennen, dat wij meenen, ze ook aan een wezen van geheel anderen aard dan de stof te moeten toeschrijven'.[50] Gegeven deze stand van zaken 'is het duidelijk'[51] dat de psychologie bij de onmiddellijke gegevens moet beginnen, en moet afwachten in hoeverre daaruit met betrekking tot de ziel iets op te maken is. De jonge wetenschap is een 'Psychologie ohne Seele',[52] waaraan Heymans haastig toevoegt dat de psychologie het bestaan van de ziel dus niet ontkent, maar zich bij ontstentenis van directe gegevens over de ziel voorlopig beperkt tot het onderzoeken van bewustzijnsverschijnselen. Met zulke 'bescheidenheid' neemt de psychologie een voorbeeld aan de natuurwetenschap. 'Wat stof en kracht eigenlijk is, weet geen physicus u te zeggen.'[53]

Heymans' argumentatie voor het gebruik van het experiment om de bewustzijnsverschijnselen te onderzoeken verloopt in drie stappen. Allereerst definieert hij het experiment zoals hij dat in de oratie gedaan had: als het manipuleren van de omstandigheden waaronder het verschijnsel dat onderzocht wordt zich voordoet. Het experiment is het antwoord van de onderzoeker op de complexiteit van het onderzochte fenomeen. Hoe ingewikkelder het verschijnsel, hoe onvoorspelbaarder het optreden ervan, hoe groter het aantal factoren dat een rol speelt, des te meer schiet de passieve waarneming te kort en des te meer zal 'om die complicatie te ontwarren, experimenteele isoleering der medewerkende factoren noodzakelijk zijn'.[54] Als tweede stap in de argumentatie schildert Heymans de verwardheid van het geestesleven, dat hij eerder in het artikel al had gekenschetst als een 'schijnbaar chaotische aaneenschakeling van bewustzijnsinhouden'.[55] Het 'schijnbaar' laat hij weg, als hij de verbondenheid van en wisselwerking tussen de in leerboeken zo netjes onderscheiden verschijnselen beschreven heeft, en concludeert dat er dus zeker experimenten nodig zijn om in deze 'chaos' orde te scheppen.[56]

Als laatste stap in de redenering moet Heymans aantonen dat experimenten in de psychologie niet alleen noodzakelijk, maar ook mogelijk zijn. Om zijn lezers hiervan te overtuigen, verrast hij hen met de stelling dat 'ieder onzer herhaaldelijk psychologische experimenten heeft genomen, zonder zich daar ooit rekenschap van te hebben gegeven'.[57] Er volgt een vloed aan voorbeelden, vormgegeven met behulp van de 'wij'-constructie, die tot doel hebben de lezers te confronteren met hun eigen experimenteel-psychologische activiteiten. 'Wij willen iemand een geheim ontlokken, en maken daartoe, als Hamlet tegenover Claudius, eene duidelijke toespeling op den onderstelden inhoud er van; wat doen wij anders dan experimenteeren?'[58] Zo experimenteren we ook als we ons trachten in te leven in anderen om hun gedrag te begrijpen, of wanneer we de zelfbeheersing van onze kinderen op de proef stellen door ze alleen te laten met verboden lekkernijen. Met klem herhaalt Heymans nog dat dit 'wezenlijke experimenten in de vollen en strengen zin van het woord' zijn.[59]

Juist op het punt dat de gewone burger in een zielkundig expert lijkt omgetoverd, bakent Heymans de wetenschappelijke psychologie af: 'algemeene en exacte resultaten'[60] kunnen slechts bereikt worden als de experimenten in een laboratorium worden uitgevoerd. Alleen in een laboratorium kunnen de complexe bewustzijnsverschijnselen worden geïsoleerd en gemanipuleerd, en kan de chaos van het geestelijk leven worden geordend. In een laboratorium zijn ten eerste de toestellen aanwezig die welomschreven zinsindrukken kunnen opwekken, maar bovendien kunnen in een laboratorium ongewenste indrukken worden geweerd. 'Daartoe moet de kamer die als laboratorium dienst doet, rustig gelegen en van het straatrumoer afgesloten zijn; vloer, wanden en zoldering behooren donker geverfd te zijn, en er moet gelegenheid zijn, om door ondoorschijnende gordijnen het daglicht volkomen buiten te sluiten.'[61] Om de (schijnbare) wanorde van het bewustzijn te kunnen ordenen moet het uit de drukte van het dagelijks leven worden gehaald en in de rustige, overzichtelijke omgeving van het laboratorium worden geplaatst. Alleen binnen het lab is een wetenschàppelijke zielkunde mogelijk; de muren van het lab zijn de grenzen van de psychologie.

De muren van het lab

Het duurde even voordat het laboratorium zich definitief aan het dagelijks leven had ontworsteld. Tussen 1892 en 1905 fungeerde een kamer in het huis van de Heymansen aan de Stationsstraat in Groningen als laboratorium. Echtgenote Anthonia trad op als deskundig proefpersoon. In 1905 betrok het echtpaar een door Berlage ontworpen villa, alwaar in een speciale laboratoriumkamer was voorzien. Pas in 1909 werd een speciaal daarvoor bedoeld psychologisch laboratorium gerealiseerd in het nieuwe Academiegebouw in Groningen.[62]

Heymans had de vrije hand gekregen bij het ontwerp van zijn lab, wat vooral tot uiting kwam in de bijzondere aandacht die aan de muren was besteed. In een gedenkboek van de Groningse universiteit gaf de trotse bewoner een beschrijving van het psychologisch instituut, 'het eerste in ons vaderland'.[63] Het laboratorium bestond uit twee 'werklocalen' (zie plattegrond).

'Van deze beide localen is het kleinste (B) als *licht- en geluiddichte kamer* ingericht. (..) Daartoe werd de kamer in de eerste plaats aan de zijden, waar zij aan de buitenwereld en aan den corridor grenst, van een isoleergang voorzien, tengevolge waarvan het overschietende gedeelte thans aan alle kanten door ruimten (werklocaal, gang, isoleergang) is omringd, die gedurende de proeven volkomen stil kunnen worden gehouden. Verder zijn de vier muren, die dit overblijvende gedeelte omsluiten, allen uit een baksteenlaag, een spouw, een drijfsteenlaag en een dubbele kurklaag samengesteld, terwijl ook de betonvloer en de zoldering met een dubbele kurklaag zijn bedekt, en de verbinding met den gang door een dubbele, op soortgelijke wijze verzorgde deur wordt afgesloten. En eindelijk zijn nog, (tevens als middel om resonantie te voorkomen) dikke gordijnen langs de vier muren aangebracht. (..) Het overblijvende bezwaar, dat het nl. in een geheel van de buitenwereld afgesloten ruimte allicht muf en onfrisch zou worden, werd ondervangen door in den muur tusschen deze kamer en den isoleergang, tegenover de toegangsdeur, een vierkante opening (c) van 0.8 x 0.7 m. aan te brengen; zoolang de kamer niet gebruikt wordt, kunnen door deze opening en de opengezette deur lucht en licht binnendringen, terwijl ze bij de proeven door een tusschen twee planken geklemd kussen voor licht en geluid van buiten afgesloten kan worden.'[64]

Dit lokaal B was de kamer waarin de proefpersoon werd geplaatst; in lokaal C bevonden zich de instrumenten en de proefleider(s). Heymans was vooral verguld met kamer B, over C was 'weinig bijzonders op te merken'.[65] Hij vermeldde alleen nog dat er tussen B en C een opening (d) was aangebracht, die het mogelijk maakte de proefpersoon vanuit kamer C te confronteren met licht- en geluidstimuli, zonder dat de proefpersoon het betreffende apparaat kon zien of horen. Om het contact tussen proefleider en proefpersoon niet geheel onmogelijk te maken, was er voorzien in een telefoonverbinding tussen de twee kamers.

Het lijdt geen twijfel dat het gebruik van een laboratorium dat kan worden verduisterd en stil gehouden, functioneel was en is in veel onderzoek naar waarneming. Er is echter veel voor te zeggen dat de betekenis van het lab niet alleen door zijn functie in het onderzoek werd bepaald. Heymans' nadruk op volledige isolatie van de proefpersoon van de buitenwereld is excessief vergeleken met andere beschrijvingen van psychologische laboratoria uit die tijd. In 'Een laboratorium voor experimenteele psychologie' had Heymans het uitzonderlijke van gescheiden kamers voor proefpersoon en -leider al aangeduid: 'In sommige laboratoria gaat men zelfs zoo ver, den proefnemer en den proefpersoon in verschillende kamers te plaatsen.'[66] Heymans' preoccupatie met de subtiele details van lab-architectuur werd door andere psychologen niet gedeeld. In de vele beschrijvingen van psychologische laboratoria die in die tijd, vooral in Amerika, werden gepubliceerd,[67] werd de meeste betekenis gehecht aan de aanwezige apparatuur. Waar Heymans de noodzaak van controle over stimuli vooral vertaalde in het weren van de buitenwereld, legden zijn collega's de nadruk op het produceren van zuivere stimuli met behulp van instrumenten. Weliswaar gingen de beschrijvingen dikwijls vergezeld van plattegrondjes en openden de verslagen meest met een opsomming van de

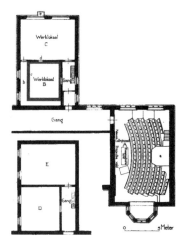

Plattegrond van het Psychologisch
Laboratorium in het Academiegebouw 1914
Uit: G. Heymans, 'Het psychologisch
instituut', *Academia Groningana*
MDCXIV-MCMXIV, Groningen 1914,
461-464.

Heymans' laboratorium: werklokaal C
Foto collectie ADNP

Heymans' laboratorium: werklokaal B
Foto collectie ADNP

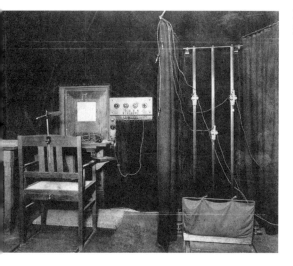

beschikbare kamers en waar ze voor werden gebruikt, er lag weinig nadruk op de methodologische betekenis van de architectuur. Een rustige ligging, zware gordijnen en voldoende licht: meer werd wat dat betreft niet nodig geacht voor goed experimenteel onderzoek. Toen James McKeen Cattell in 1888 het 'psychological laboratory at Leipsic' beschreef, meldde hij alleen dat Wundt de beschikking had over vier kamers, 'looking out on quiet courts with both northern and southern exposure'.[68] Vier jaar later deed W.O. Krohn verslag van een tocht langs de Duitse psychologische laboratoria, en ook hij beschreef vooral de inventaris. Wundts lab omvatte inmiddels zes kamers, 'conveniently arranged and tolerably well lighted, but with poor floors'.[69] Latere beschrijvingen, zoals die door E.B. Titchener van zijn eigen lab aan Cornell,[70] gaan uitgebreider in op de topografie, maar zonder Heymans' nadruk op isolering. Nauwkeurig is aangegeven waar de schakelkasten voor de elektriciteit hangen en op welke plek de boekenplanken zijn aangebracht, maar op de plattegronden ontbreken de dunne lijntjes waarmee Heymans de gelaagdheid van zijn muren aangaf. Er zijn evenmin gescheiden ruimtes voor proefpersonen en proefleiders.

Dat de verfijnde muur-technologie van drijfsteen en dubbele kurklagen niet strikt noodzakelijk was bij het doen van experimenteel-psychologisch onderzoek blijkt ook uit het feit dat Heymans het grootste deel van zijn experimentele onderzoek deed in de tijd dat het laboratorium nog een kamer in zijn huis was. In 1905 sloeg hij een nieuwe weg in, die van het persoonlijkheidsonderzoek, of 'speciale psychologie'. Dit onderzoek gebeurde door middel van vragenlijsten en de analyse van biografieën, en kon in de studeerkamer worden gedaan. De eerste experimentele onderzoekingen die hij deed, die over visuele illusies, vonden zelfs helemaal niet in het laboratorium plaats, en de dure, van koper en hout vervaardigde apparatuur werd daarbij niet gebruikt. Die proeven werden gedaan in de collegezaal, met behulp van zelf vervaardigde kartonnen schuifjes als stimuli en studenten als proefpersonen. Proefnemingen met collega's leverden extra data.[71] Heymans' nadruk op het bezit en de architectuur van zijn lab is niet volledig te begrijpen vanuit de eisen die toen gesteld werden aan experimenteel psychologisch onderzoek. Het laboratorium had voor Heymans vooral educatieve en retorische waarde.

In de brief aan de curatoren van de universiteit waarin Heymans subsidie aanvroeg voor zijn laboratorium, is er nog geen sprake van dat er onderzoek in zou plaatsvinden. Een psychologisch laboratorium (dat wil in de brief zeggen: een verzameling psychologische instrumenten) is, zo stelt Heymans, een absolute noodzaak bij het geven van zielkundig onderwijs. Het bedrag dat hij vraagt is nodig 'uitsluitend voor collegeproeven, dus geheel afgezien van hulpmiddelen voor zelfstandig onderzoek'.[72] (Een groot deel van de apparatuur lijkt overigens ongebruikt te zijn gebleven; de instrumenten waren eenvoudigweg te zwaar om telkens naar en van de collegezaal te sjouwen.[73]) Heymans was zich zeer wel bewust van de noodzaak mensen vertrouwd te maken met de nieuwe wetenschap, niet alleen via de kolommen van *De gids*, maar ook langs de weg van colleges. Zijn lessen werden druk bezocht en waren geliefd onder studenten van vele disciplines.[74] Niet voor niets liet hij bij het nieuwe laboratorium ook een grote collegezaal inrichten, speciaal geoutilleerd voor het doen van collegeproeven. In het laboratorium zelf heeft Heymans, zoals al opgemerkt, nauwelijks experimenteel onderzoek gedaan; des te groter was het educatieve belang ervan. Nu kon er eindelijk door allen die dat wilden aan de practica worden deelgenomen. In de rede die hij, op dat moment rector-magnificus, hield bij de opening van het nieuwe Universiteitsgebouw roemde hij de 'eminente paedagogische beteekenis'[75] van laboratoria. Alleen daar konden studenten, professoren en apparaten tot de 'organische samenwerking'[76] komen, die onontbeerlijk is bij de ontwikkeling van de student tot zelfstandig wetenschapsbeoefenaar. Ook geschiedenis, rechten en andere niet-experimentele wetenschappen zouden daarom de beschikking moeten krijgen over laboratoria.[77]

Slechts weinigen van Heymans' studenten hadden de ambitie om zelfstandig onderzoeker te worden. Het gros van de practicanten betrad het lab niet om er intrek te nemen, maar om de psychologie eens te bezoeken, om haar te aanschouwen in haar eigen huis. Het laboratorium in het academiegebouw was minder een werkplaats dan een toonzaal, een tastbaar bewijs van het bestaan van de psychologie waarin belangstellende collega's en studenten konden worden rondgeleid. Maar het was voor degenen die er niet binnenkwamen evenzeer een symbool van de wetenschappelijke psychologie. De enorme culturele betekenis van laboratoria als iconen van de wetenschap is uitgebreid beschreven.[78] Laboratoria gelden als de plaats waar vorser en werkelijkheid elkaar ontmoeten, als de plaats waar de wetenschap het zuiverst is, voordat ze verwatert in toepassingen, populariseringen en onderwijs. In de topografie van de wetenschap staat het laboratorium in het centrum, als een tempel boven de bron van wetenschappelijke kennis, het experiment. Laboratoria leveren zo de uiterlijke tekens van het abstracte begrip wetenschap: de witte jassen, de witte muizen, de ingewikkelde proefopstellingen. De symbolische betekenis van laboratoria is niet in tegenspraak met hun praktische belang, integendeel, juist doordat laboratoria zo functioneel zijn in (veel) onderzoek en onderwijs, hebben ze een culturele betekenis gekregen als 'huis van de wetenschap'.[79]

Het is tekenend dat Heymans zijn verdediging van de nieuwe psychologie de titel 'Een laboratorium voor experimenteele psychologie' meegaf: het laboratorium stond metonymisch voor zijn inhoud, de experimentele zielkunde. Zo werd ten eerste benadrukt dat de psychologie een exacte wetenschap was, net als de andere bewoners van laboratoria. De psychologie was immers volgens Heymans het evenbeeld van de natuurkunde, en afgezien van de aard van de onderzochte verschijnselen (geestelijk in plaats van materieel) precies aan haar gelijk. Ten tweede weerspiegelt de titel de rol die het laboratorium bij Heymans vervult in de demarcatie van wetenschappelijke psychologie. Het lab wordt opgevoerd als het cruciale verschil tussen de alledaagse experimenten van de leek en de wetenschappelijke proefnemingen van de psycholoog. Dat daar wel wat op kan worden afgedongen doet niets af aan de retorische functie van het lab. Wel moet worden gewaakt voor het idee dat die retoriek louter berustte op strategische overwegingen. De kracht van het laboratorium als kenmerk van een autonome psychologie schuilt in het feit dat dit culturele icoon zo goed paste in de tegenstelling die Heymans zag tussen de chaos van het alledaagse leven en de menselijke geest, en de rust en orde die de psychologie daarin zou kunnen brengen. De stilte in werklokaal B was onderdeel van de maatschappelijke missie van de psychologie, die Heymans na de eeuwwisseling ging uitdragen.

Materie en verwarring

Een wetenschap die zich verbergt in een laboratorium, omgeven door dikke muren en isoleergangen, ergens binnen een academiegebouw, en waarvan resultaten verschijnen in buitenlandse tijdschriften heeft weliswaar een wetenschappelijke uitstraling, maar zal niet snel brede steun verkrijgen. Met de oratie als manifest had Heymans voor de psychologie een plaats weten te verwerven aan de Groningse universiteit. Hij kon zich verheugen in de belangstelling en het respect van collega's en studenten en in de financiële steun van het college van curatoren. De zielkunde werd geaccepteerd als zelfstandig vak dat een waardevolle bijdrage kon leveren aan het gebouw der kennis. Buiten de Groningse academie echter was het met de herkenbaarheid van en erkenning voor Heymans' psychologie minder goed gesteld. Heymans zelf was een bekend intellectueel; met zijn artikelen in *De gids* nam hij deel aan het publieke debat over sociale en politieke onderwerpen als de sociale kwestie en het kiesrecht. Zijn werk op het gebied van de ethiek en de epistemologie had hem bovendien tot een gewaardeerd filosoof gemaakt, maar hij was nog niet de pionier van de Nederlandse psychologie die hij later met terugwerkende kracht zou worden. In de boeken en artikelen over psychologie die in de jaren 1890 verschenen wordt hij nauwelijks vermeld. C.J. Wijnaendts Francken deed Heymans een exemplaar van zijn *Psychologische omtrekken* kado[80] maar Heymans zal zijn eigen naam er tevergeefs in gezocht hebben. Toen D. Jelgersma in 1896 'ter opening van zijn lessen in de zielkunde' een openbare les gaf aan de Universiteit van Amsterdam en daarin een pleidooi hield voor een natuurwetenschappelijke psychologie, verwees hij wel naar Heymans' studie van het causaliteitsbegrip, maar niet naar diens eigen programma voor een nieuwere psychologie.[81] Drie jaar later werd zijn broer G. Jelgersma benoemd tot hoogleraar psychiatrie in Leiden. Hij noemde in zijn oratie, over *Psychologie en pathologische psychologie*,[82] een reeks Europese psychologische laboratoria, maar dat van Heymans was er niet bij. In wat beschouwd kan worden als het eerste Nederlandse proefschrift op het gebied van de psychologie, dat van G.A.M. van Wayenburg,[83] komt Heymans evenmin voor. H. Bavinck[84] en P. Bierens de Haan[85] volstaan beiden met één verwijzing. In alle gevallen worden de eigen ideeën vergeleken met het programma van de nieuwe psychologie, maar als de vertegenwoordigers daarvan gelden vooral Wundt en Hugo Münsterberg, niet Heymans.[86]

Het *Gids*-artikel over het laboratorium was Heymans' eerste poging de psychologie, dat wil zeggen zijn opvatting van de psychologie, meer bekendheid te geven. Maar in 'Een laboratorium' wordt vooral uitgelegd wat experimentele psychologie is, wat haar onderscheidt van het alledaagse experimenteren en van de fysiologie; wat het belang van deze nieuwe discipline is voor leken wordt niet duidelijk. Met andere woorden, de psychologie wordt gedemarqueerd, maar niet maatschappelijk gelegitimeerd.[87] Toch zijn in dit artikel al de thema's te vinden die later zullen terugkeren in Heymans' legitimatie van de psychologie en die eigenlijk Heymans' hele intellectuele leven hebben beheerst: verwarring en materialisme.

De rol van het thema verwarring in 'Een laboratorium' is al besproken: de complexiteit van het geestesleven, een schijnbaar chaotische opeenvolging van bewustzijnsinhouden immers, is de reden waarom in de psychologie, meer dan op welk ander terrein van wetenschappelijk onderzoek ook, experimenten nodig zijn. Om verwarring door storende invloeden te voorkomen moet daarbij gebruik worden gemaakt van een laboratorium. Het materialisme komt aan de orde naar aanleiding van onbegrip over de verhouding tussen psychologie en fysiologie. 'Toen ik voor eenige jaren begonnen was, de eerste instrumenten voor het nieuwe laboratorium aan te schaffen, werd mij telkens weer door belangstellenden gevraagd naar den toestand van mijn *physiologisch* laboratorium, waarop ik dan met gelijke volharding de correctie 'psychologisch' liet volgen.'[88] Is de nieuwe psychologie niet eigenlijk een soort fysiologie? Het materialistisch wereldbeeld is dikwijls het motief achter dit misverstand, stelt Heymans, terwijl materialisme in feite niet onverenigbaar is met de experimentele psychologie. Wat ook de waarde van het materialisme is, en die zou wel eens minder kunnen zijn dan men denkt, de psychologie heeft bestaansrecht. Zelfs als psychologische processen volledig gereduceerd zouden kunnen worden tot fysiologische, is dat geen reden om zelfstandig psychologisch onderzoek af te wijzen. Per slot van rekening zijn er ook afzonderlijke fysische en chemische disciplines, terwijl zij hoogstwaarschijnlijk beide reduceerbaar zijn tot de mechanica. De 'grensregeling tussen physiologie en psychologie'[89] berust op een introspectieve zekerheid: 'Zij is gegrond in het feit, dat ons de bewustzijnsverschijnselen, men moge zich dan hun verband met de hersenprocessen denken zooals men wil, als iets anders dan deze, als iets daarmede geheel onvergelijkbaars, *gegeven zijn*. (..) Wij hebben hier te maken met eene natuurlijke en sedert lang afgebakende grensscheiding, die door de experimenteele psychologie klaarblijkelijk geenszins wordt geschonden.'[90]

Het materialisme wordt in 'Een laboratorium' slechts buiten spel gezet, maar een frontale aanval is dan al in voorbereiding. In 1905 verschijnt de *Einführung in die Metaphysik auf Grundlage der Erfahrung*, waarin Heymans het psychisch monisme, de metafysische leer dat de gehele werkelijkheid psychisch van aard is, presenteert als een wetenschappelijk verantwoord alternatief voor het materialisme. In een *Gids*-artikel uit 1906 waarin hij de monistische hypothese nog eens uitlegt aan het Nederlandse publiek,[91] benadrukt hij de wijdere strekking van zijn metafysische stellingname. Er staat meer op het spel dan de demarcatie tussen psychologie en fysiologie, meer dan het gelijk van deze of gene filosoof. Het psychisch monisme heeft 'eene eminent practische beteekenis',[92] een 'gevoelswaarde'[93] die niet onderdoet voor die van andere wereldbeschouwingen, en een 'bij uitnemendheid opklarende, bevrijdende, verruimende werking'.[94] Drie jaar later blijkt Heymans met de gehele psychologie, niet slechts met haar metafysische bovenbouw, zulke therapeutische bedoelingen te hebben. In ruil voor de wetenschappelijke autonomie die de psychologie geschonken is, zal zij ooit, als haar theorieën voltooid zijn, een alliantie aangaan met de samenleving, als hoeder van de ziel.

De toekomstige eeuw

Negentien jaar na zijn inaugurele rede stond Heymans weer op het spreekgestoelte voor de universitaire gemeenschap, dit keer ter gelegenheid van de overdracht van het rectoraat, dat hij in het studiejaar 1908-1909 had bekleed. De belangstelling was groot. Een half uur voor aanvang was de gehele aula al gevuld met universitair en buiten-universitair publiek. Honderden geïnteresseerden moesten teleurgesteld huiswaarts keren.[95] De gelukkigen die een plaatsje hadden weten te bemachtigen waren getuige van een retorisch meesterwerk, waarin Heymans zijn gebruikelijke intellectualisme had gecombineerd met een bevlogenheid die de pedagoog Casimir deed spreken van 'een machtige hymne'.[96] Heymans schetste in *De toekomstige eeuw der psychologie*[97] een tijdperk waarin de strenge methodiek van de wetenschap een zielkunde zou hebben voortgebracht, die de mensheid kon verlossen van de kwalen die haar teisterden. Het tekent de overdonderende kracht van de rede dat algemeen wordt aangenomen dat Heymans' belofte de twintigste eeuw gold, ondanks zijn herhaalde waarschuwingen dat het nog wel 'eenige eeuwen'[98] kon duren voor de eeuw van de psychologie daar was.[99] In de forse penseelstreken waarmee Heymans de voorbije eeuw van de natuurwetenschap en de toekomstige eeuw van de psychologie neerzette, ging dat detail verloren.

Het was een contrastrijk beeld dat Heymans zijn gehoor voorhield. De negentiende eeuw was zowel 'één lange Sint-Nicolaas-avond' geweest als 'de eeuw van het meest volstrekte pessimisme'.[100] Met behulp van de 'wij'-constructie zorgt Heymans ervoor dat deze culturele diagnose, de basis van het betoog, het karakter van een gemeenplaats krijgt. 'Overal en onophoudelijk treedt ons de natuurwetenschap tegemoet, beurtelings onze bewondering afdwingende voor de nauwkeurigheid harer voorspellingen, de strengheid harer bewijzen, de stoutheid harer hypothesen en den rijkdom harer toepassingen.'[101] Anderzijds is de mens daar niet gelukkiger van geworden: 'De eeuw van onrustig zoeken en hopeloos nederzitten, van neurasthenie en zelfmoord. (..) Steeds sneller en steeds vollediger worden onze behoeften bevredigd, en steeds voelen wij ons minder voldaan; hoe overvloediger de weldaden der beschaving ons toestroomen, des te leeger wordt ons leven.'[102] De oorzaak van deze paradoxale stand van zaken kennen we eigenlijk wel, al zijn we ons er te weinig van bewust. We dienen ons te herinneren dat onze gemoedstoestand altijd een resultante is van 'de levensomstandigheden, die voortdurend door tusschenkomst van de zintuigen op de mensch inwerken'[103] en de aard van de persoonlijkheid, die de stimuli ondergaat. De conclusie is duidelijk: als 'het peil der gemiddelde bevrediging'[104] is gedaald, ondanks de verbetering in de uitwendige omstandigheden, 'dringt zich dan niet vanzelf de gedachte op, dat de fout moet liggen bij dien andere factor: bij de reageerende persoonlijkheid?'[105] Via de retorische techniek van prosopopoia (een gefingeerd gesprek met aan- of afwezige mensen, dingen of abstracties) benadrukt Heymans nogmaals de vanzelfsprekendheid van deze redenering: 'Oude kost', roept gij mij toe, 'versleten moraal, mooie theorie, maar praktisch zonder eenig nut. Het is immers het oude liedje'.[106] Wat in de inaugurele rede nog een epistemologisch thema is, het dualisme van objectieve en subjectieve factoren en het belang van de psychologie als tegenwicht tegen de eenzijdige aandacht voor de eerste, krijgt nu een cultuurhistorische draai. Niet alleen in filosofie en wetenschap is de aandacht eenzijdig op het materiële gericht geweest, met als gevolg een onopgelost relativisme-probleem, maar ook in de maatschappij als geheel heeft men de geest veronachtzaamd, wat heeft geleid tot collectieve onvrede.

Verwarring is de voornaamste oorzaak van die onvrede. De 'smart van onzen tijd'[107] is voor een groot deel het gevolg van 'de omstandigheid, dat wij, veel meer dan vroeger, vreemd staan en het gevoel hebben van vreemd te staan tegenover drie dingen (..) namelijk onszelf, onze medemenschen en den grond der dingen'.[108] Dat de mens vreemd staat tegenover zichzelf, is het resultaat van de enorme toename van het aantal verschillende invloeden waaraan de mens bloot is komen te staan. Via persoonlijk contact, kranten en tijdschriften, theater en lezingen bereiken ons 'nieuwe wijzen van denken en doen',[109] die alle hun sporen kunnen nalaten nu de conservatieve macht van de traditie is weggevallen. De mens is zichzelf een 'doolhof'[110] geworden, het geestelijk bestaan is 'verbrokkeld'.[111] Ook het thema verwarring krijgt zo een cultuurhistorische dimensie. Complexiteit is niet, of niet alleen, een tijdloos, inherent kenmerk van de menselijke geest, het is een probleem dat in en door de ontwikkeling van de westerse cultuur steeds erger is geworden. Het gevolg is onzekerheid en vergissingen 'bij het doen der groote levenskeuzen',[112] blijkend uit een toenemend aantal echtscheidingen[113] en beroepswisselingen.

Het mechanisme van de verwarring zet zich voort in de betrekkingen tussen mensen. Van de 'duizenden invloeden'[114] die op ons inwerken, ondergaat ieder individu weer een ander deel, en ondergaat ze bovendien al naar gelang de persoonlijkheid op een verschillende wijze. Het aantal combinaties van invloeden en persoonlijkheden en daarmee de 'differentiatie der individualiteiten'[115] is enorm. Geen wonder dat wij elkaar niet meer begrijpen, dat het sociale leven wordt ontwricht door allerhande misverstanden en dat ware intimiteit zo'n zeldzaamheid is geworden. De steeds complexer wordende cultuur leidt tot een noodlottige 'scheiding der geesten',[116] we worden teruggedrongen binnen 'de grenzen van ons enge, wankelende ik'.[117]

De desintegratie die zowel het individu als de gemeenschap plaagt, kenmerkt ook het wereldbeeld. We staan niet alleen vreemd tegenover onszelf en elkaar, maar ook tegenover de wereld. Met het verminderen van de macht van de godsdienst verdwijnt ook de achtergrond die het 'wereldgebeuren' tot een zin- en waardevol geheel maakt. Voor de 'groote meerderheid der niet- en halfgeloovigen, schommelende tusschen agnosticisme en materialisme',[118] waartoe Heymans zichzelf en zijn publiek rekent, lijkt de wereld al snel een banale, troosteloze verzameling losse indrukken. Godsdienstigen zijn dan ook beduidend minder achterdochtig en prikkelbaar dan zij die het geloof verloren hebben, zoals was gebleken in een enquête die Heymans met zijn collega Wiersma had gehouden.

Dat de psychologie het geneesmiddel tegen deze kwalen moet zijn, is gegeven Heymans' dualistische schema al duidelijk. Als de materiële vooruitgang die de natuurwetenschappen hebben gebracht de mensheid niet gelukkiger heeft gemaakt,[119] dan moet het antwoord wel liggen bij de discipline die de subjectieve zijde van de vergelijking bestudeert. De wetenschap die Heymans in 'De toekomstige eeuw' ten tonele voert onder de noemer psychologie is echter niet de 'algemene psychologie', die de wetten tracht te vinden die het bewustzijnsleven van elke mens beheersen, maar de 'speciale psychologie', die individuele verschillen onderzoekt. De speciale psychologie (later bekend geworden als 'differentiële psychologie' of 'persoonlijkheidsleer') was het hoofdonderwerp in Heymans' werk na 1900. Toch is het vereenzelvigen van 'psychologie' met 'speciale psychologie' in deze tekst opvallend; over algemene psychologie wordt met geen woord gerept. Doel van de speciale psychologie is het vaststellen van de correlaties tussen fundamentele karaktereigenschappen, om daarmee karakterclassificaties op te stellen. Ten tijde van zijn rectorale rede werkte Heymans met een model van acht karaktertypen, maar hij voorzag een verdere verfijning 'tot laatste onderafdeelingen toe, waarvan de leden nergens meer groote verschillen, maar alleen nog schommelingen om een scherp omlijnd type vertoonen'.[120] Het ideaal is een karakterformule, waarmee 'levensuitingen op elk gebied'[121] exact voorspeld zouden kunnen worden.

Het praktisch nut van zo'n classificerende psychologie is groot. Zij brengt ordening en samenhang, onderscheidt essentie en bijkomstigheid, en leidt tot 'herkenning der eigen persoonlijkheid als exemplaar eener bepaalde, scherp omlijnde psychologische groep'.[122] Dat is de ware, psychologische zelfkennis, en zij vormt het juiste tegenwicht tegen het egoïsme van de individualist. Egoïsme is niet meer mogelijk bij iemand 'die zich kent als een exemplaar van de zooveelste groep uit de zooveelste klasse uit de zooveelste hoofdafdeling eener psychologische classificatie, en die daarenboven een lijstje in zijn hoofd heeft van de beperkingen, zwakheden en tekortkomingen, waartoe het lidmaatschap van die groep praedisponeert'.[123] Maar de typologie verschaft ook kennis over de eigen mogelijkheden en talenten, zodat men die niet meer langs de onzekere weg van 'trial and error' hoeft te zoeken. 'Men zal weten, waarheen men kan en wil, en welken weg men heeft in te slaan om er te komen.'[124]

De psychologie zal ons ook elkaar beter leren begrijpen. Mensenkennis en intuïtie zullen altijd onontbeerlijk blijven, maar een door psychologische kennis gescherpte blik zal het verborgen innerlijk achter de uiterlijke schijn zien, andermans gedrag trefzeker kunnen interpreteren en een rechtvaardig oordeel mogelijk maken. Echter, begrip kan de mens niet beter maken dan hij van nature is. Het 'dier in de mensch'[125] kan met kennis wel getemd, maar niet gedood worden. Dat wil zeggen: niet op de korte termijn. Gewapend met kennis van de karaktertypen en hun erfelijkheid zal uiteindelijk een vrijwillige eugenetica opbloeien. Immers, 'het is nu eenmaal zoo, dat allen, óók de boozen, door het goede worden aangetrokken',[126] en die laatsten zullen met de hulp van de psychologie gemakkelijk te herkennen zijn. Zo zal het zedelijk potentieel van de mensheid door geslachtelijke selectie langzaam stijgen.

Onze vervreemding van de grond der dingen is een metafysisch probleem, waar een wetenschap als de psychologie geen directe invloed op kan uitoefenen. Hoe meer de zielkunde zich echter ontwikkelt en verspreidt, hoe meer de eenzijdigheid van de natuurwetenschappelijke wereldbeschouwing zal opvallen en uiteindelijk zal het materialistisch monisme vervangen worden door het psychisch monisme. Hierin krijgen de classificaties van de psychologie hun 'hoogere wijding':[127] waar de speciale psychologie het gamma aan mogelijke individualiteiten in kaart brengt en de systematiek achter de schijnbare chaos laat zien, toont het psychisch monisme aan dat individuen slechts tijdelijke afsplitsingen zijn van één, allesomvattend bewustzijn. Zo worden dan ten slotte verwarring en materialisme definitief overwonnen in een wereldbeeld waarin 'de voorstelling van tallooze dooreendwarrelende en botsende individuen wordt vervangen door die van een oneindig, zich naar vaste wetten ontwikkelend bewustzijn'.[128]

Er is nauwelijks een nuttiger wetenschap denkbaar dan een die de mensheid zal verlossen van haar ellende. Nadat hij de psychologie een legitieme wetenschappelijke rol had gegeven als bedwinger van het relativisme dat de andere disciplines plaagde, gaf Heymans haar een maatschappelijke taak in het bestrijden van de vervreemding. Hetzelfde contrast dat de betekenis van het laboratorium bepaalde, namelijk tussen de chaos buiten en de rust binnen, typeerde ook de rol van de psychologie. Zoals het lab een haven van stilte was, waar de geest buiten het bereik van storende invloeden zijn eigenlijke ordelijkheid kon tonen, zo was de (speciale) psychologie in abstracte zin een wijkplaats waar de mens uit de verwarring van het sociale leven en de moderne cultuur gehaald kon worden om tot zichzelf te komen. De architectuur van het lab maakte het mogelijk de stimulusomgeving van de proefpersoon te reduceren tot enkelvoudige stimuli, om zo de wetten van het geestesleven te bepalen; met de statistische infrastructuur van de speciale psychologie kon de diversiteit binnen en tussen persoonlijkheden worden herleid tot de combinatie van enkele onderliggende mechanismen resulterend in een aantal welomschreven typen. De psychologie, kortom, bood met muren en methoden de middelen om chaos en verwarring te bestrijden en zo de essentie van de mens bloot te leggen. Het laboratorium was met zijn bijna paranoïde isolatie een treffende metafoor voor de plaats van de zielkunde in de cultuur.

Receptie

De gemeenplaatsen die Heymans koos als basis voor zijn legitimatie van de psychologie verbonden zijn wetenschap met de thematiek die een groot deel van de negentiende eeuw had beheerst. Materialisme en secularisering waren vooral na Darwin's *Origin of species* veelbesproken onderwerpen geworden. De snelle ontwikkelingen in de maatschappij hadden bovendien een fascinatie met instabiliteit, kans en chaos in de hand gewerkt. Het gezin werd voor velen een toevluchtsoord waar men bescherming zocht tegen de verwarrende complexiteit van het openbare leven.[129] Heymans was niet de enige psycholoog die op deze zorgen inspeelde.[130] Zijn Amerikaanse collega's Hall, McDougall, Münsterberg en Watson publiceerden elk een eigen utopie, en ook daarin werd de maatschappij gepresenteerd als chaotisch en individualistisch en was de psychologie het middel om de sociale orde te herstellen en het individualisme te bestrijden.[131]

Dat de thema's die Heymans in zijn rede verwerkte aan de orde van de dag waren, wil echter niet zeggen dat zijn specifieke diagnose van de staat van de cultuur door iedereen gedeeld werd, noch dat men zijn medicijn zonder kritiek slikte. En kritiek kwam er. *De toekomstige eeuw der psychologie* bleef na het uitspreken van de rede belangstelling wekken. Degenen die niet in het Groninger academiegebouw aanwezig waren geweest konden een ruime samenvatting vinden in de kranten, waarin toentertijd nog uitgebreid verslag werd gedaan van universitaire gebeurtenissen. Daags na de rede verscheen bovendien de gedrukte versie, die gretig aftrek vond en in 1910 aan de derde druk toe was. Een Duitse vertaling verscheen in 1911, een Franse en een Italiaanse in 1912. 'De toekomstige eeuw' was, ook gezien de vele reacties, een intellectuele gebeurtenis van enig formaat.[132] Tekenend voor de invloed ervan is de reactie van L.C. de Beer in het astrologenblad *Urania*. De Beer citeerde de redevoering uitvoerig, maar verving daarbij telkens het woord 'psychologie' door 'astrologie'. 'Men zal mij moeten toegeven, nog nooit zoo'n krachtige verdediging der horoskopie gelezen te hebben.'[133] Het is een curiosum, maar illustreert wel de status die *De toekomstige eeuw* en zijn auteur hadden verkregen. Terwijl twee decennia eerder zelfs collega-zielkundigen zijn naam nauwelijks het vermelden waard hadden geacht, was hij na *De toekomstige eeuw* de woordvoerder van de psychologie.

Ægidius Timmerman schreef in 1909 een bespreking voor de *Nieuwe gids*, het in 1885 opgerichte huisorgaan van de Beweging van Tachtig. Timmerman was classicus, vertaler van onder andere Homerus en Lucretius, en een goede vriend van Willem Kloos en andere Tachtigers. Geheel in hun stijl combineerde Timmerman kritiek op Heymans' kwantitatieve methodiek met een verheerlijking van het individu. Heymans was naief. 'Naief: omdat prof. Heymans te goeder trouw meent, niet alleen, maar ook met zooveel argumenten tracht te bewijzen, dat de toekomstige wetenschap der psychologie door lijstjes, cijfertjes, breukjes, sommetjes, hokjes, vakjes, hoofdjes, registertjes, roostertjes, precies zal kunnen definieeren al de vluchtige geheimen, de subtiele nuancen, de lichtlooze imponderabilia, die sluimeren en deinen, opwellen en wegkwijnen, ebben en afvloeien, over de grenzen van het onbewuste en omgekeerd, in de grondelooze diepten van het menselijk hart.'[134] Een hart dat vooral grondeloos diep is bij de kunstenaar en het genie. Zo dat voor gewone stervelingen al mogelijk is, voor kunstenaars en genieën zal zeker nooit een karakterformule kunnen worden opgesteld. Timmerman bezag de voorbije decennia dan ook met andere ogen dan Heymans. De donkere zwaarmoedigheid die de laatste had geschetst had hij er niet in kunnen ontdekken. 'Donkere kleuren! Heeft prof. H. wel eens hooren spreken van de Luministen, de Plein-air schilders, de Barbizon-school? Is hem onbekend dat het impressionisme de uiting is der meest eerbiedige vereering van de aarde en haar verschijnselen?'[135] Het was bovendien nog maar de vraag of de staat van tevredenheid die de mensheid met behulp van de psychologie zou bereiken zo begerenswaardig was. 'Behoeft het nog gezegd te worden, dat felle hartstochten en sterk geaccidenteerde gemoedsbewegingen, die de geboorte wekken van de schoonste kunstwerken, voor de mensheid in het algemeen en voor haar duurzaam geluk oneindig meer bijdragen dan een doodelijk alles vervlakkende tevredenheid.'[136] Heymans' ambitie om het geestesleven in psychologische kaders te vatten en de cultuur wetenschappelijk te herstructureren was niets dan hybris. De kunst was de wetenschap immers altijd vooruit geweest, en de zielkunde was de kinderschoenen nog nauwelijks ontgroeid. 'Overschatting, zeggen wij, van de wetenschap der psychologie.'[137]

Het momentum van de Beweging van Tachtig was anno 1910 niet meer wat het geweest was. In *De Amsterdammer* bond Heymans' leerling Leenmans de strijd aan met dichter-gezel Timmerman.[138] Timmermans verheffing van de kunst boven de wetenschap deed hij af als de merkwaardige naklank van een voorbij tijdperk, Heymans had eenvoudig gelijk gehad met zijn interpretatie van de negentiende-eeuwse kunst, en uit Timmermans beweringen over wetenschap en psychologie bleek zijn 'grove onwetendheid'; Timmerman was een 'rumoerigen obscurantist', Heymans zijn 'meerdere'. Het individualisme van de Tachtigers had zijn tijd gehad: Heymans had zijn gemeenplaatsen goed gekozen. Andere kritieken betroffen vooral de wijze waarop Heymans de teloorgang van de gemeenschap wilde bestrijden, niet het doel zelf.

De hegeliaanse hoogleraar wijsbegeerte G.J.P.J. Bolland,[139] nota bene de opvolger van Heymans' leermeester Land aan de Leidse universiteit, reageerde in een eigen brochure, *Nieuwe kennis, oude wijsheid*.[140] Bollands hegelianisme kan samen met de populariteit van marxisme, spinozisme, neothomisme en, inderdaad, psychisch monisme worden gezien als deel van de tegenbeweging tegen het extreme individualisme van de jaren tachtig.[141] Bolland was een onverbeterlijke querulant, maar Heymans was een van de weinigen die op enig respect van zijn kant konden rekenen. Hij trok dan wel fel van leer tegen het 'nieuwerwets modezaakje' van zijn Groninger collega en verpakte zijn complimenten in een dikke laag ironie,[142] hij had in Heymans' psychisch monisme toch ook een kern van waarheid ontdekt. Die kern werd gevormd door de idealistische, anti-materialistische elementen in het monisme, waarin Bolland oude wijsheid van Plato, Plotinus, de gnostici, de weduwe Blavatsky en natuurlijk het 'nakantische drietal'[143] Hegel, Schelling en Fichte had herkend. Van Heymans' empirisme moest Bolland echter niets hebben. 'De wijsheid leert men van wijzen, niet van specieele zielkundigen',[144] bitste hij. Heymans had bij een eerdere aanvaring een soort arbeidsverdeling tussen hem en Bolland voorgesteld,[145] maar voor 's lands opper-hegeliaan was de stelling dat alleen het psychische reëel is onverteerbaar. Heymans' psychologisme parafraseerde hij sarcastisch als 'zieligheid', en diens trotse toevoeging *auf Grundlage der Erfahrung* aan de *Einführung in die Metaphysik* leverde hem de titel 'ervarenheid te Groningen' op. Tegenover de ziel zette Bolland de Geest, tegenover de ervaring het Begrip en tegenover de wetenschappelijke methode de Zuivere Rede. Niet de ervaring, niet het experiment, maar alleen de 'redelijke ordening van denkbaarheden'[146] leidde tot ware wijsheid; 'ondoorhegeld' zou de zielkunde nooit meer opleveren dan 'eene kennis van het hoogere ter hoogte van de begane grond'.[147]

Dat de quasi-religie van het psychisch monisme niet in goede aarde viel bij het godvrezende deel der natie zal niet verbazen. Heymans had in de rede dan wel gesproken van 'wij als ongeloovigen',[148] maar Nederland ging begin deze eeuw nog massaal ter kerke. De liberale heerschappij over politiek en cultuur liep bovendien ten einde. De eerste jaargang van *Stemmen des tijds*, spreekbuis voor protestantse voorlieden als Bavinck, Colijn en De Visser, opende met een opstel van W.J. Aalders over herlevend polytheïsme.[149] Aalders bespeurde in de denkbeelden van William James en Heymans een betreurenswaardige terugkeer van het gedachtegoed van de renaissance, met haar dwaze fascinatie voor de antieke goden. Heymans noemde zich dan wel monist, maar de algeest bleef naar Aalders' mening een optelsom van tot god verheven individuen. Heymans bevestigde op die manier precies dat waar hij zo tegen dacht te strijden: het relativisme. Door de sferen van het goddelijke en het menselijke te vermengen viel de absolute grondslag van een buitenmenselijke God weg, en daarmee 'de volstrekte vastigheid, die de eindige, in de wereld van relativiteit verstrikte mensch zoo zeer behoeft'.[150] Zonder door God gestelde intellectuele en zedelijke maatstaven zou men op het drijfzand van evolutionisme, sociaal-democratie en pragmatisme terecht komen.

Voor zowel Bolland als Aalders geldt wat de predikant Honigh schreef in diens eigen reactie op *De toekomstige eeuw*: 'Wij mogen met hem in opvatting aangaande eenige dingen verschillen, het is dezelfde geest, die de diepste roerselen van ons gemoed beweegt.'[151] Allen hadden in Heymans' toekomstvisie, vooral in het psychisch monisme, dezelfde hang naar synthese en eenheid ontwaard die hun eigen opvattingen en die van vele anderen rond de eeuwwisseling kenmerkte.[152] Heymans had de psychologie verbonden aan een thema dat daadwerkelijk een gemeenplaats vormde. Een sensus communis van reflexieve aard bovendien: wat de ontwikkelde burgers bond was juist de behoefte aan banden, aan gemeenschap. De paradox was dat dit eenheidsstreven werd uitgewerkt in een aantal elkaar wederzijds uitsluitende, totalitaire[153] denksystemen zoals socialisme, psychisch monisme en hegelianisme, en praktisch werd gerealiseerd in de tamelijk gesloten werelden van de maatschappelijke zuilen. Als het tegendeel van verdeeldheid zag men eenheid, niet samenwerking; in de sociale utopieën van de eerste decennia van deze eeuw was geen plaats voor onderhandelingen en compromissen. Die monistische logica staat niet alleen haaks op wat eerder over de samenwerking tussen sociale werelden is beweerd, maar ze ging ook, kenmerkend wellicht voor de utopie, lijnrecht in tegen de praktijk waarin ze ontstond. Vage, flexibele concepten als 'gemeenschap' en het cultureel debat dat er in grenszones als *De gids* over werd gevoerd droegen en verdroegen verschillende visioenen van zuivere, consistente maatschappelijke systemen (de gemeenschap als algeest, als hegeliaanse Geest, als het proletariaat) waarin van een werkelijk debat geen sprake meer zou zijn. De felle, compromisloze retoriek die de voorlieden van de zuilen, waar de monistische logica in de praktijk werd gebracht, in het openbaar lieten horen, verdoezelde de onderhandelingen en compromissen die bijvoorbeeld kabinetsformaties mogelijk maakten.[154]

Pacificatie

Heymans liet het niet bij programmatische verklaringen over het herintegreren van de mensheid. Nadat in de zomer van 1914 de wereldoorlog was uitgebroken, opende Heymans zijn lessen in het nieuwe studiejaar met het als brochure uitgegeven 'De oorlog en de vredesbeweging'.[155] Hij hield zijn studenten voor dat voor wanhoop geen reden was, omdat, deze oorlog ten spijt, de loop van de geschiedenis duidelijk in de richting van steeds omvangrijker gemeenschappen van landen ging, waarin rechtspraak de plaats van geweld innam. Het idee van rechtsgemeenschappen werd verder uitgewerkt in een open brief 'aan de burgers der oorlogvoerende staten', geschreven door Heymans en uitgegeven onder auspiciën van het comité 'De Europeesche Statenbond'.[156] Het comité, waarin naast Heymans Frederik van Eeden, Aletta Jacobs, en de jonkheren Van Beek en Donk en Van Suchtelen zitting hadden, droeg de overtuiging uit dat 'in het bijzonder voor het tegenwoordige Europa de aaneensluiting tot een statenbond of bondsstaat, op grondslag van gelijkgerechtigheid en inwendige zelfstandigheid der samenstellende naties wenschelijk is'.[157] Toen de oorlog eenmaal was afgelopen zette Heymans zich met zijn goede vriend de Groninger astronoom J.C. Kapteyn in om de internationale boycot van Duitse en Oostenrijkse wetenschappers opgeheven te krijgen. Deze open brief had evenmin succes.[158] Ook wat betreft de betrekkingen tussen individuen trachtte Heymans 'de toekomstige eeuw' naderbij te brengen. Op dit gebied genoten zijn pogingen in ieder geval grote populariteit. In 1929 schreef hij een tweedelige 'Inleiding in de speciale psychologie',[159] waarin hij aan een breed publiek zijn typologie uitlegde. Nog jarenlang bleven zijn temperamentstypen, vooral door de grafische weergave ervan in de zogenaamde kubus van Heymans, in gebruik bij serieuze en ludieke karakterduidingen.[160]

Er is echter geen poging tot pacificatie zo karakteristiek voor Heymans' opstelling in het culturele leven van zijn tijd als 'De wetenschap en de andere cultuurwaarden'.[161] Hij geeft hierin zijn visie op grenzen en demarcaties, op de verschillen en verbanden tussen kunst, wetenschap, moraal en praktijk, en op de rol van deskundigen en leken. Het essay is een schets van de ideale inrichting van het culturele landschap. In zijn ordelijkheid en rechtlijnigheid doet het denken aan de Flevopolder. Heymans opent met de vaststelling dat de wetenschap weliswaar dikwijls wordt geprezen, maar niet minder vaak het doelwit is van 'heftige aanvallen of verbitterde vijandschap'[162] van de kant van de drie andere domeinen van de cultuur: de praktijk, de ethiek en de esthetiek. Omdat er bovendien onderlinge geschillen bestaan tussen die drie gebieden en de wetenschap zich ook nog wel eens agressief opstelt, acht Heymans de tijd gekomen om zich over de onderlinge verhoudingen te buigen. De hoofdlijnen van het betoog zijn de volgende. Er zijn vier cultuurwaarden, praktisch nut, schoonheid, zedelijkheid en waarheid, die door vier groepen in de maatschappij worden vertegenwoordigd, respectievelijk de practici, de kunstenaars, de moralisten en de geleerden. Pogingen de vier cultuurwaarden te reduceren tot één van de vier, zoals in het pragmatisme, dat alle waarden tot die van het nut wil terugbrengen, zijn gedoemd te mislukken. De waarden zijn autonoom. Goedbedoelde voorstellen om conflicten tussen de waarden te voorkomen of beslissen, door bijvoorbeeld een rangorde op te stellen, of een vijfde waarde als criterium te gebruiken, zijn echter misplaatst. Er zíjn, eigenlijk, helemaal geen conflicten. 'Juist *omdat* elke der genoemde waarden een gebied heeft, hetwelk van dat der andere streng is afgesloten, doen zich tussen hen geen werkelijke conflicten voor, en *kunnen* zich zulke conflicten tusschen hen niet voordoen (..) al deze waardeeringen loopen langs elkander heen, en nergens komen zij met elkander in botsing.'[163] De botsingen die zich voordoen tussen de vertegenwoordigers der cultuurwaarden zijn het gevolg van misverstanden en onbegrip over de betekenis van de waarden. In Heymans' wereldbeeld is alles uiteindelijk één, inclusief de cultuurwaarden: door van vier waarden te spreken 'vormen wij slechts abstracties uit den vollen rijkdom van het geestelijk leven; *onder*scheiden, wat altijd vereenigd is en nooit *ge*scheiden kan worden.'[164] Er is in Heymans' wereld eenvoudigweg geen plaats voor een werkelijk conflict, slechts voor ruzies tussen tijdelijk van de algeest vervreemde individuen. Geschillen zijn altijd terug te voeren op onbegrip, misverstand en dwaling; in psychisch-monistische termen: op vervreemding van zichzelf, de medemens, of de wereld. En geen onbegrip is Heymans zo'n gruwel als verkeerde definities en onduidelijke onderscheidingen. 'Qui bene distinguit, bene docet',[165] zoals hij memoreerde. Alleen door nauwkeurig de verschillen in de wereld in kaart te brengen kan worden voorkomen dat er grenzen ontstaan.

Wanneer, zoals in 'De wetenschap en de andere cultuurwaarden', de gehele cultuur in kaart wordt gebracht, rijst de vraag waar de auteur zelf staat. Ook wat dat betreft is 'De wetenschap en de andere cultuurwaarden' representatief voor Heymans' perspectief. Als een goed cartograaf heeft Heymans een hooggelegen positie gekozen: boven de partijen, op een 'algemeener standpunt'.[166] Wat dat standpunt inhoudt blijkt uit zijn argument tegen de reductie van waarden tot één basiswaarde: 'Reeds de eenvoudige zelfbezinning leert, dat wij er iets anders mee *bedoelen*, wanneer wij een handeling nuttig dan wanneer wij ze zedelijk goed noemen, wanneer wij aan een betoog schoonheid, dan wanneer wij daaraan waarheid toeschrijven (..)'.[167] Wanneer dat niet wordt ingezien door vertegenwoordigers van deze of gene cultuurwaarde, dan komt dat doordat ze niet voldoende gevoelig zijn voor of bekend met hetgeen zich in de andere gebieden afspeelt. Wie zich neutraal opstelt, realiseert zich de intuïtieve evidentie van de autonomie der waarden. Op dezelfde basis van intuïtieve zekerheid moet echter geconcludeerd worden dat de waarden dan wel autonoom zijn, maar in de praktijk van het leven niet gelijkwaardig: de praktijk, het handelen (ook dat van de kunstenaar) staat immer onder gezag van waarheid en moraal. Wetenschap en ethiek waken over praktijk en kunst.

Wat is de relatie tussen de vertegenwoordigers van de cultuurwaarden en leken? Zijn leken niet in staat wetenschappelijk, zedelijk, esthetisch of praktisch te denken? Toch wel: iedereen is in staat te oordelen over waarheid, zedelijkheid, schoonheid en nut. Wetenschapslieden, kunstenaars, praktici en moralisten doen niets anders dan de leek 'bij zijne dagelijksche waardeeringen',[168] maar in verhevigde vorm. De wetenschapper verricht dezelfde geestesverrichtingen als de leek, maar systematischer en minder gebrekkig. Kunstenaars hebben een beter ontwikkeld schoonheidsgevoel, moralisten sterkere ethische intuïties, praktici zijn handiger. 'De wetenschap en de andere cultuurwaarden' eindigt met een strenge vermaning aan die leken die hun eigen waarden niet herkennen in het werk van de cultuurdragers en hen daarom bekritiseren. In de meeste gevallen ligt dat aan hun eigen onbegrip. 'Een meer volledige en harmonische ontwikkeling'[169] van hun geest zal leken in staat stellen in kunst, wetenschap, moraal en praktijk 'vormen van het eigene te herkennen'.[170] Zo komen de waarden beter tot bewustzijn, en worden waardeconflicten, binnen of tussen personen, voorkomen. 'Door voor onszelf en onze leerlingen naar die harmonische ontwikkeling te streven, kunnen wij er, elk voor zijn deel, toe bijdragen, dat veel onnoodige en onvruchtbare strijd, tusschen de geesten en binnen de geesten, wordt voorkomen of opgeheven.'[171] In de rolverdeling tussen de leken en de cultuurdragers zijn het de laatsten die de in allen aanwezige waarden in geïntensiveerde en gezuiverde vorm aan het bewustzijn van de mensheid presenteren, en zo een bijdrage leveren aan het ongedaan maken van de vervreemding. Wat de speciale psychologie doet met persoonlijkheden, namelijk ze in hun zuivere vorm, ontdaan van de alledaagse verwarring en misverstanden, tonen aan hun eigenaars, dat doen wetenschap, kunst, moraal en praktijk elk op hun eigen gebied ook.

'De wetenschap en de andere cultuurwaarden' straalt dezelfde rechtvaardigheid en bedaarde redelijkheid uit die al Heymans' werk kenmerkt. Ieder zijn deel, is het motto. Toch zullen niet alle kunstenaars, zeker niet die van het slag Timmerman, gelukkig zijn geweest met de plaats die hen werd toegewezen: elke aanspraak op waarheid was hen ontzegd, want die waarde ressorteerde onder de wetenschap, en wat ze zelf als een esthetische levenshouding zagen (schoonheid boven alles), was volgens Heymans per definitie een ethiek. Praktici, wie Heymans daar dan ook precies mee heeft bedoeld, zullen evenmin ingenomen zijn geweest met de leiband die hij hen had omgedaan en in handen van de wetenschap had gegeven. Dat Heymans' systeem ondanks de schijn van het tegendeel toch een zekere partijdigheid in zich sloot werd echter pas goed duidelijk toen de intuïties die het geheel droegen ter discussie kwamen te staan.

Intuïtieve zekerheden waren niet alleen de basis van Heymans' demarcatie-arbeid, ze vormden in feite de grondslag van al zijn werk.[172] Heymans is zijn hele leven lang blijven denken volgens het model van de door hem diep bewonderde klassieke natuurwetenschap. Dat model schreef voor, zo meende hij, dat een deugdelijke verklaring van een verschijnsel bestaat uit het beschrijven van de elementen waaruit het is opgebouwd en de wetmatige verbanden die daar tussen bestaan: analyse en synthese. Analoog daaraan worden in de geesteswetenschappen, met de psychologie als centrale discipline, elementaire, intuïtief zekere bewustzijnsgegevens, zoals geometrische axioma's, ethische en esthetische oordelen, verklaard uit achterliggende denkprincipes, synthetische oordelen a priori. Zo kunnen evidente zedelijke oordelen worden verklaard uit de werking van het objectiviteitsbeginsel[173] en berusten al onze causale oordelen op de werking van het causaliteitsbeginsel.[174] Deze hypothetische verklaringen moeten wel worden getoetst aan nieuwe intuïties, waar mogelijk met behulp van experimenten.

Heymans had zo de sleutel in handen tot de grondslagen van wetenschap, ethiek en esthetiek: zijn denkpsychologie onderzocht de principes van de natuurwetenschap (causaliteit, logica), zijn filosofische ethiek verklaarde morele oordelen, en zijn esthetiek de opvattingen over schoonheid. Terwijl de andere cultuurdragers de mensheid in contact konden brengen met de cultuurwaarden die ieder in zich droeg, kon Heymans de waarderingen zelf verklaren, en daarmee een dieper inzicht bieden. Hij bevond zich op de culturele landkaart van 'De wetenschap en de andere cultuurwaarden' overal en nergens: hij was de specialist in wat wij allen weten. Omdat 'wat wij allen weten' ook de grondslag vormt voor de demarcaties in de cultuur, om het even of het de grens tussen alledaagse en wetenschappelijke psychologie betreft of die tussen wetenschap en kunst, achtte Heymans zich ook de aangewezen persoon om de cultuurdragers hun plaats te wijzen.

Dat zinde niet iedereen. 'Psychologisme is geene onpartijdige wetenschappelijkheid en het is geene zuivere redelijkheid', schreef Bolland naar aanleiding van De toekomstige eeuw.[175] Of Bolland, die zelf de zuivere rede meende te vertegenwoordigen, daarin gelijk had, is hier niet aan de orde; de facto waren Heymans' landkaart en het filosofisch systeem waar ze bij hoorde een van de vele soortgelijke kaarten en systemen die in die tijd de behoefte aan overzicht en orde moesten bevredigen. Heymans' demarcaties hadden wel universele pretenties, maar werden niet algemeen geaccepteerd. In de jaren 1920 werden zelfs enkele van de voor Heymans meest evidente intuïties ter discussie gesteld. Langzaam werd duidelijk dat het nooit meer dan gemeenplaatsen waren geweest en dat ze niet meer als zodanig werden geaccepteerd.

De fysicus en bollandist Clay beweerde in 1916 dat de moderne wis- en natuurkunde het bestaan van synthetische oordelen a priori hadden weerlegd. Hij hekelde Heymans' claim dat zij aan ieder die onbevooroordeeld was evident zouden zijn. 'De bevooroordeelden zijn zij, die er wel eens iets over gehoord hebben of zoo half en half er over gedacht hebben (..). Bij hen treffen we de vermeende evidentie aan, de verzekerdheden, die zich in het synthetische oordelen a priori uitspreekt.'[176] Ook het leerstuk van de analyse werd tot Heymans' afgrijzen steeds meer ontdokeen. F.J.M.A. Roels, 's lands tweede psycholoog,[177] verdedigde in een rede getiteld nota bene De toekomst der psychologie een door William Stern geïnspireerde personalistische psychologie. In tegenstelling tot Heymans' fanatieke anti-individualisme werd hierin de persoon opgevat als een niet tot constituerende elementen te herleiden eenheid. En ook dit was evident: 'De onmiddellijke ervaring leert, dat de mensch een 'unitas multiplex' is'.[178] Heymans' reactie was gematigd: hij sprak het vertrouwen uit dat zij elkaar, ondanks de verschillen in filosofische opvattingen, in ieder geval zouden kunnen vinden op het neutrale terrein van het empirisch onderzoek.[179] Toen in de jaren 1920 de Gestalt-psychologie haar opmars begon, verloor Heymans ook dat vertrouwen. Het Gestalt-adagium 'het geheel is meer dan de som van de delen', een synoniem van het 'unitas multiplex', beschouwde hij als een affront voor de ware wetenschappelijkheid, die gebaseerd was op analyse. 'De analyse is (..) noodig, omdat wij een werkelijk inzicht in de noodzakelijkheid der verschijnselen toch eigenlijk alleen verkrijgen, wanneer wij ze als de som van de daarin te onderscheiden deelen of factoren kunnen begrijpen.'[180]

Een vergelijkbaar argument hanteerde hij in zijn aanval op de relativiteitstheorie.[181] Einsteins werk moet voor Heymans een klap in het gezicht zijn geweest. De relativiteitstheorie schoof bijna achteloos de axioma's opzij die hij in dertig jaren van ijverig onderzoek had geprobeerd te verklaren uit de wetten van het denken. De revolutie in de fysica leek Heymans dan ook, gezien de staat van dienst van haar oude theorieën en axioma's, uiterst voorbarig. Dat ware nog te vergeven geweest als de relativiteitstheorie dezelfde verklarende kracht zou hebben als de klassieke fysica. Maar Einstein en zijn consorten verklaarden naar Heymans' mening helemaal niets. Hun formules, hoe indrukwekkend ook, waren zuiver pragmatische instrumenten, waarmee de samenhang in de wereld wel werd beschreven, maar niet inzichtelijk gemaakt. In een echte verklaring, zoals die in de klassieke mechanica, wordt de werkelijkheid 'tot samenstellende elementen teruggebracht en dus begrijpelijk gemaakt'.[182] Het was uiteindelijk, zoals altijd bij Heymans, een psychologische kwestie: men 'geve zich slechts rekenschap van de zeer ongelijke mate van bevrediging, die men ondervindt, wanneer men van de slingerwet slechts de mathematische formule, of wanneer men daarvan tevens de physische afleiding kent.'[183]

Unitas multiplex

Ironisch genoeg is de leuze 'unitas multiplex' zeer toepasselijk als beschrijving van Heymans' wereldbeeld. Analyse en demarcatie vormden weliswaar de cruciale eerste stap bij het oplossen van een probleem, of het nu een wetenschappelijke kwestie was of een maatschappelijk conflict, maar eenheid was zowel de basis als het doel van het ontleden. Elke intellectuele activiteit die tot juiste conclusies komt wordt immers gedragen door intuïties die iedereen deelt, en een deugdelijke analyse is de voorwaarde voor het ontdekken van de wettelijke verbondenheid van alle elementen van de werkelijkheid. De metafysica van het psychisch monisme stelt bovendien dat de mens in dit proces van analyse en synthese zijn vervreemding stukje bij beetje ongedaan maakt, of beter: 'dat onze werkzaamheid in laatste instantie op het werelddoel is gericht, en door het wereldstreven wordt gedragen'.[184] De werkelijkheid is, in laatste analyse, één. Grenzen bestaan niet, alleen onderscheidingen. Er is geen plaats voor grenszones en gemeenplaatsen, slechts voor de meervoudige eenheid en onbetwijfelbare, intuïtieve zekerheden.

Heymans' demarcatiearbeid ten opzichte van leken heeft dientengevolge een mild karakter. De autonomie van de psychologie is eerder handig dan essentieel. Er is geen scherpe scheidslijn tussen de wetenschapper en de leek: 'datgene, wat men wetenschap noemt, is eenvoudig een voortzetting en bewustmaking van het natuurlijke denken, geenszins een daaraan tegenover te stellen of ook maar van af te scheiden functie.'[185] De psycholoog heeft een laboratorium en instrumenten tot zijn beschikking, heeft geleerd systematisch te denken en heeft meer psychologische kennis tot zijn beschikking dan de leek, maar is niet essentieel anders dan hij.[186] Leken mochten soms zelfs meehelpen. Na in 'De classificatie der karakters' zijn typologie uiteengezet te hebben, nodigde Heymans zijn toehoorders en lezers uit om mee te werken aan de verfijning ervan door karakterbeschrijvingen aan te leveren. 'Aan het vereischte werk kan ieder die wil, deelnemen; geen bijzondere talenten of speciale voorbereiding, alleen belangstelling en accuratesse zijn ervoor noodig. Heeft men weinig tijd, elk enkel, mits met zorg bewerkt biografisch excerpt kan een steen leveren voor het groote gebouw, waarvan nog nauwelijks de fundamenten zijn gelegd.'[187] In zijn toespraak op de oprichtingsvergadering van de 'Studievereeniging voor Psychical Research' riep hij alle leden, niet alleen de wetenschappelijk geschoolden onder hen, op om gegevens te verzamelen. Vijf jaar later trad het bestuur af, onder andere omdat de gevraagde medewerking grotendeels was uitgebleven.[188]

Als een wetenschap eenmaal in relatieve afzondering kennis over haar werkelijkheidsgebied had verworven, dan kon de scheiding met de leek ook weer worden opgeheven. Het toepassen van kennis was bij Heymans primair het verspreiden van kennis, via voorlichting, onderwijs of popularisering. Kennis diende vooral om misverstanden te voorkomen, door mensen begrip van de werkelijkheid te geven. In de open brief 'Aan de burgers der oorlogvoerende staten' probeerde Heymans het onbegrip tussen die burgers, ontstaan door eenzijdige berichtgeving, weg te nemen met 'een schets van de binnen elke der betrokken groepen heersende opvattingen', in de hoop dat zij zouden inzien dat het allemaal een 'afgrijselijk misverstand' was geweest.[189] De toekomstige eeuw van de psychologie zou aanbreken zodra de psychologie voldoende ontwikkeld is èn 'zoo diep in het volksbewustzijn zal zijn doorgedrongen, als thans met de natuurwetenschap het geval is';[190] de typologie zou men dan op school leren en het aldus verworven inzicht in zelf en ander zou de vervreemding ongedaan maken. Slechts in 'moeilijke gevallen' zouden 'zieleartsen' gereedstaan om zielkundige kennis zonder tussenkomst van het bewustzijn van de leek toe te passen.[191] Het is anders gelopen dan Heymans zich voorstelde.

Noten

1 H. Ebbinghaus, *Abriß der Psychologie*, Leipzig 1908, 7.
2 F. Sassen, *Geschiedenis van de wijsbegeerte in Nederland tot het einde der negentiende eeuw*, Amsterdam 1959.
3 B.H.C.K. van der Wijck, *Zielkunde*, Groningen 1872.
4 F.A. Hartsen, *Heerschen er wetten op het gebied van de geest?* Zalt-Bommel 1865; F.A. Hartsen, *De zielkunde eene natuurwetenschap. Eene populaire uiteenzetting van de grondbeginselen der zielkunde*, voorafgegaan door een woord over 'Coryfeeën' en gevolgd door een antwoord aan J.A. Alberdingk Thijm, benevens eenige losse gedachten, Gorinchem [ca. 1869]; F.A. Hartsen, *Grundzüge der Psychologie*, Berlijn 1874.
5 Het Duitse 'Psychologie' werd soms wel, soms niet vertaald als 'zielkunde'.
6 Het exemplaar in de Bibliotheek Nederlandse Psychologie bevat Heymans' droogstempel.
7 'Voorberigt', in: P.J. Prinsen, *Beginselen der zielkunde*, Haarlem 1833.
8 Zie voor een korte biografie, P.C. Molhuysen & F.K.H. Kossmann (red.), *Nieuw Nederlandsch biografisch woordenboek*, Leiden 1911-1937.
9 C.F. Handel, *Beknopte zielkunde voor ouders en onderwijzers van C.F. Handel, uit het Hoogduits door P.J. Prinsen junior, met een voorberigt door P.J. Prinsen, Directeur van 's Rijks Kweekschool voor Schoolonderwijzers, te Haarlem*, Amsterdam 1837.
10 'Voorberigt', in Handel, *Beknopte zielkunde*; enkele andere voorbeelden van het genre, E. Beneke, *Beneke's zielkunde, voor onderwijzers bewerkt*, Amsterdam 1864; E.A.E. Calinich, *Zielkunde voor opvoeders en onderwijzers*, vertaald door D. van Hinloopen Lubberton, Gouda 1855; H. de Raaf, *De beginselen der zielkunde op een aanschouwelijke wijze ten dienste van het onderwijs ontwikkeld*, Tiel 1882-1883.
11 G.A. Lindner, *Leerboek der empirische zielkunde*, (herzien door Dr. Fröhlich) naar het Hoogduits door F.C.J. de Ridder, Hoofd eener school te 's Gravenhage, Zutphen 1869, 9.
12 Ibidem, 7.
13 G. Heymans, *Dictaat volgens het college van Prof. G. Heymans in den cursus voor psychologie vanwege de Afd. Gron. van den Bond van Ned. Onderw. 1898-1899*, Groningen z.j., 3.
14 J.C. Burnham, *How superstition won and science lost*, New Brunswick 1987.
15 Afgedrukt in D. Draaisma (red.), *Een laboratorium voor de ziel. Gerard Heymans en het begin van de experimentele psychologie*, Groningen 1992, 12-13.
16 G. Heymans, *Het experiment in de philosophie*, Leiden 1890.
17 Ibidem, 13.
18 Ibidem, 12-13.
19 Ibidem, 16.
20 Benoemingsbesluit, 18 juni 1890, in D. Draaisma, H.G. Hubbeling, F. van Raalten, P.J.

van Strien, H.G. van der Veen, J. Verster & J.J. van der Werf, *Gerard Heymans, objectiviteit in filosofie en psychologie*, Weesp 1983, 15.
21 Heymans, 'Het experiment', 8.
22 Ibidem, 3.
23 Ibidem, 29.
24 Ibidem, 5.
25 Ibidem, 7.
26 Ibidem, 6.
27 Ibidem, 8.
28 Ibidem, 9.
29 Alsmede 'ons' en 'onze'.
30 Ibidem, 8.
31 D. Draaisma, B. Lalbahadoersing & E. Haas, 'Een laboratorium voor de ziel. Heymans' Laboratorium voor Experimentele Psychologie 1892-1927', in Draaisma, *Een laboratorium*, 12-26; H.G. van der Veen, 'Levensloop', in Draaisma, *Gerard Heymans*, 13-32, 16.
32 G. Heymans, 'De methode der moraal', *De gids* 45 (1881) 4, 193-223, 414-448.
33 R. Aerts, 'De wetenschappelijke burger. Gerard Heymans en de thema's van het fin de siècle', in Draaisma, *Een laboratorium*, 27-39, 29.
34 R. Schmidt (red.), *Philosophie der Gegenwart in Selbstdarstellung*, III, Leipzig 1922; in 1932 vertaald voor C. Murchison (red.), *History of psychology in autobiography*, II, New York 1932; Heymans had in 1922 alleen zijn werk op het gebied van epistemologie, ethiek, esthetiek en metafysica vermeld; de publicaties die Heymans blijkbaar te psychologisch vond voor de *Philosophie der Gegenwart*, zoals die over visuele illusies en typologie, kwamen daardoor niet in de *History of psychology* terecht.
35 Heymans, 'De methode'.
36 G. Heymans, 'Die Methode der Ethik', *Vierteljahrschrift für Wissenschaftliche Philosophie* 6 (1882), 74-86, 162-188, 434-473.
37 G. Heymans, 'Het psychisch monisme', *Tijdschrift voor wijsbegeerte* 8 (1914) 213-239; tevens uitgegeven in de reeks Uit zenuw- en zieleleven, uitkomsten van psychologisch onderzoek, serie IV nr. 2, Baarn 1915.
38 Boissevain, geciteerd in R. Aerts, P. Calis, T. Jacobi & J. Rellete, *De gids sinds 1837. De geschiedenis van een algemeen-cultureel en literair tijdschrift*, Den Haag/Amsterdam 1987, 95.
39 Ibidem, 96.
40 Al in 1847 schreef Bakhuizen van den Brink aan de redactie dat er 'dikwijls specialiteiten met een uitvoerigheid werden behandeld, welke het groote publiek wanhopig maakte', in Aerts, *De gids*, 18.
41 G. Heymans, 'Een laboratorium voor experimenteele psychologie', *De gids* 60 (1897) 2, 73-100.
42 W. Otterspeer, *Bolland, een biografie*, Amsterdam 1995, 14-16, stelt dat de academici door de specialisering allen autodidact waren geworden, vooral sinds de propedeuse was afgeschaft in de hoger-onderwijswet van 1876.

43 Heymans, 'Een laboratorium', 73.
44 Ibidem, 88.
45 Ibidem, 96.
46 Ibidem, 74.
47 E.H. Kossmann, *De lage landen 1780-1940. Anderhalve eeuw Nederland en België*, Amsterdam 1976, 335.
48 Aerts, 'De wetenschappelijke burger', 31.
49 Heymans, 'Een laboratorium', 74.
50 Ibidem.
51 Ibidem, 75.
52 Een destijds populaire uitdrukking van Friedrich Lange, *Geschichte des Materialismus und Kritik seiner Bedeutung in der Gegenwart*, Iserlohn 1866.
53 Heymans, 'Een laboratorium', 76.
54 Ibidem, 78.
55 Ibidem, 75.
56 Ibidem, 78,
57 Ibidem, 79.
54 Ibidem.
59 Ibidem, 81.
60 Ibidem.
61 Ibidem, 82.
62 Het eerste niet aan huis gevestigde psychologisch laboratorium in Nederland was dat van het Ignatiuscollege in Valkenburg, waar de jezuïet Fröbes psychologie doceerde. P. Eling & P. van Drunen, 'Psychologie in Valkenburg', *De psycholoog* 30 (1995), 60-63.
63 Zie noot 62.
64 G. Heymans, 'Het psychologisch instituut', *Academia Groningana MDCXIV-MCMXIV*, Groningen 1914, 461-464, 463.
65 Ibidem, 464.
66 Heymans, 'Een laboratorium', 82. Wellicht bedoelt Heymans J. McKeen Cattell's laboratorium aan de Universiteit van Pennsylvanië. In een beschrijving van zijn lab merkt Cattell op, zonder er verder op in te gaan, dat 'the observer is placed in a compartment separated from the experimenter and measuring apparatus', J. McK. Cattell, 'Psychology at the University of Pennsylvania', *American journal of psychology* 3 (1890), 281-283. Ook E.W Scripture had in zijn lab in Yale een aparte, geïsoleerde kamer voor de proefpersoon, E.W. Scripture, 'Accurate work in psychology', *American journal of psychology* 6 (1893), 427-430, 429. Wundt voegde in 1887 voor de derde druk van zijn *Grundzüge der physiologischen Psychologie* het volgende, terloopse advies toe aan de beschrijving van reactietijdexperimenten: 'Wo es irgend möglich, da ist übrigens anzurathen, dass die Versuche in getrennten Räumen angestellt werden, so dass der Experimentator (..) mit der Versuchsperson (..) nur durch telegraphische Signale communiciren kann', W. Wundt, *Grundzüge der physiologischen Psychologie*, II, Leipzig 1887^3, 277. Het isoleren van de proefpersoon is een zeldzame maatregel gebleven.
67 Zie voor een geschiedenis van het genre J.H. Capshew, 'Psychologists on site. A

reconnaissance of the historiography of the laboratory', *American psychologist* 47 (1992), 132-142.
68 J. McK. Cattell, 'The psychological laboratory at Leipsic', *Mind* 13 (1888), 37-51, 39.
69 W.O. Krohn, 'Facilities in experimental psychology at the various German universities', *American journal of psychology* 4 (1892), 585-594 (590).
70 E.B. Titchener, 'A psychological laboratory', *Mind* 7 (1882), 311-331.
71 P.J. van Strien, *Nederlandse psychologen en hun publiek. Een contextuele geschiedenis*, hfdst. 9, Assen 1993; J. van Heerden & D. Draaisma, 'De Müller-Lyer illusie. Heymans, Fodor, Artificiële Intelligentie', in Draaisma, *Een laboratorium*, 40-52.
72 Draaisma, 'Een laboratorium', 13.
73 Ibidem.
74 Draaisma, 'Een laboratorium'; Van Strien, *Nederlandse psychologen*, 15.
75 G. Heymans, *Rede bij de opening van het vernieuwde Universiteitsgebouw te Groningen, op den 29 juni 1909*, Groningen 1909, 12.
76 Ibidem, 11.
77 Ook in Amerika dienden laboratoria vooral het onderwijs: 'Most American laboratories were dedicated not to research but to demonstrate, to celebrate ritualistic reenactments of classic experiments as a form of pedagogical worship, to inculcate scientific values among the student novitiate.' J.M. O'Donnell, *The origins of behaviorism. American psychology, 1870-1920*, New York 1985, 26.
78 Onder andere S. Shapin, 'The house of experiment in seventeenth-century England', *Isis* 79 (1988), 373-404; A. Ophir & S. Shapin, 'The place of knowledge: a methodological survey', *Science in context* 4 (1991), 3-21; voor de psychologie O'Donnell, *The origins*; K. Danziger, *Constructing the subject. Historical origins of psychological research*, Cambridge 1990; Capshew, 'Psychologists'.
79 De vaak voor intellectualist versleten Heymans was zelf niet ongevoelig voor dit soort symboliek. Zo zag hij in het nieuwe academiegebouw meer dan een 'behagelijk en doelmatig ingerichte werkplaats', het was in de eerste plaats het symbool van de eenheid der wetenschappen, meende hij. Heymans, 'Rede', 4.
80 Blijkens de opdracht in het exemplaar in de Bibliotheek Nederlandse Psychologie te Groningen. C.J. Wijnaendts Francken, *Psychologische omtrekken*, Amsterdam 1900.
81 D. Jelgersma, *Psychologie en filosofie*, Amsterdam 1896.
82 G. Jelgersma, *Psychologie en pathologische psychologie*, Leiden 1899.
83 G.A.M. van Wayenburg, *De beteekenis van zelfreflectorische bewegingen voor de zintuigelijke waarneming in verband met de wetten van Weber en Fechner*, Amsterdam 1897.
84 H. Bavinck, *Beginselen der psychologie*, Kampen 1897.
85 P. Bierens de Haan, *Hoofdlijnen eener psychologie met metaphysischen grondslag*, Amsterdam 1898.
86 Heymans, Jelgersma, Wayenburg en Wijnaendts Francken troffen elkaar in 1920 in de Studievereeniging voor Psychical Research, waarvan Heymans voorzitter was, Jelgersma vice-voorzitter, Wayenburg bestuurslid en Wijnaendts Francken gewoon lid.
87 Ook opgemerkt in Draaisma, 'Een laboratorium'.

88 Heymans, 'Een laboratorium', 93.
89 Ibidem, 94.
90 Ibidem, 96.
91 G. Heymans, 'Wetenschappelijke metaphysica', *De gids* 70 (1906) 2, 290-316.
92 Ibidem, 291.
93 Ibidem.
94 Ibidem, 316.
95 *Nieuwe Provinciale Groninger Courant*, 21 september 1909.
96 R. Casimir, 'De toekomstige eeuw der psychologie', in idem, *Opbouw, een bundel verzamelde opstellen*, Groningen 1927, 237-247. Oorspronkelijk in *Ploeg* 2 (1910).
97 G. Heymans, *De toekomstige eeuw der psychologie*, Groningen 1909.
98 Ibidem, 8.
99 'Lang nadat het tegenwoordige geslacht zal zijn te ruste gegaan', ibidem, 6; 'Wanneer die tijd zal komen, weet ik niet', ibidem, 6; 'De heilstaat ligt nog ver, en vele geslachten zullen nog moeten voorbijgaan, eer onze kortzichtige oogen zijne nadering bespeuren", ibidem, 24. De misvatting dat Heymans de twintigste eeuw bedoelde is al te vinden bij J. van Ginneken, *Zielkunde en het Taylor-systeem*, Amsterdam 1918; J.H. van den Berg, *Kroniek der psychologie*, Nijkerk 1973³, 52 (oorspronkelijk Den Haag 1953); R. Roe, 'Over welke mensen gaat de psychologie eigenlijk? Of: wat een 50-jarige kan leren uit 100 jaar pech', *De psycholoog* 24 (1989), 67-73; P. van Lieshout, 'Het eeuwige vuur van de psychologie', *De psycholoog* 27 (1992), 421-424 (spreekt bovendien van 'Heymans' afscheidsrede'); P. Vroon, 'De psychologie vergeet hoeveel ze eigenlijk weet', *de Volkskrant*, 14 november 1992, wetenschappelijk bijvoegsel, 19; P. Vroon, *Toestanden*, Amsterdam 1997, 11 (oorspronkelijk Baarn 1993); Otterspeer, *Bolland*, 369; J. Jansz & P. van Drunen (red.), *Met zachte hand: opkomst en verbreiding van het psychologisch perspectief*, Utrecht 1996, 15.
100 Heymans, *De toekomstige eeuw*, 8.
101 Ibidem, 7.
102 Ibidem, 9.
103 Ibidem.
104 Ibidem.
105 Ibidem.
106 Ibidem, 9-10.
107 Ibidem, 11.
108 Ibidem.
109 Ibidem.
110 Ibidem.
111 Ibidem.
112 Ibidem.
113 0,75 per duizend paren in 1909, volgens Heymans. In 1991 bedroeg het aantal echtscheidingen per duizend paren 8,1.
114 Heymans, *De toekomstige eeuw*, 12.
115 Ibidem.

116 Ibidem, 13.
117 Ibidem.
118 Ibidem, 14.
119 Heymans beweert overigens niet dat de Sint-Nicolaasgeschenken de mensen òngelukkiger hebben gemaakt. De vervreemding, die de kern van de diagnose vormt, is een gevolg van het complexer worden van de samenleving, een proces dat Heymans verder niet verklaart. De boosdoener is eerder het materialistisch wereldbeeld, dat de eenzijdige aandacht voor de materiële kant van het bestaan in de hand heeft gewerkt, en bovendien niet in staat is zin te geven aan het leven.
120 Heymans, *De toekomstige eeuw*, 16.
121 Ibidem.
122 Ibidem.
123 Ibidem, 17.
124 Ibidem, 18.
125 Ibidem, 21.
126 Ibidem, 23.
127 Ibidem, 25.
128 Ibidem, 26.
129 Zie hiervoor bijvoorbeeld R. Sennett, *The fall of public man*, New York 1977; R.F. Baumeister, 'How the self became a problem: a psychological review of historical research', *Journal of personality and social psychology* 52 (1987), 163-176; zie ook M. Derksen & P. van Strien, 'Typology and individuality', in H. Carpintero, E. Lafuente, R. Plas & L. Sprung (eds.), *New studies in the history of psychology and the social sciences. Proceedings of the 10th meeting of Cheiron*, Valencia 1992, 45-52.
130 'Late-nineteenth and early-twentieth century social science was obsessed with the problem of alienation. Its unifying theme was the destructive result of industrialization, which, in eliminating the traditional small town, destroyed the moral community based on personal ties. Like other intellectuals of this period, social scientists rejected the virtues of individualism.' H. Kuklick, 'Boundary maintenance in American sociology: limitations to academic 'professionalization'', *Journal of the history of the behavioral sciences* 16 (1980), 201-219, 213.
131 J.G. Morawski, 'Assessing psychology's moral heritage through our neglected utopias', *American psychologist* 37 (1982), 1082-1095. Zie voor een gelijksoortige obsessie met fragmentatie onder victoriaanse fysici B. Wynne, 'Natural knowledge and social context: Cambridge physicists and the luminiferous ether', B. Barnes & D. Edge (eds.), *Science in context*, Cambridge 1982, 212-231.
132 Waaraan ter relativering kan worden toegevoegd dat de vete tussen poolreizigers Cook en Peary meer aandacht trok. Hoewel Cook in de week van de twintigste september meer sympathie ten deel viel, wordt er tegenwoordig van uitgegaan dat Peary als eerste de Noordpool bereikte.
133 L.C. de Beer, 'Prof. Heymans' 'Toekomstige eeuw der psychologie', *Urania* 7 (1913), 205-215, 213.

134 Æ.W. Timmerman, 'Prof. G. Heymans' De toekomstige eeuw der psychologie', *De nieuwe gids* 24 (1909) 2, 584-595, 584.
135 Ibidem, 588.
136 Ibidem, 587-588.
137 Ibidem, 586.
138 H.A. Leenmans, 'De toekomstige eeuw der psychologie', *De Amsterdammer*, 27 februari 1910.
139 Zie Otterspeer, *Bolland*, voor een biografie.
140 G.J.P.J. Bolland, *Nieuwe kennis, oude wijsheid. Eene poging tot voorlichting*, Leiden 1910.
141 Kossmann, *De lage landen*, 335.
142 Bolland, *Nieuwe kennis*, 24. Aan een lofprijzing van Bolland hebben we de beste karakterisering van de stijl van 'De toekomstige eeuw' te danken: 'verstandige goedgeloovigheid en droge dichterlijkheid'. Ibidem, 23.
143 Ibidem, 40.
144 Ibidem, 24.
145 'Als ieder van ons datgene doet waarvoor hij het geschiktste is en wat hem het noodigst schijnt, zal de wetenschap het meest gebaat zijn.' Heymans in een brief aan Bolland, 12 augustus 1906, geciteerd in Otterspeer, *Bolland*, 369.
146 Bolland, *Nieuwe kennis*, 66.
147 Ibidem, 66.
148 Heymans, *De toekomstige eeuw*, 14.
149 W.J. Aalders, 'Herlevend polytheïsme', *Stemmen des tijds* 1 (1911-1912), 1-9, 129-144.
150 Ibidem, 135.
151 M. Honigh, 'De toekomstige eeuw der psychologie', *Teekenen des tijds* 52 (1910), 269-303, 290.
152 Zie ook J.A. Dèr Mouw, *Kritische studies over psychisch monisme en nieuw Hegelianisme*, Leiden 1906, voor een sympathiserende, doch kritische bespreking van Heymans' psychisch monisme. De plaats van Heymans in het culturele leven van de eeuwwisseling is uitstekend en uitvoerig beschreven door Aerts, 'De wetenschappelijke burger'.
153 Totalitair in de zin dat alle aspecten van het bestaan erin verdisconteerd waren.
154 Zie bijvoorbeeld A. Lijphart, *The politics of accommodation: pluralism and democracy in the Netherlands*, Berkeley 1968.
155 G. Heymans, *De oorlog en de vredesbeweging*, Groningen 1914.
156 G. Heymans, *Aan de burgers der oorlogvoerende staten*, uitgaven van het comité 'De Europeesche Statenbond', nr. 2., Amsterdam 1914.
157 Heymans, *Aan de burgers*, 'Oproep' op het achterblad. Sympathisanten werd verzocht het secretariaat op de hoogte te stellen van hun instemming, 'en naar beste krachten er toe mede te werken de openbare meening in dezen geest te vormen'. De open brief werd behalve in het Nederlands ook uitgegeven in het Frans, Duits en Engels.

158 G. Heymans & J.C. Kapteijn, 'Aux membres des Académies des Nations Alliées et des Etats-Unis d'Amerique', z.p. 1919.

159 G. Heymans, *Inleiding tot de speciale psychologie*, Haarlem 1929.

160 Een voorbeeld van serieuze toepassing van de typologie is Saks' studie van Douwes Dekker (een traag handelende, primaire gevoelsmens, ofte wel een nerveuze, volgens Saks), J. Saks, *Eduard Douwes Dekker. Zijn jeugd en Indische jaren*, Rotterdam 1937. Minder serieus is het door Hofland beschreven gebruik als psychologisch tijdverdrijf in H.J.A. Hofland, 'Alles', *NRC Handelsblad*, cultureel supplement, 12 juli 1991. Voor een bespreking van de typologie en de invloed ervan in binnen- en buitenland zie P.J. van Strien & J.A. Fey, 'Heymans over temperament en karakter', Draaisma, *Een laboratorium*, 66-79.

161 G. Heymans, 'De wetenschap en de andere cultuurwaarden', *Onze eeuw* 19 (1919) 3, 57-75. Oorspronkelijk een voordracht voor het filologencongres te Amsterdam, later gepubliceerd in *Onze eeuw*, 'ernstig tijdschrift van ethisch-liberale signatuur', volgens Aerts, 'De wetenschappelijke burger', 37.

162 Heymans, 'De wetenschap', 57.

163 Ibidem, 64-65 (cursivering van Heymans).

164 Ibidem, 75.

165 Wie goede onderscheidingen maakt, onderwijst goed. G. Heymans, 'De wetenschap der zedekunde', *De gids* 63 (1899) 2, 484-495, 484.

166 Heymans, 'De wetenschap', 58.

167 Ibidem, 62.

168 Ibidem, 75.

169 Ibidem.

170 Ibidem.

171 Ibidem.

172 H.G. Hubbeling, 'Kenleer en methodologie', Draaisma, *Gerard Heymans*, 33-41.

173 Een ethisch oordeel is objectiever naarmate alle beschikbare gegevens in gelijke mate tot gelding komen en subjectieve motieven worden buitengesloten.

174 Het causaliteitsbeginsel stelt dat werkelijk ontstaan en vergaan niet mogelijk is.

175 Bolland, *Nieuwe kennis*, 24.

176 Clay, geciteerd in H.A. Klomp, *De relativiteitstheorie in Nederland. Breekijzer voor democratisering in het interbellum*, Utrecht 1997, 84.

177 Roels werd in 1922 benoemd tot hoogleraar empirische en toegepaste psychologie in Utrecht, waar hij sinds 1918 lector was.

178 F. Roels, *De toekomst der psychologie*, 's Hertogenbosch 1918, 25. 'Unitas multiplex' is wellicht het best te vertalen als 'meervoudige eenheid'.

179 G. Heymans, 'Bibliografie. Dr. F. Roels, De toekomst der psychologie', *De gids* 83 (1919) 1, 340-344.

180 G. Heymans, 'De verhouding der psychologie tot andere wetenschappen', *Mensch en maatschappij* 4 (1928), 290-297, 294.

181 G. Heymans, 'Leekenvragen ten opzichte van de relativiteitstheorie', *De gids* 85 (1921) 2, 85-108.

182 Ibidem, 103.
183 Ibidem, 104.
184 Heymans, *De toekomstige eeuw*, 26.
185 Heymans, 'De wetenschap', 64.
186 Heymans waarschuwde ook dikwijls tegen al te vergaande specialisering binnen de wetenschappen, zie bijvoorbeeld Heymans, *Rede*, 8 e.v.
187 G. Heymans, *De classificatie der karakters*, Vereeniging Secties voor Wetenschappelijke Arbeid, nr. 8, z.p. 1927, 24.
188 Draaisma, 'Een laboratorium'.
189 Heymans, *Aan de burgers*.
190 Heymans, *De toekomstige eeuw*, 6.
191 Ibidem, 17.

Wetenschappelijke mensenkennis

Psychologisering

Of er nog een eeuw van de psychologie komt zoals Heymans die bedoelde, zal de tijd moeten leren. Gezien zijn eigen poging om de temperamenten-typologie aan het volk uit te leggen kan het anderen wellicht vergeven worden dat zij evenmin de vervolmaking van de zielkunde hebben afgewacht en via elk mogelijk medium psychologische kennis hebben verspreid.[1] Het bewustzijn van in ieder geval de Nederlandse mens is de afgelopen eeuw langs de weg die Heymans voorstond, educatieve popularisering, gevuld met een grote hoeveelheid kennis over neuroses, opvoeding, relatieproblemen, de evolutie van het brein en het herkennen van misdadigers. Maar, afgezien van de vraag of dat alles psychologie genoemd mag worden, het heeft de samenleving nog niet getransformeerd tot het paradijs dat Heymans schetste. Zonder Diekstra, Vroon en Rondom Tien was de toestand misschien nog veel erger geweest, maar het feit blijft dat het kiezen van een partner, om maar wat te noemen, de afgelopen eeuw alleen maar moeilijker lijkt te zijn geworden.

Wel hebben in de maatschappij inmiddels een groot aantal psychologisch deskundigen emplooi gevonden.[2] Waar Heymans de toepassing van de psychologie voornamelijk zag als een kwestie van kennisoverdracht, en er zijns inziens alleen voor moeilijke gevallen 'zieleartsen' nodig zouden zijn, daar is de situatie tegenwoordig omgekeerd. De praktijken die worden beschouwd als toegepaste psychologie hebben de vorm van sociale technologie, waarvan communicatie het mechanisme is, maar die niet vereist dat de hulpbehoevende leek zelf deskundig wordt. Het functioneren van zulke technologie wordt wel ondersteund door popularisering, die leken protoprofessionaliseert.[3] Door het lezen van populaire boeken over bijvoorbeeld psychotherapie verkrijgt men niet de deskundigheid van de therapeut, maar leert men de eigen problemen in therapeutische termen te herkennen of te verwoorden en leert men bij wie men moet zijn voor het oplossen van zulke problemen. Een 'protoprofessional' is de ideale klant van de professional: voldoende deskundig om te weten dat hij niet deskundig is, en wie wel.[4]

De basis voor de succesvolle opmars van psychokundigen in Nederland is voor een groot deel gelegd in het interbellum. Terwijl Heymans langzaam verbitterde onder de teloorgang van de vooroorlogse politieke en wetenschappelijke idealen, propageerde een bont gezelschap van onder anderen artsen, pedagogen en psychologen het gebruik van op de psychologie gebaseerde technieken om de chaos in de samenleving (want dat thema was gebleven) te lijf te gaan. Hoewel de naam 'psychotechniek' inmiddels in onbruik is geraakt en veel van de toen gebruikte methodes nu vooral de lachlust opwekken, is de omvang van de huidige psychologische beroepspraktijk niet te begrijpen zonder het werk van de psychotechnici in het interbellum. Met niet aflatende ijver hebben zij hun lezers en toehoorders vertrouwd gemaakt met het idee van een psychologische technologie. Dit hoofdstuk beschrijft hoe psychotechnici hun potentiële klanten, en dat was vrijwel iedereen, ervan trachtten te overtuigen dat de problemen waarmee ze worstelden eigenlijk psychologisch van aard waren en dus een psychologische oplossing behoefden. In die psychotechnisch gedefinieerde wereld moesten tevens grenzen worden getrokken: de rollen en competenties van psychotechnici, klanten en relevante andere professionals werden afgebakend en hun onderlinge relaties vastgesteld. Ook hier staan de gemeenplaatsen die deze demarcatie-retoriek droegen centraal en wordt onderzocht of ze de kenmerkende flexibiliteit van *boundary objects* hadden.

Naast de demarcatie van de psychotechniek komt hier ook de demarcatie van de psychotechnicus aan de orde. Dat psychotechniek een psychologische kunde was, werd door al haar beoefenaars erkend, maar het wierp ook de vraag op, wie zich op psychologisch gebied kundig mocht noemen en daarover bleken de meningen al snel te verschillen. In tegenstelling tot Heymans opereerden psychotechnici in een wereld waarin, naar hun zeggen, beunhazerij een probleem vormde. Ook Heymans onderscheidde ware wetenschappelijkheid van dilettantisme,[5] maar de bekwaamheid van collega's werd door hem nergens ter discussie gesteld. Hoewel hij het diepgaand oneens was met onder meer de Gestalt-psychologen, heeft hij hen nooit incompetentie verweten. De psychotechnici, dat wil zeggen zij die zich als zodanig opwierpen, raakten daarentegen al snel verwikkeld in felle onderlinge strijd over de kenmerken van de bona fide psychotechnicus. Uiteindelijk werd het bezit van psychotechnische expertise geoperationaliseerd met de criteria van een universitaire opleiding in de psychologie, omschreven in het nieuwe Academische Statuut van 1921, en het lidmaatschap van een nieuwe psychologische beroepsvereniging, het Nederlandsch Instituut voor Praktizeerende Psychologen. Het NIPP, zal ik betogen, was niet alleen een begrenzing van de psychologie en de psychotechniek, het was tevens een grenszone waar de Nederlandse psychologen ondanks hun geschillen gezamenlijk de vooruitgang en verbreiding van de psychologie konden dienen. De retorica die de constructie van die grenszone mogelijk maakte komt aan het eind van dit hoofdstuk aan de orde.

Propaganda

Niet gehinderd door de negatieve associaties die het woord tegenwoordig bij ons oproept, sprak men ongegeneerd van 'propaganda'. Volgens Brugmans, directeur van een van de eerste psychotechnische instituten, het Sociaal-Paedagogisch Instituut van de Dr. D. Bos-stichting, was dat zelfs een van zijn belangrijkste taken: 'De menschen (..) moeten nog opgevoed worden voor het psychotechnisch onderzoek.'[6] Brugmans en zijn collega-psychotechnici waren zich er zeer wel van bewust dat toepassing van de psychologie alleen zou lukken als het publiek meewerkte. De psychotechniek zou de mensheid slechts heil kunnen brengen als zij op enige sympathie kon rekenen. De psychotechnici van de eerste generatie waren dan ook onvermoeibare pleitbezorgers. Allen gingen regelmatig de boer op om lezingen te houden, die dikwijls later als brochure werden uitgegeven. Hiertoe werden speciale brochure-reeksen gestart. Van Ginneken had zijn 'Zielkundige Verwikkelingen' en de meeste instituten publiceerden een reeks 'Medeedelingen', waarin donateurs, klanten, pers, en anderen op de hoogte werden gehouden van de laatste ontwikkelingen.[7] Vaak publiceerde men ook in de tijdschriften van bedrijven waar men opdrachten voor deed. Biegel maakte bijvoorbeeld dankbaar gebruik van het PTT-blad om uit te leggen wat er op het psychotechnisch lab van de PTT gebeurde en waarom. Brugmans van de Bos-stichting en zijn toenmalige assistent Prak vertelden in de kolommen van *Ons tijdschrift*, orgaan van de 'Mij. tot verkoop van den electrischen stroom der Staats-mijnen in Limburg', aan de hoogspanningsmonteurs hoe het voorgenomen psychotechnisch onderzoek in zijn werk zou gaan.[8] Psychotechnici werkten bovendien mee aan de oprichting van tijdschriften over beroepskeuze en personeelsselectie, zoals *Aanleg en beroep* (1925) en *Jeugd en beroep* (1928). In kranten verschenen regelmatig bijdragen van en interviews met psychotechnici.

Al deze propaganda was niet gescheiden van de 'echte wetenschap'. Zelfs het onderscheid tussen interne, wetenschappelijke communicatie en externe, populariserende voorlichting is op de psychotechniek in het interbellum nauwelijks van toepassing. Brugmans mocht dan wel de propaganda-taak van de Bos-stichting onderscheiden hebben van de wetenschappelijke opdracht,[9] in de praktijk bleken beide taken vaak door dezelfde teksten te kunnen worden vervuld. Tekenend is het proefschrift van Jacob Luning Prak. In het voorwoord legt hij uit voor wie het boek is bedoeld: 'Dit geschrift bedoelt te zijn voor den leek een inleiding tot en een overzicht van de problemen van beroepskeus en personeelsselectie van psychologisch standpunt; voor den vakman een met bewijzen gestaafd betoog ten gunste van experimenteele onderzoekings-methoden en exacte berekeningswijzen.'[10] Slechts zelden werd een tekst expliciet als popularisering of als vakliteratuur aangeduid;[11] de meeste artikelen, lezingen en boeken werden geacht voor iedereen toegankelijk te zijn. Lubsen werd op zijn vingers getikt toen hij een psychotechnisch onderzoek publiceerde in het medisch vakblad *Psychiatrische en neurologische bladen*: op die manier konden beroepskeuze-adviseurs er geen kennis van nemen.[12] Teksten verschenen dan ook vaak voor meerdere publieken. Zo werd de voordracht die Roels op 26 april 1928 hield aan de Nederlandsche Handelshoogeschool te Rotterdam, 'Cultuurpsychologie en psychotechniek',[13] in datzelfde jaar afgedrukt in de *Mededeelingen uit het Psychologisch Laboratorium der Rijksuniversiteit te Utrecht* en in het *Tijdschrift voor zielkunde en opvoedingsleer*. Een jaar later publiceerde *Aanleg en beroep* er een uittreksel van. Ook de tijdschriften die met medewerking van psychotechnici werden opgericht waren open fora. *Jeugd en beroep*, 'tijdschrift voor jeugd-psychologie, voorlichting bij beroepskeuze en beroepsvorming', was bedoeld voor iedereen behalve de jeugd zelf: de onderzoekers, de voorlichters en maatschappelijk werkers, werknemers en werkgevers.[14] *Aanleg en beroep* richtte zich tot 'specialisten op het terrein van beroepskeuze',[15] waaronder bijvoorbeeld schoolhoofden, ambtenaren en jeugdleiders vielen. De belangrijkste ontwikkelingen in de psychotechniek in het interbellum werden gearticuleerd in dit openbare domein: Van Ginnekens oproep om het taylorisme te bestrijden met de psychotechniek,[16] Praks proefschrift,[17] Roels' wending naar de cultuurpsychologie,[18] om er enkele te noemen. En als de psychotechnici al eens een onderonsje hadden, op een van hun congressen, dan verscheen daar een verslag van in de krant.

    De teksten van psychotechnici in het interbellum kunnen niet zinvol worden onderscheiden in een wetenschappelijk en een populariserend deel. Het bovenstaande laat echter ook zien dat in ander opzicht verdeeldheid troef was. Er was geen nationaal psychologisch of psychotechnisch forum in het interbellum.[19] Publicaties verschenen verspreid over een groot aantal verschillende tijdschriften en brochure-reeksen. Twee factoren werkten deze fragmentatie in de hand. De verzuiling, in 1917 geïnstitutionaliseerd in de Schoolwet, speelde ook in psychologie en psychotechniek een rol. Psychotechnici als Roels en Waterink hadden elk een eigen achterban, respectievelijk katholiek en protestant. Zij zorgden er voor in ieder geval te publiceren in media van hun politieke en religieuze kleur. In een periode waarin op veel plaatsen nieuwe psychologische en psychotechnische laboratoria werden opgericht, is het bovendien niet verwonderlijk dat veel van de daar residerende hoogleraren een eigen reeks 'Mededeelingen' uitgaven, om universitaire bestuurders, donateurs, en klanten te laten zien dat hun vertrouwen niet beschaamd werd. Eisenga's vermoeden[20] dat de tijdschriften en brochures van het interbellum alleen door de eigen achterban werden gelezen, is echter niet juist. De lagere echelons van de zuilen zullen inderdaad zelden iets van buiten hebben gelezen, maar de voormannen hadden meer bewegingsvrijheid. De politieke stabiliteit van het interbellum wordt onder meer verklaard uit het feit dat de voormannen zich, gezien de lijdzaamheid van hun respectievelijke onderdanen, zelf niet gebonden voelden aan de principes die ze met zoveel vuur verkondigden en in onderling overleg ongestoord het land konden besturen.[21] Ook de psychotechnische voorlieden waren met elkaar in debat, zoals zal blijken, wat werd vergemakkelijkt doordat hun preken voor eigen parochie vaak ook in andere fora verschenen. Er was echter geen geïnstitutionaliseerde onderhandelingsruimte, geen grenszone voor psychotechnici zoals *De gids* dat was voor liberalen. Zo'n grenszone was wel in de maak: in 1938 werd het Nederlandsch Instituut voor Praktizeerende Psychologen (NIPP) opgericht, waarin de meeste kopstukken van de psychotechniek waren verenigd, en na de oorlog kreeg het *Nederlandsch tijdschrift voor psychologie*, al opgericht in 1933, eindelijk de status van 'huisorgaan van de psychologie'.[22]

Taylor

Heymans had de psychologie geïntroduceerd als een noodzakelijke correctie van het eenzijdige materialisme van de natuurwetenschappen, met behoud van de gestrengheid van hun methoden. De psychotechniek kreeg van de man die het woord in Nederland introduceerde een gelijksoortige rol toebedeeld. Zoals Heymans met behulp van zijn laboratorium trachtte de ziel te redden van de extremen van de natuurwetenschappelijke wereldbeschouwing, zo pleitte pater Jac. van Ginneken s.j. voor de oprichting van een Centraal Zielkundig Beroepskantoor om de zielen der arbeiders te redden uit de klauwen van het taylorisme. Op 27 november 1917 hield hij op uitnodiging van de R.K. Vakbonden een rede op hun gecombineerde hoofdbestuursvergadering, met de titel 'Zielkunde en het Taylor-systeem'.[23] Van Ginneken was een vermaard linguïst, maar hij stelde zich die avond voor als 'psycholoog, d.w.z. ZIELkundige', die de psychologie weliswaar meestal toepaste op de taal, doch ook belang stelde in de 'binnenkant van de mensch, in z'n verhouding tot de economie'.[24]

Taylor was al sinds 1913 onderwerp van debat in Nederland,[25] een debat waar Van Ginneken zich al eerder in had gemengd. In 1913 was van zijn hand een tweedelig *Handboek der Nederlandsche taal* verschenen, waarin hij onder andere berichtte over een door hem gedaan onderzoek naar het taalgebruik van arbeiders. Hieruit was gebleken dat hun zieleleven sterk verarmd was geraakt, reden voor Van Ginneken om te waarschuwen tegen het taylorisme. In een felle, bloemrijke rede voor de bestuurders van de R.K. Vakbonden herhaalde hij die waarschuwing, maar gaf hij ook een alternatief. Van Ginneken had een roeping. Geconfronteerd met Taylor's arglistige opoffering van de arbeidersziel aan de productie en pijnlijk getroffen door Münsterbergs collaboratie met het taylorisme,[26] had diepe droefenis hem overvallen. De 'sombere nevel'[27] was opgeklaard toen hij zich Christus' parabel van de rentmeester herinnerde (Lucas 16:8) en zich realiseerde dat 'Christus (..) ons nu hun duistere listigheid in het kwade ten voorbeeld stelt, om die na te volgen in het goede, als kinderen des lichts'.[28] Want het stelsel van Taylor was dan wel kwaadaardig in zijn eenzijdigheid, er zaten toch enkele goede elementen in.

Taylor's hoofdzonde was zijn materialisme. De arbeider was voor hem slechts een mechanisme; het hele Taylor-systeem was er op gericht het hoogste rendement uit dit mechaniek te halen. Extreme arbeidsverdeling, het ontleden van elke taak in eenvoudige deelhandelingen die elk door een arbeider verricht moeten worden, vormde volgens Van Ginneken het hoofdbeginsel van het systeem. Maar de arbeider is helemaal geen mechanisme, hij is 'een levend wezen met een lichaam en een ziel'.[29] Arbeid bestaat niet slechts uit handelingen, maar heeft ook een geestelijke kant. De complexe belevingen, de 'parelende, rijk gremelende zieltooi van bewustzijnskleinoodiën'[30] die met arbeid samengaan zijn voor de arbeider zelf en voor de maatschappij veel belangrijker en kostbaarder dan 'de uiterlijke daad, het mechanische gevolg'.[31] De arbeidsverdeling echter, die Taylor voorstond en in Nederland ook al her en der was ingevoerd, verwoest dit zieleleven. Dat was gebleken uit Van Ginnekens onderzoek naar het taalgebruik van Nederlandse arbeiders. De oude vaktalen, die het Nederlands hadden verrijkt met uitdrukkingen en spreekwoorden, waren verdwenen, omdat het zieleleven van de moderne arbeider verkild en verstard was. Bij zijn rondgang door de Nederlandse industrie trof hij niet 'de diep-klare peinsoogen van den typischen ouderwetschen kleermaker',[32] noch 'het eerlijke openen veerkrachtige en nette timmermanskarakter',[33] maar slechts verveling, krampachtigheid en 'rauwe socialistentaal'.[34] Het mag dan wel zo zijn dat de arbeidsverdeling de productie verhoogt, dat al die menselijke automaten vele malen meer produceren dan hun voorgangers, maar hun ziel en levensgeluk zijn verloren. Door de arbeider als machine te behandelen, wordt hij er uiteindelijk een.

Het Taylor-systeem was dus op eenzijdig materialistische principes gebaseerd, maar het idee om de wetenschap toe te passen op het arbeidsproces was goed. 'Ook ik wil een wetenschappelijke bedrijfsleiding invoeren; alleen niet het echte Taylorsche Taylor-systeem, maar ons eigen systeem.'[35] Taylor's materialisme leidde tot ondeugdelijke wetenschap. Zo meende Taylor dat het geen kwaad kon arbeiders zo snel mogelijk te laten werken. Integendeel, waarschuwde Van Ginneken zijn gehoor: uit wetenschappelijk onderzoek was gebleken dat het 'afjakkeren' van arbeiders zenuwoverspanning, alcoholisme, TBC en krankzinnigheid tot gevolg kan hebben. De wetenschappelijke, correcte elementen uit het taylorisme moesten echter worden behouden. Het belangrijkste daarvan was het principe van wetenschappelijke selectie van arbeiders. 'Net zoo goed een fabrikant ook geen machines koopt, waarvan hij niet weet, dat een ingenieur heel de structuur ervan heeft nagerekend, en beproefd, zoo moet hij ook geen arbeiders aannemen, waarvan een psycholoog of zielkundige niet proefondervindelijk heeft bewezen, dat zij voor het aangenomen werk, ook werkelijk berekend zijn en passen.'[36] Naast de al bestaande machine-techniek is er een zielkundige techniek ontstaan, die met 'eenvoudige proefjes'[37] de geschiktheid van arbeiders kan bepalen: de psychotechniek.

Andere vroege psychotechnici waren minder fel, en vooral minder religieus bevlogen in hun opinie over Taylor, maar stemden op hoofdpunten in met Van Ginnekens standpunt en argumentatie. De voornaamste propagandisten voor de psychotechniek rond 1920 waren, naast Van Ginneken, diens vriend en geloofsgenoot F.J.M.A. Roels en Heymans' leerling H.J.F.W. Brugmans. Roels, sinds 1918 lector experimentele psychologie in Utrecht, was ook van mening dat een wetenschappelijke benadering van het arbeidsproces nodig was, maar dat Taylor's systeem wetenschappelijk niet deugde door de eenzijdigheid er van. Hij propageerde bij de rooms-katholieke werkgevers de psychotechniek als alternatief. 'Om haar breeder project, haar wetenschappelijker methoden en haar zooveel hoogere sociaal-ethische beteekenis, vraagt zij, meer dan het Taylorstelsel, de bijzondere aandacht van den werkgever.'[38] Brugmans was veruit het meest positief over het taylorisme, maar ook hij zag er onmenselijke elementen in. Taylor had het probleem van de organisatie van de arbeid teveel vanuit het bedrijf benaderd en de arbeider 'verlaagd tot middel'.[39] De psychotechniek was een noodzakelijke aanvulling op het taylorisme. Wat lag er meer voor de hand dan dat er naast de physicotechniek, die met machines te maken heeft, ook een psychotechniek moest zijn?[40] Het dualisme van geest en materie, dat Heymans zo van pas was gekomen om te pleiten voor de experimentele psychologie als complement van de natuurwetenschap, was ook de gemeenplaats die de introductie van de psychotechniek naast de bestaande technologie droeg.

Taylor raakte zijn status als boeman van de psychotechniek al snel kwijt. Demarcatie ten opzichte van het taylorisme verdween midden jaren 1920 uit de propaganda van de psychotechnici. Het was niet meer nodig: door hun soort kennis en kundigheid te presenteren als het menselijke alternatief voor het taylorisme of het humane complement ervan hadden de psychotechnici inmiddels brede bekendheid verworven. De psychotechniek werd door velen verwelkomd als een veelbelovende poging om ook aan de mens in het arbeidsproces wetenschappelijke aandacht te geven.[41] Er waren bovendien geen voorstanders van een zuiver Taylorstelsel, en samenwerking met andere groepen professionals die het bedrijfsleven wilden infiltreren was belangrijker dan ze als stromannen te gebruiken. De discussie over het taylorisme in de jaren 1910 had vooral een overwinning voor de wetenschap opgeleverd. Zij die in beginsel sympathiek stonden tegenover het taylorisme hadden, onder leiding van de bedrijfskundig ingenieur J.G.Ch. Volmer, steeds het wetenschappelijke karakter ervan benadrukt. De persoon Taylor en zijn ideeën waren niet essentieel, en onderdelen van zijn systeem konden zonder bezwaar vervangen worden als daar wetenschappelijke argumenten voor waren. De critici, aangevoerd door de socialist en ingenieur Th. van der Waerden, vonden op hun beurt dat het taylorisme wel een 'duivels gewrocht' was,[42] maar dat elementen van het stelsel, zoals het systematisch verbeteren van gereedschap, ook aan de arbeiders ten goede zouden komen, omdat de productie, en dus de lonen, erdoor zouden stijgen. Liever dan door de bourgeoisie zagen de socialisten de bedrijven bestuurd door de wetenschap. Het taylorisme werd in Nederland niet als systeem geaccepteerd, maar wel als principe, dat van het wetenschappelijk bedrijfsbeheer. Zowel voor- als tegenstanders gaven zich moeite afstand te scheppen tussen Frederick Winslow Taylor en het 'scientific management'. Door Taylor te verwerpen, maar de toepassing van wetenschap op sociaal-economische problemen te omarmen, sloten de vroege psychotechnici zich dus in feite aan bij de eind jaren 1910 ontstane communis opinio.[43] Ze voegden zich bij andere nieuwe beroepsgroepen die zich, onafhankelijk van elkaar, toegang tot het bedrijfsleven probeerden te verschaffen. 'Het scientific management viel in losse onderdelen uiteen. Ingenieurs, accountants en psychologen [lees: psychotechnici—MD] wierpen zich op de brokken.'[44]

De verhouding die tussen psychotechniek en wetenschappelijk bedrijfsbeheer tot stand kwam kan worden geïllustreerd aan de hand van de 'Efficiencydagen' van 1936 in Den Haag, georganiseerd door het Nederlandsch Instituut voor Efficiency en het Nederlandsch Instituut voor Documentatie en Registratuur. De psychotechniek was vertegenwoordigd als tentoonstelling, gesitueerd op een aparte lokatie (in een schoolgebouw, de rest van het programma speelde zich af in de Ridderzaal), georganiseerd door een andere instelling (het Departement 's-Gravenhage van de Nederlandsche Maatschappij voor Nijverheid en Handel), maar de tentoonstelling werd wel aangeprezen op de laatste pagina van het programma van de Dagen; deelnemers ontvingen op vertoon van hun toegangskaart een reductie op de entree voor de psychotechnische tentoonstelling.[45]

De taak die de psychotechnici zich toeëigenden was het bepalen van de geschiktheid van werknemers. Personeelsselectie en vooral beroepskeuze-advisering werden de speerpunten van de Nederlandse psychotechniek. De leuze 'de rechte man op de rechte plaats' drukte uit dat het leed van werknemers verlicht kon worden en de winst van werkgevers vergroot wanneer de geschiktheid van de arbeider overeenkwam met de eisen van het werk. Dit was een beperkter program dan men oorspronkelijk had voorgesteld:[46] de vermoeidheidsstudies die Van Ginneken wilde inzetten tegen het 'jakkeren' verdwenen uit beeld, bijvoorbeeld. Ter Meulen en Van Hoorn menen dat deze zelfrestrictie een gevolg was 'van de gedachte, dat kapitaal en arbeid op deze terreinen, met name dat van de beroepskeuze-advisering, gemeenschappelijke belangen hadden',[47] iets dat vooral de katholieken aansprak. Dit harmonie-model was inderdaad een belangrijk element zowel in de psychotechnische propaganda als in de retoriek van het wetenschappelijk bedrijfsbeheer als geheel,[48] maar ook 'object-psychotechniek', zoals de ergonomische richting genoemd zou worden,[49] zou op die gronden verdedigd kunnen worden en dat gebeurde later ook.[50] In 1938 schreef Roels zelfs over het psychotechnisch onderzoek naar de effectiviteit van reclame dat 'ook op dit gebied welbegrepen eigen- en algemeen belang nagenoeg steeds evenwijdig loopen'.[51]

Dat de psychotechnici zich in het interbellum vooral met beroepskeuzeadvisering bezig hielden kan het best worden begrepen uit een samenstel van factoren. Er waren ten eerste eenvoudigweg te weinig psychotechnici om alle taken te vervullen die ze aanvankelijk hadden opgeëist. Gezien de weerstand onder de patroons tegen bemoeienis met de bedrijfsleiding door buitenstaanders, weerstand die de accountants, bedrijfskundigen en ingenieurs van het wetenschappelijk bedrijfsbeheer parten speelde,[52] was de keuze van het handjevol psychotechnici voor het beroepskeuzewerk zo gek nog niet. Het meest in het oog lopende aspect dat hun expertise onderscheidde van dat van bijvoorbeeld technisch ingenieurs was bovendien het feit dat psychotechnici kennis hadden van 'de menselijke factor' in het productieproces. Ook object-psychotechniek kon aan de arbeider-als-mens ten goede komen, maar dat was retorisch minder eenvoudig over te brengen. De psychotechnicus in het laboratorium, een jongeling voor hem aan een tafel, aandachtig bezig met een puzzel-achtig apparaat: het was een beeld dat vele malen werd geschetst in stukken van psychotechnici en in krantenverslagen, een beeld waarin de band tussen mens en psychotechniek onmiddellijk duidelijk was. Het sloot tevens aan bij het toen al gangbare idee van de psycholoog als iemand die door je heen kijkt en kan zien wie je werkelijk bent.[53] De humaniserende bedoelingen van iemand die de verlichting in een werkplaats onderzoekt zouden minder duidelijk zijn geweest. Directe bemoeienis met mensen paste het best in de retorische oppositie van materie/machine versus ziel/mens die de psychotechnici telkens opvoerden. Ten slotte was de beroepskeuze-advisering door haar pedagogische karakter een voor de hand liggende praktijk om psychotechnisch te hervormen. Katholieke psychologen waren reeds actief op het gebied van onderwijs en jeugdzorg, en konden hun psychotechnische activiteiten daaraan koppelen.[54] Hetzelfde gold voor de protestanten, die in 1927 een Psychotechnisch Laboratorium aan de Vrije Universiteit oprichtten onder leiding van Jan Waterink. De Dr. D. Bos-stichting waar Brugmans en Prak[55] werkzaam waren was een 'Sociaal-paedagogisch Instituut' dat de bevordering van de vrije volksontwikkeling tot doel had.

De psychotechnici waren niet de eersten die zich met beroepskeuze bemoeiden. Er bestonden sinds de jaren 1910 commissies van advies bij beroepskeuze bestaande uit artsen, onderwijzers, vertegenwoordigers van de plaatselijke industrie, bonden. De psychotechnici moesten de meerwaarde van hun soort kennis laten zien en zich een plaats verwerven binnen of naast de bestaande beroepskeuze-praktijk. De meeste, en meest interessante demarcatie-arbeid rond de psychotechniek in het interbellum betrof dan ook de beroepskeuze-advisering. Dat werk staat hier centraal.

De jongere

Een vast onderdeel in de vroege propaganda voor de psychotechniek was het tonen van de noodzaak van professionele bemoeienis met het kiezen van een beroep. Prak formuleerde de opvatting van de psychotechnici ten aanzien van de beroepskeus van de Nederlandse jongere wellicht het meest pregnant: het was een 'chaos, door het meest blinde toeval geregeerd'.[56] Zijn collega's uitten zich in soortgelijke termen. Volgens Roels kozen de jongelui maar lukraak en kwam beroepskeus over het algemeen neer op raden.[57] Ook Brugmans kon er geen werkelijke orde in ontdekken: 'De beroepskeus is tot nu grootendeels bepaald door het toeval.'[58] Ondanks alle chaos en toevalligheid konden de psychotechnici echter wel beschrijven op wat voor gronden jongeren een beroep kozen. Geld was een belangrijke reden, wist men, evenals traditie (het beroep van de vader), sociale klasse, wensen van de ouders, 'oppervlakkige neigingen', en welke beroepen men toevallig kende. Desondanks verschilde de bestaande praktijk 'van volstrekte anarchie in de kern weinig'.[59]

Deze ordeloosheid had verschrikkelijke gevolgen — voor de arbeiders, voor het bedrijfsleven en voor de maatschappij als geheel. Arbeiders die een beroep hadden gekozen waar ze niet geschikt voor waren hadden een 'kommervol bestaan', vol 'tobben' en 'lijden'.[60] Wanneer niet de rechte man op de rechte plaats kwam ondervonden de bedrijven daar natuurlijk ook schade van, dat had Taylor al ingezien. En als zowel werknemers als werkgevers baat hadden bij een rationele beroepskeus, dan was dat ook goed voor de gehele maatschappij. Per slot van rekening ging er een hoop talent verloren bij de anarchistische beroepskeuze. Rationele beroepskeuze was dan ook in het belang van zowel gemeenschap als enkeling.[61] Op het Nationaal Congres voor Beroepskeuze in 1925 had men dit idee verwoord op spandoeken, aangebracht in de congresruimte: 'De gemeenschap heeft belang bij de ontplooiing aller talenten', 'Hoe nuttiger de mensch, hoe welvarender het land', 'arbeid zij geluk'.[62]

Dat de bestaande praktijk een volstrekte chaos was, betekende ook dat elk ingrijpen een verbetering zou zijn. De psychotechnici lieten niet na te benadrukken dat het invoeren van psychotechnische methoden, ondanks de onvermijdelijke onvolkomenheden die aan zo'n jeugdige discipline kleven, altijd gunstige gevolgen zou hebben. Roels pleitte in 1919 voor 'een rationeele regeling der beroepskeus voor de hoogere vakken'.[63] Ondanks de nog geringe ontwikkeling van zelfs de psychotechniek der lagere vakken, moet er toch nodig een begin mee worden gemaakt, omdat 'elke dag uitstel het geestelijk kapitaal, waarmede individu en maatschappij bij een rationeele regeling der beroepskeus voor de hoogere vakken zijn betrokken, op een ontzaglijk verlies aan rente komt te staan'.[64] Prak signaleerde in 1926 nog steeds huiver voor het selecteren van hoger personeel met psychotechnische middelen, maar meende dat er twee redenen waren om er toch mee te 'experimenteren': het succes in het buitenland en de onbetrouwbaarheid van het alternatief, de traditionele methoden.[65]

De psychotechnici waren het eens over de kenmerken van een rationele beroepskeuze. Om de chaos, het toeval en de oppervlakkigheid te vermijden moest de keuze gebaseerd zijn op de geschiktheid voor het beroep. Elk vak stelde bepaalde eisen aan lichamelijke en psychische functies en aan het karakter; voldeed men aan die eisen, dan was men 'de rechte man'. De voorstelling die de psychotechnici maakten van de arbeidsmarkt is te vergelijken met het kinderspeelgoed waarbij verschillend gevormde houten blokjes in een bord met gaten van verschillende vorm gedaan moeten worden.[66] Het was een puzzel met één oplossing. De uitdrukking 'de rechte man op de rechte plaats' werd door de psychotechnici dankbaar in het vocabulair opgenomen als aanduiding van dit beeld. De psychotechniek was niets om zich zorgen over te maken, benadrukte Van Ginneken: 'Welnu, ons nieuw devies is nu niets anders dan het ouderwetsche spreekwoord: De rechte man op de rechte plaats. Het eenig maar dan ook echt revolutionnaire ligt in de toepassing: (..) dat wij ook hierin de wetenschap in de armen nemen, die ons met betrekkelijk geringe moeite dat allemaal van te voren en precies zeggen kan.'[67] Het motto functioneerde als *boundary concept*, als gemeenplaats die tegelijk voldoende bekend en voldoende vaag was om de diverse bij de beroepskeuze betrokken groepen te binden. Enerzijds verbond het de psychotechnische onderneming met het alledaagse leven, waar de uitdrukking vandaan kwam, met de bestaande beroepskeuze-praktijk, waar ze al in gebruik was, en met de Amerikaanse en Duitse psychotechniek, de grote voorbeelden, die eveneens 'the right man on the right place' en 'den richtigen Mann am richtigen Platz'

Roels, getekend in 1922 door Joan Collette naar aanleiding van Roels' benoeming tot hoogleraar aan de Rijksuniversiteit Utrecht Foto collectie ADNP

wensten.[68] Anderzijds liet het motto verschillende interpretaties toe. Wat nu precies geschiktheid inhield, en vooral hoe die bepaald diende te worden was in het interbellum het onderwerp van verhitte discussies tussen beroepskeuze-adviseurs en psychotechnici, maar ook tussen psychotechnici onderling, zoals hieronder duidelijk zal worden.

'De rechte man op de rechte plaats' was het antwoord op de andere gemeenplaats in de demarcatie-retoriek van de psychotechnici: de chaos op de arbeidsmarkt. Deze topos had dezelfde functie als Heymans' schildering van de chaos in de moderne samenleving en in de hoofden van de mensen: ze koppelde het belang van de psychotechniek aan algemeen ervaren zorgen. De psychotechnici zogen deze problemen evenmin als Heymans uit hun duim: er waren niet voor niets al tien jaar eerder commissies voor beroepskeuze opgericht. Over de ruwe omtrekken van de diagnose bestond brede overeenstemming. De snelle veranderingen in de industrie, waaronder automatisering en ontscholing en het ontstaan van vele nieuwe beroepen, maakten het noodzakelijk in te grijpen in de beroepskeuze en selectie van arbeiders.[69] De psychotechnici gaven wel hun eigen wending aan deze gemeenplaats. De chaos was een gevolg van het veronachtzamen van geschiktheid, en geschiktheid was een psychologisch, of in ieder geval psychotechnisch begrip. 'De rechte man op de rechte plaats' ondersteunde deze interpretatie door haar te verbinden met volkswijsheden, met (de goede elementen van) het taylorisme, met de bestaande beroepskeuze-praktijk en met de succesvolle Amerikaanse en Duitse psychotechniek.

De bij Heymans zo dikwijls te vinden 'wij-constructie' is in de psychotechnische retoriek zeldzaam. Dat is gezien de aard van de gebruikte gemeenplaats niet verwonderlijk. De reflexiviteit die het spreken in de eerste persoon meervoud introduceert, zou in dit geval grievend zijn geweest. Door te stellen dat wij allen psychologen zijn, zij het geen wetenschappers, zal Heymans zijn publiek eerder gekieteld dan beledigd hebben. Maar de analoge stelling in het geval van de psychotechniek, 'wij hebben allemaal een beroep gekozen, doch lukraak en waarschijnlijk verkeerd', zou minder goed zijn gevallen. De psychotechnici zagen zich geconfronteerd met een retorische taak die door Mulkay, Pinch en Ashmore is geformuleerd als 'criticism without offense'.[70] Wie haar expertise in praktijk wil brengen, zal de praktijk moeten overtuigen dat die expertise nodig is, dat er wat te verbeteren valt; tegelijk mag het publiek niet worden geschoffeerd door de kritiek. Een van de bewegingen in het 'clever rhetorical footwork'[71] dat Mulkay en collega's observeerden was het scheppen van ruimte tussen de problemen en de mensen in de praktijk. Er werd zelden een direct verband gelegd tussen het aangesproken publiek en de onvolkomenheden van hun werk.[72] De psychotechnici vermeden eveneens hun publiek direct op zijn fouten te wijzen. De wanorde op de arbeidsmarkt werd in felle kleuren getekend, maar het beeld was nooit van toepassing op het publiek, en zeker niet op de psychotechnici zelf. Publiek en psychotechnici deelden, in de retorica van de psychotechnici, een buitenstaandersperspectief: iedereen zag de chaos, maar anderen maakten er deel van uit.

De dilettanten

Op het moment dat de psychotechniek in Nederland op het toneel verscheen, waren er al mensen die zich bezighielden met het bepalen van de aanleg: de beroepskeuze-voorlichters. Voor zover dezen geen gebruik maakten van de psychotechniek, konden ze rekenen op felle demarcatie-retoriek. Het verwijt was nu niet dat hun praktijken volledig onordelijk waren, maar dat ze de verkeerde, want onwetenschappelijke, methoden gebruikten. 'Prutsmethoden' waren het, meende Prak.[73] 'Geliefhebber', oordeelde Van Ginneken;[74] 'dilettantisme' vond Brugmans.[75]

Het dilettantisme begon echter al bij de leken. Men koos niet altijd 'maar lukraak' een beroep: soms trachtte men wel degelijk de eigen geschiktheid te bepalen. 'Zelf-beoordeling', noemde Prak het,[76] en hij citeerde empirisch, psychologisch onderzoek waaruit was gebleken dat die zelfbeoordeling niet betrouwbaar is. Gunstige eigenschappen overschatte men bij zichzelf, ongunstige werden onderschat. Roels vond het weliswaar nuttig dat de jongeman over zichzelf nadacht, want dat kweekt zelfkennis, maar tot enigszins nauwkeurige kennis van de eigen aanleg leidde dat zelden.[77] Ook het beoordelen van eigen 'neigingen', naast 'aanleg' de andere hoofdvoorwaarde voor geschiktheid, was boven de macht van de leek. De meeste mensen willen van alles, hebben meerdere neigingen, zo legde Brugmans uit. 'Men zal zich rekenschap moeten geven van wat het zwaarste weegt. Dit is nu zelfs voor volwassenen en ontwikkelde mensen zeer moeilijk: zelfkennis is een moeilijke kunst'.[78] Daarbij komt dat de keus vooral gebaseerd moest zijn op de 'diepste, meest duurzame neigingen',[79] niet op 'een enkel, toevallig bovendrijvend motief'.[80] Daarvoor miste de gemiddelde beroepskandidaat, en zeker de 12- tot 14-jarige pubers die het merendeel vormden, voldoende 'secundaire functie', zo stelde hij met een term uit Heymans' temperamentenleer. Zelfs de meer ontwikkelde en gerijpte kandidaten gedroegen zich nog 'als uiterst primaire menschen, d.w.z. handelen onder de souvereiniteit van het oogenblik'.[81]

De meeste aandacht van de psychotechnici ging uit naar hun professionele concurrenten: beroepskeuze-adviseurs en personeelsfunctionarissen. Wat de beroepskeuze betreft hadden ze er beslist begrip voor dat men alvast begonnen was, zonder de psychologie. De sociale wetenschappen lopen nu eenmaal altijd achter de praktijk aan, legde Van Ginneken uit.[82] Dat die praktijk er al was, liet juist de enorme behoefte aan goede beroepskeuze-voorlichting zien.[83] Desalniettemin was het een zorgwekkende ontwikkeling. 'De schrik slaat iemand toch wel eens om het hart, als men ziet, dat Jan en alleman, dikwijls met belachelijk weinig zielkundige kennis van de beroepen en den aanleg en de geschiktheid van de menschen, die er naar solliciteren, zich maar geroepen acht van advies te dienen.'[84] Deze 'voorwetenschappelijke' of 'onwetenschappelijke' initiatieven maakten de inzet van de psychotechniek des te noodzakelijker. De bestaande bureaus voelden zelf trouwens ook al de behoefte aan een 'hechte grondslag'.[85] 'Ook in de beroepskeuze moeten wij dus niet als gevangen visschen blijven hangen in het warrelnet der uit de praktijk opgekomen noodwendig onwetenschappelijke pogingen. De praktijk was hier voor. Dat bewijst, in hoe gewichtige behoefte de wetenschap hier heeft te voorzien. Wij moeten mee met de nieuwste, veel zekerder, veel veiliger, veel meer belovende *wetenschappelijke* resultaten.'[86]

Het onwetenschappelijke van de bestaande praktijk werd aangeduid met diverse termen. Men werkte met 'levenskennis' en 'ervaring', wist Van Ginneken. 'Min of meer gelukkige flair', voegde Brugmans er aan toe.[87] Zowel door psychotechnici als door de professionals zelf werden echter vooral de termen 'intuïtie' en 'menschenkennis' gebruikt, dikwijls in de combinatie 'intuïtieve menschenkennis'. De strijd met de professionals, en tussen de psychotechnici onderling, ging over wat intuïtie (en mensenkennis, en intuïtieve mensenkennis) kòn, en hoe zij verdeeld was, of behoorde te zijn.

Adviseurs versus psychotechnici

Een van de fanatiekste opponenten van de bemoeienis van de psychotechniek met de beroepskeuze-voorlichting was Anna Polak. Als directrice van het Nationaal Bureau voor Vrouwenarbeid gaf ze al sinds 1912 beroepskeuze-voorlichting aan vrouwen. In al die jaren, schreef ze in 1922, had ze nog nooit het gemis gevoeld van psychologische voorlichting of psychologische bijstand.[88] Het enige dat de voorlichter nodig heeft is 'economisch-maatschappelijke georiënteerdheid' (waarmee ze kennis van beroepen bedoelde) en 'intuïtieve menschenkennis'. Ze formuleerde deze stellingen in antwoord op Brugmans' pre-advies inzake beroepskeuze-voorlichting,[89] waarin deze had gepleit voor een vooral op de psychotechniek gebaseerde, landelijk georganiseerde beroepskeuze-voorlichting. 'Het heeft geen zin om stil te staan bij organisatie-gedachten die, hoe goed ook bedoeld, niet gegroeid zijn uit psychologische overwegingen.'[90] In haar kruistocht tegen de psychotechniek[91] herhaalde Polak telkens weer drie argumenten. Ten eerste stelde ze dat psychotechnische voorlichting alleen mogelijk zou zijn als van alle bestaande beroepen de vereisten bekend waren. Immers, psychotechnische beroepsvoorlichting was gebaseerd op het afstemmen van de vereisten van de beroepen en de wezenlijke aanleg en neigingen van de kandidaten. Als men niet van alle beroepen de vereisten kent, zou het dus kunnen gebeuren dat het voor de kandidaat meest geschikte beroep nog niet geanalyseerd is. Dat lijkt een bezwaar van tijdelijke aard, maar Polak was niet hoopvol wat de analyse van alle bestaande beroepen betreft. Het was een blijvend probleem, 'wegens de aard zelf der beroepen: de veelheid, de vaagheid, de onvatbaarheid om gemeten te worden, de tegenstrijdigheid vaak der vereischten, waaraan de beoefenaar heeft te voldoen'.[92] Beroepen zijn bovendien geen 'onveranderlijke grootheden'.[93] Ten tweede waren de kandidaten zelf doorgaans evenmin onveranderlijk. De beroepskeuze viel over het algemeen rond het veertiende jaar, en Polak achtte het 'algemeen bekend' dat er 'juist in die periode gewichtige veranderingen plaats grijpen in het menschelijk organisme en de menschelijke psyche'.[94] Dat liet de mogelijkheid open dat er bij oudere kandidaten (17 à 18) met meer succes getest kon worden, maar er bleef een derde bezwaar: de psychotechniek hield slechts rekening met aanleg, volgens Polak, niet met 'de gebieden van verlangen en van omstandigheden',[95] even essentieel. Onder omstandigheden verstond ze al die factoren die door de psychotechnici waren afgedaan als de irrationele gronden voor beroepskeus. Heeft het wel zin, vroeg ze zich af, om iemand te vertellen dat ze 'een voortreffelijk tuinbouwkundige zou zijn, terwijl in òns land een meisje in dat vak het zout in haar eten niet verdient?'[96] Uit haar ervaring als beroepsvoorlichter gaf ze vervolgens een groot aantal voorbeelden, waaruit bleek dat in het gros van de gevallen, zeker waar het meisjes betrof, het juist de 'omstandigheden' waren en niet de geschiktheid, die de beperkende factor vormden bij beroepskeuze. Was eenmaal een beroep gekozen, dan was het vooral de 'werkomgeving', collega's en baas bijvoorbeeld, die bepalend waren voor het succes in het beroep.

Polaks kritiek was een directe aanval op het psychotechnische model van beroepskeuze, waarin op basis van psychotechnische analyses van beroepen en dito keuring van de kandidaat, eenvoudigweg aan de kandidaten wordt medegedeeld 'in welk vakje ze passen, gelijk een blokje in een legkaart'.[97] De vorm van haar argumentatie was dienovereenkomstig verschillend van die van haar opponenten. Zeker in de eerste jaren was de propaganda van de psychotechnici enigszins abstract van aard: men sprak over wat de psychotechniek zou kunnen gaan betekenen, men beredeneerde de waarde ervan deductief op grond van principes zoals wetenschappelijkheid en rationaliteit, en herhaalde eindeloos de afkomstgeschiedenis van het vak, die zich in het buitenland had afgespeeld.[98] Polak daarentegen kon bogen op een lange staat van dienst in de beroepskeuze-advisering, vertelde breeduit over de resultaten die haar Nationaal Bureau al had bereikt en ondersteunde haar argumenten met talloze 'voorbeelden uit het volle leven',[99] die dikwijls meer dan de helft van haar stukken vulden. Terwijl de psychotechnici de bestaande praktijk in algemene termen als een warboel schilderden waar nodig de bezem door moest, beschreef Polak in concreto een wereld die nu eenmaal complex was, en waarin de adviseur zo goed en zo kwaad als het ging de kandidaten moest begeleiden. In Polaks beroepskeuze-wereld, waarin beroepen veranderlijk zijn en niet volledig analyseerbaar, en waarin aanleg minder belangrijk is dan verlangens en omstandigheden, was het dan ook niet de psychotechniek die kandidaat en beroep koppelde, maar de intuïtieve mensenkennis.

Brugmans ging in zijn antwoord[100] niet op Polaks argumenten tegen de psychotechniek in. Haar alternatief weigerde hij serieus te nemen. 'Beschikt Juffrouw Polak over een intuïtieve menschenkennis, die steeds uitgaat boven wat de hedendaagsche psychologie met haar onderzoeksmethoden aan resultaat kan geven, en is deze zelfbewuste intuïtie dan bovendien van dezen aard, dat zij zichzelf kan vergelijken met een wetenschap en laatstgenoemde als overbodig ter zijde mag stellen? Een merkwaardige intuïtie!'[101]

Jacob Luning Prak nam het gevaar minder licht op. Onvermoeibaar streed hij in het interbellum tegen het 'dilettantistische geliefhebber met de intuïtieve menschenkennis' in beroepskeuze en personeelsselectie.[102] Zijn radicale standpunt zette niet alleen de moeizame relatie tussen psychotechniek en beroepskeuze-praktijk op scherp, maar bracht ook de tegenstellingen tussen psychotechnici onderling aan het licht. Prak opende de aanval met zijn proefschrift. Sterker nog dan de andere psychotechnici schiep hij daarin een contrast tussen de wereld van chaos, anarchie, toeval, vaagheid, subjectiviteit en ficties van de leken en mensenkenners, en de objectieve, heldere, neutrale en redelijke wereld van de psychotechniek. Net als de andere psychotechnici ergerde Prak zich mateloos aan de volstrekt irrelevante gronden waarop mensen een beroep kozen of personeel selecteerden. Maar al te vaak hadden die gronden niets van doen met geschiktheid. Prak onderscheidde zich echter van de anderen door veel gedetailleerder kritiek op de wijzen waarop de leken geschiktheid trachten te bepalen, als men zich daar wel op baseerde. Methoden als zelfbeoordeling, beoordeling door anderen en het persoonlijk onderhoud (het sollicitatie-gesprek) confronteerde hij met experimenteel psychologisch onderzoek waaruit onveranderlijk bleek dat de zo verkregen oordelen nogal verschilden tussen beoordelaars, en dus betrouwbaar noch valide waren. 'Het oordeel, door de beste 'deskundigen' na een persoonlijk onderhoud volgens eigen 'beproefde' methode gehouden (..) blijkt in praktische bruikbaarheid niet veel efficienter dan de toevalsbeslissing van een blindeman.'¹⁰³ En als 'deskundigen' het onder ideale, experimentele omstandigheden al niet konden, dan was het in het dagelijks leven al helemaal onmogelijk: 'Uit al deze gegevens mogen we met vrij groote zekerheid concludeeren, dat het oordeel van de eenen mensch over den anderen veel minder betrouwbaar is, dan in de levenspraktijk gewoonlijk wordt aangenomen.'¹⁰⁴

Praks radicale kritiek op het lekenoordeel riep weerstand op, vooral van de kant van onderwijzers en beroepskeuze-adviseurs, twee categorieën professionals die zich niet graag als leken zagen afgeschilderd. Zeker niet op de hoge toon van Prak. Zijn stijl weerspiegelde zijn opvattingen: hij kan beschouwd worden als de eerste Nederlandse psycholoog die ironie en cynisme beheerste. Praks scherpe retoriek was echter enigszins contra-productief. Zijn proefschrift werd zelfs door collega-psychotechnici en medestanders 'militant' en 'aggressief' gevonden.¹⁰⁵ De psychiater Godefroy vond het boek weliswaar 'onderhoudend',¹⁰⁶ maar had de 'gepassioneerde en polemische geest' uiteindelijk toch 'te vermoeiend' gevonden.¹⁰⁷ In 1938 constateerde E.J. Dijksterhuis in een later werk nog steeds 'grootste stelligheid',¹⁰⁸ en beval de auteur aan zijn meningen wat meer te onderbouwen, omdat dat meer indruk zou maken op kritische lezers.¹⁰⁹

Jacob Luning Prak in 1952 bij het 25-jarig jubileum van zijn assistent Vastbinder
Foto collectie ADNP

Namens de beroepskeuze-voorlichters bond E.J. van Det de strijd met hem aan. In 1922 had hij, in de *Socialistische gids,* de psychotechniek nog geprezen als de noodzakelijke correctie van Taylor's mechanische visie op de arbeider. 'De wetenschap van het psychologisch onderzoek' was ook in het belang van de arbeider, die zo 'in staat wordt gesteld zichzelf te leeren kennen en met bewustheid de plaats in te gaan nemen, die het meest met zijn innerlijke geaardheid oveeenstemt'.¹¹⁰ De psychotechniek beschreef hij als een belangrijk onderdeel van de 'wetenschap der voorlichting bij beroepskeuze'.¹¹¹ Vier jaar later, geconfronteerd met Praks compromisloze houding, was zijn mening veranderd. De psychotechniek, meende Van Det, had de praktijk weinig tot niets te bieden: ze kwam telkens met 'vodderige boekjes' met beroepsanalyses, die altijd over dezelfde beroepen gingen (telefoniste, machine-schrijver), en elkaar dikwijls tegenspraken, terwijl er onder psychotechnici ook nog eens strijd over de juiste methoden heerste. Bovendien liep men chronisch achter: zo waren handzetters (een ander vaak geanalyseerd beroep) inmiddels vervangen door machine-zetters. Geen wonder dat Van Det van deze meneer met zijn boekenwijsheid ('Is hijzelf niet een leek op het gebied der Voorlichting bij de beroepskeuze?'[112]) niet wenste te accepteren dat hij, de professional, met een leek vergeleken werd. 'Zoiets wordt nota bene gezegd over de eenige groep van personen, die sedert eenige jaren het geven van adviezen als beroep uitoefenen en die zeker niet nagelaten hebben alle kanten hunner beroeps*wetenschap*, ook de psychologische, te bestudeeren.'[113] Op Praks suggestie dat het beter was géén beroepskeuze-advies te geven dan advies dat niet psychotechnisch goedgekeurd was, antwoordde hij in het geheel niet.

Praks 'huidige chaos' was dus volgens Van Det, net als volgens Polak, een moeilijke, maar noodzakelijke praktijk, waarin professionals hun uiterste best deden om verantwoord advies uit te brengen. Het begrip 'intuïtie' kreeg bij hem een dienovereenkomstige invulling: 'De heer Prak denkt zeker, dat een beroepsadviseur meent op het eerste gezicht te mogen oordeelen. Hij neemt het woord intuïtie in den grof alledaagschen zin, waarin het zowat gelijkstaat met raden. Wij bedoelen er echter mede het *samenbindend* denken.'[114] Bij het relateren van alle gegevens (verkregen van ouders, school, en tests) 'helpt 't intuïtief vermogen, dat den een meer, den ander minder eigen is. Dit is misschien het meest waardevolle in den menschelijken geest'.[115] Intuïtie was een soort onbewuste deductie, legde Van Det uit.

Prak, Polak en Van Det hadden elkaar voor deze pennestrijd al getroffen op het Nationaal Congres voor Beroepskeuze, gehouden op 29 en 30 december 1925 op initiatief van de vereniging van 'neutrale', dat wil zeggen niet protestantse of katholieke beroepskeuzeadvies-bureaus, de Vereeniging tot Bevordering der Voorlichting bij Beroepskeuze, voorgezeten door Van Det. Uit het verslag wordt duidelijk dat de opvattingen van Van Det en Polak die in de beroepskeuzewereld als geheel weerspiegelden.[116] Vakbondslieden, vertegenwoordigers van werkgevers, directeuren van beroepskeuzebureaus en arbeidsbeurzen, allen benadrukten de complexiteit van het probleem, de vele factoren die naast geschiktheid een rol spelen bij het kiezen van een beroep, de noodzaak van grondige kennis van de arbeidsmarkt, en de synthetische vaardigheden die het beroep van beroepskeuze-adviseur om die redenen vereist. Prak was een roepende in de woestijn: hij was niet uitgenodigd om te spreken en kon niet meer doen dan, in reactie op een van de lezingen, de belangrijkste argumenten uit zijn juist verschenen proefschrift opsommen. Na twee keer door Van Det vermaand te zijn dat zijn spreektijd beperkt was, stelde hij wat schriftelijk materiaal ter inzage beschikbaar.

Praks commentaar betrof de lezing van Roels, zijn psychotechnische tegenpool. Roels maakte van 'intuïtie' een begrip dat psychotechnici en beroepskeuze-adviseurs niet verdeelde, maar juist verbond. Hij legde er tevens de basis mee voor de retoriek die de oprichting van het NIPP zou begeleiden: 'intuïtie' bleek zowel geschikt om een band te scheppen tussen psychotechnici en andere professionals, als om de expertise van psychotechnici af te bakenen en te institutionaliseren.

Prak versus Roels

Roels was, zeker in het begin van zijn bemoeienissen met de psychotechniek, dikwijls even kritisch over 'mensenkennis', 'intuïtie', en de bestaande praktijken als Prak. Hij laakte het 'aan superstitie grenzend geloof aan de mirakelen der intuïtie',[117] het gebrek aan 'zielkundige kennis' bij beroepskeuze-adviseurs[118] en de irrationele wijze waarop de jeugd haar toekomstig beroep koos. Maar anders dan Prak, die de intuïtie categorisch afwees, bleek Roels bereid tot een compromis. In 1919 noemde hij mensenkennis een 'gave', die echter helaas maar weinig mensen bezitten ('menschenkennis is o, zoo dun gezaaid'[119]). Hij voegde er, in een voetnoot, aan toe: 'Ik onderschat de beteekenis, die intuïtie en instinctief tactgevoel voor het begrijpen en behandelen van het eigen psychisch leven en dat van anderen bezitten, geenszins, maar ik ben toch van oordeel, dat een wetenschappelijk gefundeerde psychologie er nog wel wat leemten in zal kunnen vinden'. Met instemming citeerde hij de opvatting van de Duitse psychologen Messer en Spranger, die meenden dat de psychologie de mensenkennis zou kunnen *'klären, berichtigen und erweitern'*.[120]

Roels nam van Stern het onderscheid tussen 'psychognostiek' en 'psychotechniek' over, waarbij hij de eerste uitlegde als 'wetenschappelijke menschenkennis'.[121] In een lezing voor schoolartsen[122] in datzelfde jaar legde hij uit dat dit geen oxymoron was. Het argument dat mensenkennis over verschillen tussen mensen gaat, en wetenschap altijd het algemene betreft, was niet steekhoudend: psychognostiek deed eenvoudigweg algemene uitspraken over verschillen. Maar was de methode wel wetenschappelijk? Roels meende immers dat 'de psychische verschijnselen in hun vollen omvang slechts voor de innerlijke waarneming blootliggen',[123] en introspectie was toch zeker onbetrouwbaar? 'Een dergelijk bezwaar kan alleen maar tegen de prae-kritische zelfwaarneming der populaire, niet tegen de systematische of experimenteele introspectie der wetenschappelijke psychologie worden ingebracht',[124] antwoordde Roels. In handen van goed geschoolden en gecombineerd met bepaalde experimentele condities kon introspectie wel degelijk wetenschappelijke kennis over verschillen tussen mensen opleveren. Roels gaf toe dat de psychognostiek dan tot normale volwassenen (de geschoolde zelfwaarnemers) is beperkt. Om kennis te verkrijgen over 'psychisch abnormalen en kinderen'[125] kon men zijn toevlucht nemen tot de 'Einfühlung'. Einfühlung is weliswaar een voorwetenschappelijke methode, maar 'het zou wel een wonder zijn, wanneer de wetenschappelijke psychologie een methode, die met zooveel succes in de praktijk van het dagelijksch leven aan het werk is, niet aan haar behoeften had pasklaar gemaakt'.[126] 'Zelfkennis en menschenkennis zijn daartoe onontbeerlijke vereischten. Wij hebben ons psychisch verleden en de donkere hoekjes onzer persoonlijkheid slechts na te zoeken om er het equivalent eener bizarre gedachte of van een, op het eerste gezicht, onverklaarbare handeling terug te vinden.'[127] Waar Prak onvermoeibaar de mensenkennis bestreed,[128] dacht Roels dus eerder aan een vruchtbare omgang tussen psychologie enerzijds, en mensenkennis en intuïtie anderzijds. Er was wel een grens tussen beide, maar het grensverkéér was essentieel.

Roels' antwoord op de gebrekkigheid van het lekenoordeel was geen radicale afwijzing, maar een poging om de leek met psychologische middelen een handje te helpen. Het belangrijkste hulpmiddel dat hij daartoe ontwikkelde, was een vragenlijst die onderwijzers moest assisteren bij het bepalen van de aanleg van hun pupillen. Net als de andere psychotechnici legde Roels sterk de nadruk op het belang van aanleg bij beroepskeuze. Voorlichting over beroepen was weliswaar nuttig, maar kon al snel leiden tot onderschatting van de innerlijke factoren.[129] Voor het bepalen van aanleg zag Roels een belangrijke rol weggelegd voor onderwijzers: 'De onderwijzer op de lagere school, de leeraren op het gymnasium en de hoogere burgerschool, zijn de aangewezen personen voor het onderzoek. Het zal hun weinig moeite kosten om de ervaringen, die zij dag in, dag uit, toch al opdoen, op een dergelijke wijze voor de toekomstige beroepskeus der aan hun zorg toevertrouwde kinderen vruchtbaar te maken.'[130]

Twee jaar later verscheen de *Handleiding voor psychologisch onderzoek op de school*, die hij samen met de psychiater en theoloog J. van der Spek samenstelde. Uit de inleiding sprak louter behulpzaamheid en goede wil: 'De persoonslijst die wij hier den onderwijzers aanbieden, heeft geen ander doel dan het geheel van eigenschappen en vaardigheden: physische, psychophysische en psychische, die bij mogelijkheid maar voor den aanleg van gewicht kunnen zijn, in zijn componenten te ontleden. En dat alleen al maakt een onderzoek naar den aanleg en de geschiktheid al veel gemakkelijker. Men staat niet meer voor een bijna onontwarbaar complex met het gevoel van onmacht, dat men eigenlijk niet weet, waar te beginnen.'[131] Het ging hier om het 'bevruchten' van de 'alledaagsche ervaringen' van de onderwijzer met 'psychologische waarnemingen'.[132] En het was ook allemaal zo handig en gemakkelijk. De auteurs gaven de beste 'observatie-gelegenheden' aan voor elke vraag; de lijst had voorgedrukte alternatieven die slechts onderstreept hoefden te worden; voor de gevallen waarin 'observatie alleen niet al te duidelijk spreekt of quantitatieve gegevens gewenst zijn'[133] werden tests gesuggereerd; en ook voor die tests hoefde men nauwelijks moeite te doen: 'Een uiterst goedkoop experimenteerkastje met het benoodigde materiaal voor deze onderzoekingen, zal binnenkort in den handel worden gebracht'.[134] Hier werd de leek niet uitgescholden, maar welwillend geholpen; het lekenoordeel niet belachelijk gemaakt, maar voorgestructureerd.

Prak besteedde in zijn proefschrift een heel hoofdstuk aan de persoonslijsten, en noemde Roels daarbij met name. Het ging hier dan ook om een 'kardinale fout',[135] een 'absoluut waardeloos hulpmiddel'.[136] Prak wees nog maar een keer op de onbetrouwbaarheid van lekenobservatie, zoals die gebleken was uit empirisch onderzoek. Die betrouwbaarheid zou zeker niet groter worden als men de leek opzadelde met een vragenlijst die gesteld was in technische termen (zoals 'analytisch' en 'synthetisch'), die een leek niet kon begrijpen. Bovendien was niet duidelijk of 'de gestelde vragen werkelijk verschijnselen betreffen, die voor ruwe waarneming in aanmerking komen'.[137] Psychotechniek en mensenkennis waren niet zo compatibel als Roels dacht; een vragenlijst maakte van een leek nog geen wetenschappelijk observator. Kon men werkelijk verwachten dat een onderwijzer, 'in den regel minder intelligent, minder algemeen ontwikkeld'[138] dan de wetenschappelijke observator, zou kunnen oordelen over de complexe en slechts indirect waarneembare processen in de psyche? Er was geen tussenweg tussen wetenschap en mensenkennis: de enige betrouwbare, werkelijk wetenschappelijke observatiemethode was het experiment, waar Prak overigens ook de test onder verstond. Het experiment, dat van 'psychologen' en 'totaal onbevoegde leeken'[139] zo veel kritiek moest verduren, was onder andere objectief, exact en herhaalbaar, de resultaten waren onderling vergelijkbaar, en de experimentator was een geschoolde vakman. Bovendien was de wetenschappelijke methodiek overdraagbaar, anderen konden het leren. 'Intuïtieve menschenkennis' daarentegen was een uiterst zeldzame, moeilijk over te dragen kunst. Prak zag dan ook maar één mogelijkheid om de school een rol te geven in het bepalen van de aanleg van kinderen: via een grondige scholing van toekomstige onderwijzers in psychologie, pedagogie en kinderpsychologie. De onderwijzers zouden dan zelf tests kunnen afnemen. De grens tussen psychologie en mensenkennis bleef intact en ondoordringbaar; men was of wetenschapper, of leek. Mits grondig opgeleid kon men part-time aan wetenschap doen, maar mensenkennis bevrucht door de psychologie kon slechts een monster voortbrengen.

Roels stond, ondanks zijn kritiek op intuïtie en mensenkennis, een vriendschappelijke relatie tussen psychotechnicus en leek, met name de professional, voor. Er was wel degelijk een grens tussen psychotechniek en leek, maar die grens moest open zijn. De retoriek die nodig was om zo'n grens te trekken was een stuk complexer dan Praks onverzoenlijke proza. Roels blonk uit in de enerzijds-anderzijds stijl van redeneren en buitte daarbij vooral de vaagheid en ambivalentie van het begrip 'intuïtie' uit. Een zeker 'je ne sais quoi' werd (en wordt nog steeds) geacht intuïtie te kenmerken: een wat mysterieuze wijze van begrijpen, waarvan niemand precies het mechanisme kent; vooral te vinden bij vrouwen, kunstenaars en andere gevoelige naturen, minder ontwikkeld bij mannen en wetenschappers met hun cerebrale, afstandelijke manier van kijken. Het ongrijpbare van intuïtie liet in de discussies rond psychotechniek subtiele betekenisverschillen toe, waarbij het goed van pas kwam dat 'intuïtie', 'mensenkennis' en 'intuïtieve mensenkennis' als bijna-synoniemen golden. Intuïtie was de ene keer een zeldzame, en daarom voor de praktijk weinig nuttige gave, de andere keer een algemeen-menselijke eigenschap. Soms kon men het leren, en dan werd vaak de term mensenkennis gebruikt, soms moest men het gewoon van nature hebben. Nu eens werd intuïtie vergeleken met de methode van de wetenschap, dan weer met wetenschappelijke kennis. Met de term 'intuïtieve mensenkennis' werd op beide gezinspeeld. Definities van intuïtie zijn nauwelijks te vinden. Roels gaf in 1938 de volgende omschrijving: 'het vermogen om onmiddellijk te schouwen hetgeen gemeenlijk slechts door geduldig onderzoek en moeizaam denken wordt verkregen'.[140] Een definitie die weinig opheldert. (Ook hier voegde Roels er aan toe dat intuïtie enerzijds zeer belangrijk is, maar men er anderzijds niet te veel op moet vertrouwen.) Wat de relatie was tussen intuïtie en concepten uit zijn theoretische werk zoals Einfühlung heeft Roels nooit uitgelegd.

Door deze flexibiliteit was intuïtie een ideaal concept om als onderscheidend en als verbindend element in de betrekkingen tussen psychotechniek en leek te gebruiken. Enerzijds was ze onmisbaar,[141] anderzijds was ze, zonder de psychologie, niet veel waard. Wanneer hij leken en professionals op afstand wilde houden wees Roels op de 'gevaren der intuïtie'.[142] Als de banden met de praktijk moesten worden aangehaald, benadrukte hij de prestaties van de intuïtie. Zo verklaarde hij op het nationaal congres voor beroepskeuze: 'De hemel moge spreker bewaren voor de psychotechnische vrienden, die meenen door goed af te geven op de intuïtie en de menschenkennis, die het de laatste 100, 200 en 300 jaar nog niet zo slecht heeft gedaan, de psychotechniek de hoogte in te trekken.'[143] Roels werd hierom door congresvoorzitter Van Det in diens afsluitende rede geprezen voor 'het aangeven van de grenzen der psychologie'.[144]

Roels was niet alleen onduidelijk over de precieze status van mensenkennis, ook zijn eigen positie liet hij liefst in het midden: voor iemand die compromissen wil sluiten een goede plek. Zelden committeerde hij zich volledig aan de psychotechniek, noch aan de katholieke beweging. De psychotechniek werd door hem vaak afstandelijk beschreven, bijvoorbeeld in de vorm van een beschrijving van haar geschiedenis. De verdediging van de katholieke beroepskeuzepraktijk nam hij niet zelf ter hand, maar liet hij over aan de zeer ijverige G.D. Zegers. Toen de katholieken weigerden aan het Nationaal Congres voor Beroepskeuze in 1925 deel te nemen (omdat het teveel beïnvloed zou zijn door de neutrale Vereeniging tot Bevordering der Voorlichting bij Beroepskeuze), ging Roels wel, als directeur van het psychotechnisch lab van de Universiteit van Utrecht.

Unitas multiplex

Roels engageerde zich echter wel met twee andere zaken: de differentiële psychologie, en de persoon. Van Ginneken had de dreiging van het taylorisme gelokaliseerd in de desastreuze consequenties die het had voor de ziel van de arbeider. Wanneer werd veronachtzaamd dat de mens niet alleen een lichaam heeft, maar ook een ziel, ging de kwaliteit van het zieleleven achteruit. De psychotechniek werd door hem gezien als hoeder van de ziel tegen het materialisme, dezelfde rol die Heymans voor de psychologie had voorzien. Ook Roels dichtte de psychotechniek een beschermende taak toe, maar voor hem was het zorgenkindje niet de ziel, maar het individu, de persoon. De algemene psychologie was hiermee ook suspect geworden. 'Even radicaal als de natuurwetenschappers jusqu'au bout door (..) materialisme de psychische werkelijkheid dooddrukken, brengen zij, die slechts oog hebben voor de algemene psychische verschijnselen, de psychische individualiteit om hals.'[145] Aan de notie 'individu' koppelde Roels een retoriek waarin diepte de voorkeur had boven oppervlak, en het geheel meer was dan de delen. 'Terwijl de algemeene psychologie slechts symptomen: gewaarwordingen, voorstellingen, gedachten, wils- en kies-acten onder het oog krijgt, dringt de individuele psychologie tot de bronnen van aanleg, temperament en karakter daarachter door en opent zich daarmee de mogelijkheid den mensch te zien, zooals hij is.'[146] In deze rede, die hij uitsprak toen hij lector werd in Utrecht, introduceerde hij ook de term om dit gezichtspunt mee aan te duiden: 'De onmiddellijke ervaring leert, dat de mensch een 'unitas multiplex' is'.[147] (Ook deze term was, evenals het onderscheid tussen psychognostiek en psychotechniek, van Stern afkomstig.) Een meervoudige eenheid dus, niet te ontleden tot samenstellende elementen, maar alleen te begrijpen als geheel, als som die meer is dan zijn delen. Dit soort antielementaristische geluiden, door Heymans zo betreurd, werden in het interbellum meer gehoord. Zelfs Prak gebruikte de uitdrukking 'unitas multiplex' in zijn proefschrift, maar hij trok er wel een andere conclusie uit. Het bewustzijn, schreef hij, is een 'unitas multiplex', die 'isolatie van elementen slechts in zeer beperkte mate toestaat, en dan nog alleen onder experimenteele condities, die pas sinds kort bekend zijn'.[148] Het maakte tevens statistiek nodig bij de analyse van gegevens.[149] Terwijl Prak dus het leerstuk van de ondeelbaarheid van de geest gebruikte om de noodzaak van experiment en statistiek aan te tonen, trok Roels er de conclusie uit dat experimenten alléén het wezen van de mens niet konden bepalen. Let wel: experiment en analyse bleven nodig; de Nederlandse psychologie in het interbellum, en zeker die van Roels, was vooral eclectisch.[150]

Roels' opvattingen over de unitas multiplex kwamen tot volle wasdom in een lezing die hij in 1928 hield aan de Nederlandsche Handelshoogeschool te Rotterdam en die later verscheen in de serie *Mededeelingen uit het Psychologisch Laboratorium der Rijksuniversiteit te Utrecht*,[151] in het *Tijdschrift voor zielkunde en opvoedingsleer*, en als uittreksel in *Aanleg en beroep* (het katholieke beroepskeuze-tijdschrift). Roels had aansluiting gevonden bij de in Duitsland populaire geesteswetenschappelijke psychologie, met name Sprangers structuurpsychologie. Het was crisis in de psychologie, vertelde hij, een 'puberteitscrisis': de psychologie wenste niet meer aan de leiband der natuurwetenschappen te lopen, geloofde niet meer in elementarisme, en werd zich de 'eigensoortigheid van haar terrein' steeds meer bewust.[152] Daar kon ook de psychotechniek van profiteren. De psychotechniek had zich tot dusver gebaseerd op de 'zuiver theoretische psychologie', die atomistisch, kwantitatief en nomothetisch van aard was. Voorwaarde voor een succesvolle psychotechniek was echter volgens Roels dat de feiten en toestanden waar ze zich mee bemoeide, eerst als zinvol geheel begrepen moesten worden. Daar was een 'cultuurpsychologie' voor nodig: 'Verschijnselen als constitueerende momenten van een zinvol geheel opvatten en daardoor begrijpen, is de taak der cultuurpsychologie. Zij alleen kan een basis vormen voor praktische bemoeiingen, die haar aangrijpingspunt niet hebben in oppervlakte-verschijnselen, maar in het diepst der persoonlijkheid.'[153] Zonder zo'n 'psychologie van school en leerling, arbeid en arbeider, kooper en verkooper als basis'[154] was de psychotechniek levensvreemd geworden. 'Proeven tot onderzoek van aanleg en geschiktheid worden niet op in economischen zin arbeidende menschen met eigensoortige geestelijk-psychische structuren verricht, maar op disposities, die uit hun structureel verband zijn gelicht.'[155] Om aan dit structureel verband, de persoonlijkheid, recht te doen diende men niet te experimenteren, maar te observeren. Statistisch en experimenteel onderzoek behield slechts een heuristische functie.

Roels' uitleg van de cultuurpsychologie was dermate duister dat weinigen in zijn gehoor het helemaal zullen hebben begrepen, maar de teneur van het betoog was duidelijk. De cultuurpsychologie, wat zij ook precies mocht wezen, gaf de wetenschappelijke verantwoording voor oude stokpaardjes van Roels: de ondeelbaarheid van de mens, het belang van karakter, het beperkte nut van het experiment en de nadruk op observatie en begrijpen.

Het woord 'intuïtie' kwam in de lezing niet voor, maar de cultuurpsychologie bleek uitermate geschikt om de relatie tussen psychologie en mensenkennis theoretisch te onderbouwen. In 1930 verscheen de tweede druk van de *Handleiding voor psychologisch onderzoek op de school*. De vragenlijst zelf was vrijwel ongewijzigd gebleven, daar stelden 'de menschen der practijk' prijs op. De verantwoording was echter wel veranderd. Roels[156] schoof 'meer nog dan zulks in de eerste druk het geval was — overeenkomstig trouwens de richting, waarin zich de methodiek der jeugdpsychologie ontwikkelt — de methode der systematische observatie naar de voorgrond'. In de praktijk was het experiment van minder belang dan in de zuivere wetenschap. De praktisch georiënteerde onderzoeker was immers niet zozeer geïnteresseerd in de wetmatige verbanden die een verschijnsel bepalen, maar zag het verschijnsel vooral als symptoom van achterliggende eigenschappen, en trachtte het te begrijpen binnen het geheel waar het constitutief deel van uitmaakt. Zelfs in de 'zuiver wetenschappelijke psychologie' was men bezig het elementarisme af te zweren, en over te gaan tot een meer observerende benadering: de 'klinische methode', die bestond in het observeren in gearrangeerde situaties (een compromis tussen observatie en experiment). De negen jaar oude vragenlijst paste wonderwel in de nieuwe inzichten: 'De persoonslijst, die wij, ondanks de felle kritiek, die er door voorstanders van de alleen-zaligmakende methode van het louter experimenteel onderzoek op is uitgeoefend, in dezen tweeden druk, (..) handhaven, dient om de toepassing der juist genoemde klinische methode te vergemakkelijken.'[157] Bovendien kweekte de vragenlijst respect voor het individu: 'ons geloof in het nut der persoonslijsten is voornamelijk gegrondvest op de overtuiging, dat de onderwijzer, die ze met een juist inzicht in haar bedoeling hanteert, moet gaan beseffen, dat elk van de kinderen daar voor hem een wondere wereld op zich is, waaraan eens en vooral pasklaar gemaakte maatstaven onmogelijk kunnen worden aangelegd'.[158]

In 1928 vond in Utrecht de vijfde Internationale Psychotechnische Conferentie plaats, onder voorzitterschap van Roels. E.J. van Det mocht namens de redactie van *Jeugd en beroep* een welkomstwoord aan de deelnemers richten.[159] Het was een allerhartelijkst onthaal. Weliswaar hadden vele beroepskeuze-voorlichters sceptisch gestaan tegenover de psychotechniek, 'die zich maar altezeer stelde tegenover de menschenkennis, tegenover het zich inleven in de ziel onzer medemenschen',[160] een euvel dat de psychotechniek nog steeds niet geheel had overwonnen, maar men had verheugd geconstateerd dat zielkunde en psychotechniek zich weer gingen toeleggen op 'de kennis van de menschelijke ziel, dat is der menschelijke persoonlijkheid'.[161] Met voldoening citeerde Van Det een van de sprekers op het congres, Fritz Giese: 'Menschenkenntnis musz vor Menschenerkenntnis gesetzt werden'.[162] 'Zo hebben wij het steeds gevoeld',[163] sprak Van Det namens zijn collega's. De nadruk op persoon, persoonlijkheid en karakter waar Roels in de psychologie van met name Stern een theoretische onderbouwing voor gevonden had viel in goede aarde bij al diegenen die meenden dat psychotechnici er dikwijls een te beperkte opvatting van geschiktheid op na hielden.

Persoon en functie

Het is gebruikelijk de geschiedenis van de psychotechniek in Nederland te beschrijven in termen van een controverse tussen 'persoonsgerichte' en 'functiegerichte' psychotechniek.[164] In de jaren twintig was de psychotechniek in Nederland gericht op het meten van elementaire psychische functies, zoals reactiesnelheid en opmerkzaamheid. Geschiktheid voor een beroep werd opgevat als het in de juiste mate bezitten van de voor dat beroep benodigde elementaire functies. In de jaren 1930 echter moest dit paradigma plaats maken voor een geesteswetenschappelijke, holistische benadering. De werkzoekende werd niet meer gezien als een verzameling functies, maar als een ondeelbaar geheel, waarin vooral karakter en persoonlijkheid van groot belang werden geacht. Kenmerkend voor de overgang is de grotere nadruk op observatie in plaats van kwantitatieve meting. Tot het functiegerichte kamp worden onder anderen Van Ginneken en Prak gerekend, terwijl

25 juni 1937: Biegel biedt de vijfhonderdste door
de PTT gekeurde chauffeur een certificaat aan
Foto collectie ADNP

bijvoorbeeld Roels en Van Lennep de persoonsgerichte psychotechniek vertegenwoordigen.

Inderdaad geven de jaren 1930 een opkomst van persoonsgerichte, geesteswetenschappelijke methoden te zien: er werd meer geobserveerd, handschriftanalyse en projectietest werden populair. Men ging de onderzochte aankijken bij het testen. Toch is de beschrijving enigszins misleidend. Ten eerste verdween de functie-gerichte benadering allerminst. Prak (eerst bij Philips, later zelfstandig) en R.A. Biegel (PTT) vierden hun grootste successen in de jaren 1930.[165] Révész, ook al geen uitgesproken holist, werd in 1932 aangesteld als hoogleraar in Amsterdam.

Ten tweede was de aandacht voor persoon, karakter en individualiteit niet nieuw, zoals in het voorgaande is gebleken: Van Ginneken had de psychotechniek juist aanbevolen om de zielen der arbeiders te redden, en hoewel anderen minder geëxalteerde termen gebruikten, leek iedereen begaan met het lot der werklieden. De Mens speelde een prominente rol in de psychotechnische retorica. Ter Meulens stelling dat 'de vraag naar de persoon in de jaren dertig tot de opkomst van de persoonsgerichte benadering leidde',[166] waarbij hij naar het gebruik van persoonslijsten verwijst, behoeft dus enige nuancering. Persoonslijsten waren er al in 1921, evenals 'de vraag naar de persoon'.[167] Van Strien meldt in zijn beschrijving van de paradigmawisseling in de psychotechniek dat Roels zich in 1928 distantieerde van het elementarisme en de persoon een zinvolle eenheid noemde. Doch Roels zei al in de hoogtijdagen van het elementarisme: 'Tests daarentegen geven gewoonlijk slechts clichés van min of meer geïsoleerde functies, die alleen al om de levensvreemde voorwaarden, waaronder zij gewonnen worden, bij de resultaten der natuurgetrouwe, systematische waarnemingen achter staan.'[168] Daarom waren de persoonslijsten nodig, het ging immers om 'den mensch in zijn geheel, den mensch als individualiteit, als persoon, als ikheid, waarvan het eigenlijke en wezenlijke door de experimenteele methode niet kan worden gevat'.[169]

Ten derde waren er nauwelijks psychotechnici die op grond van woorden en daden eenduidig bij functie- of persoonsgerichte benadering kunnen worden ingedeeld. Prak was waarschijnlijk de enige die volledig functiegericht was, maar zelfs hij nam het shibbolet van de holisten, unitas multiplex, in de mond. Bovendien was Prak tegenover klanten minder streng experimenteel dan tegenover collega-psychotechnici en beroepskeuze-adviseurs: in de folder voor zijn Haagse adviesbureau voor de psychotechnische tentoonstelling in Amersfoort maakt hij melding van een gesprek met ouders en of kind als onderdeel van de procedure, om 'aard en temperament' van de laatste te bepalen.[170] De meer persoonsgerichte psychotechnici bewezen van hun kant regelmatig lippendienst aan experimentele psychologie en statistiek, en bleven de oude proeven en apparaten gebruiken. De psychotechniek was vooral eclectisch gericht.

Toch is de benaming 'persoonsgericht' voor de psychotechniek in de jaren 1930 treffend. Niet alleen vanwege de inderdaad toegenomen populariteit van persoonsgerichte methoden, maar ook vanwege de nadruk op de persoon van de psychotechnicus. Dit nieuwe thema was het antwoord van de psychologisch geschoolden onder de psychotechnici op wat zij zagen als de grootste bedreiging van de psychotechniek: de beunhazen.

De beunhaas

De demarcatie-arbeid van de psychotechnici in de jaren 1920 was vooral gericht tegen diegenen, arbeiders of professionals, die dachten dat ze op hun eigen manier, zonder de psychotechniek, een baan konden kiezen of personeel selecteren: de 'dilettanten'. In de jaren 1930 verschoof de aandacht naar de personen die, naar de mening van invloedrijke psychotechnici, lichtvaardig gebruik maakten van de psychotechniek: de 'beunhazen'. De met zoveel retorische inspanningen verworven status van de psychotechniek als wetenschappelijk en nuttig werd bedreigd door mensen die zich ten onrechte uitgaven voor psychotechnicus. R.A. Biegel[171] opende het Voorwoord tot haar *Personeelsselectie en psychotechniek* met de constatering dat de psychotechniek geen verdediging meer behoeft, maar dat er 'helaas geen gebied is, waarop door leken zooveel geliefhebberd wordt als op dat van de psychologie'.[172] Geen van deze beunhazen is bij mijn weten ooit bij naam genoemd. Enige bekendheid verwierf het geval van de selectie van postbestellers in Amsterdam, die om hun geschiktheid te bewijzen onder andere postzakken moesten tillen,[173] maar of de PTT hiermee psychotechnische pretenties had is niet duidelijk. Prak schreef ooit dat hij in Nederland twee bedrijven kende 'waar als psychotechnici fungeerden de linnenjuffrouw en een aftandsche baas, die in het bedrijf niet meer mee kon',[174] welke bedrijven dat waren vermeldde hij echter niet.[175]

De psychotechnici waren in zekere zin slachtoffer geworden van hun eigen succes. Bij hun 'propaganda' hadden ze dikwijls baat gehad van het psychotechnisch materiaal, de apparaten, die op aanschouwelijke wijze de psychotechniek konden representeren. Vooral de kranten waren dol op deze psychotechnische iconen. Het grootste apparaat van allemaal, de auto-zonder-wielen die Biegel in het psychotechnisch lab van de PTT liet installeren om chauffeurs mee te testen, werd uitgebreid geportretteerd in de dagbladen; toen er in 1936 een nieuwe werd geïnstalleerd, kwam men weer. Al gauw echter werden de psychotechnici argwanend over hun eigen populariteit. Brugmans realiseerde zich weliswaar dat 'toepassing van de psychologie (..) toch immers op systematische wijze eerst mogelijk is na toestemming van zeer velen',[176] en dat het daarom een goede zaak was dat er over de psychotechniek werd geschreven in de kranten. Maar men moest niet overdrijven: 'Daar staat tegenover, dat een jonge wetenschap als de psychologie, zich niet ongestraft begeeft buiten de beschuttende wanden van laboratorium en studeerkamer.'[177] Tien jaar later bleek het leed toch geschied: het publiek had een verkeerd beeld van de psychotechniek gekregen. Men dacht bij het woord onmiddellijk aan apparaten en toestelletjes.[178] Brugmans verklaarde dit uit het feit dat na de oorlog vooral in Duitsland veel psychotechnische apparaten werden verkocht, slechts vergezeld van een stoomcursus psychotechniek. Dit had dilettantisme in de hand gewerkt, en het dilettantisme had op haar beurt de 'populaire meening' vertekend.[179] Ook Prak wees naar Duitsland als mogelijke bron van het apparatenfetisjisme van leek en beunhaas. Hij citeerde een Amerikaan die in Duitsland was geweest, en daar telkens met 'fraai ingerichte' labs vol 'prachtige, dure apparaten' was geconfronteerd; men werd echter zenuwachtig als hij om exacte resultaten vroeg.[180]

De vrije verkrijgbaarheid van de uiterlijke kentekenen van de psychotechniek en de verspreiding van psychotechnische kennis had tot gevolg dat het evenwicht tussen populariteit en monopolie[181] was verstoord. De eerste psychotechnici vormden een tamelijk diverse groep, maar ze konden zich onderscheiden door hun kennis van de psychotechniek en, wellicht nog belangrijker, louter door hun engagement met het vak. Hun propaganda had vervolgens het onderscheid tussen irrationele, intuïtieve en rationele, psychotechnische beroepskeuze en selectie gemaakt. De verhoudingen tussen psychotechnici en (andere) professionals in de beroepskeuze-praktijk waren uit en te na besproken. Er was, ook onder psychotechnici, geen volledige consensus over de aard en de precieze rol van de psychotechniek, maar dat de psychotechniek een legitieme plaats had in de maatschappij begon aanvaard te raken. Nu het eenvoudig was geworden om aan psychotechnische apparatuur en kennis te komen (de eerste kon men bestellen, de tweede stond uitgebreid beschreven in de brochures of kon door middel van een stoomcursus in Duitsland worden opgedaan), werd de vraag wie zich psychotechnicus mocht noemen nijpend. Nadat de psychotechniek met enig succes was gedemarqueerd, was er een overeenkomstige grens rond de psychotechnici nodig.

Het is dus niet verwonderlijk dat er in de jaren 1930 nadruk werd gelegd op de persoon van de psychotechnicus, het was tijd om de bokken van de schapen te scheiden. De psychotechnici waren echter als een kudde zonder herder: zij moesten zelf uitmaken wie deskundig was, en wie niet. Ze waren bovendien van het begin af aan een gemêleerd gezelschap, dat zich langs meerdere lijnen had kunnen splitsen. Het merendeel was arts of psycholoog, maar er zat bijvoorbeeld ook een taalkundige tussen (Van Ginneken), een theoloog (Van Lennep) en een onderwijzer (Vastbinder). De strijd ging echter vooral tussen de medici en de psychologen.

De overwinning die de psychologen uiteindelijk behaalden lijkt vanzelfsprekend. Wie anders dan zielkundigen zouden zich met het testen van geestelijke eigenschappen bezig kunnen houden? Maar wat geest is en wat lichaam, was niet altijd duidelijk. 'In de practijk valt de scheidslijn tusschen de terreinen niet scherp te trekken, — zoo behoort de zwakte van een zintuig zoowel bij de eene als bij de andere [bedoeld zijn geneeskundige en psychotechnische — MD] keuring te worden geconstateerd'.[182] Voor bedrijfseconoom Ir. Louwerse sprak het 'bijna vanzelf' dat een beschouwing over de 'menschelijke factor in het bedrijfsleven' in twee rubrieken kan worden ingedeeld, namelijk een fysiologische en een psychologische zijde.[183] De psychotechnische keuring schaarde hij echter onder de fysiologie; 'Rekening houden met psychische factoren betekent in hoofdzaak het bevorderen van de vrije of natuurlijke werkwilligheid', meende hij.[184] Keuring en selectie hoorden ook wel bij de psychische aspecten, maar dan ging het vooral om 'geaardheid en persoonlijkheid'.[185] De Amsterdamse arts Van Wayenburg stelde tegenover het Nationaal Congres voor Beroepskeuze dat de psychotechnische keuring het best door een 'medicus-psycholoog' kon geschieden,[186] met als argument dat de persoonlijkheid een eenheid is van lichaam, fysiologie en psychologie. Het vocabulair van de holistische psychologie kwam zelfs medici van pas.

Wat precies een zielkundige was, was evenmin een uitgemaakte zaak. Pas sinds 1921 kon psychologie als hoofdvak van een studie wijsbegeerte worden gekozen; de meeste psychologen-psychotechnici van het eerste uur hadden zich pas na hun doctoraal-examen met de psychologie ingelaten, en hadden daar blijkbaar genoeg aan gehad om succesvol psychotechnicus te worden. Er waren bovendien medici die hun sporen op zielkundig terrein zeker hadden verdiend. Van Wayenburg was in 1897 op een psychofysisch onderzoek gepromoveerd, en kon zich beroepen op heuse pioniersarbeid: hij had, gelijk Heymans, thuis al een psychologisch lab ingericht, nog voordat de Amsterdamse GGD hem (in 1921) toestemming gaf om voor die dienst een psychotechnisch laboratorium op te zetten.[187] De Arnhemse zenuwarts Sissingh was nog eerder: hij schreef in 1914 als eerste over het bepalen van beroepsgeschiktheid met behulp van psychologisch onderzoek (het woord 'psychotechniek' werd door hem niet gebruikt). Hij had daartoe al in 1908 een 'Inrichting voor Medisch-Paedagogisch onderzoek' opgezet.[188] Medici waren ook ruim vertegenwoordigd in psychologische verenigingen en studie-clubs en in de redactie van het vooroorlogse *Nederlandsch tijdschrift voor psychologie*, opgericht door de psychiater Van der Horst.[189]

Wel hadden de psychologen de oorsprong van de psychotechniek mee; die was immers, de geschiedenis was vaak genoeg verteld, in Duitsland uit de differentiële psychologie ontstaan. Bovendien waren de psychologen de meest prominente verspreiders van de psychotechnische boodschap geweest. De medici konden dan ook niet om de psychologie heen bij het claimen van een plaats in het psychotechnisch bedrijf. De psychologen wilden echter alleen samenwerken als de psychotechniek onder hèn ressorteerde, en als zijzelf gelijkwaardig waren aan de medici. Van arrogantie was men niet gediend: 'Samenwerking van medici en psychotechnici is (..) noodzakelijk. Zij kan echter niet worden verkregen, wanneer de medici, de psychiaters vooraan, een houding aannemen, als moest door hen de psychotechniek worden gered.'[190] In hetzelfde artikel legde Biegel ook uit wie wat mocht doen, en waarom. Haar argumentatie is typerend voor de demarcatie-arbeid van psychologen-psychotechnici in deze periode; arbeid die in 1938 resulteerde in de oprichting van het NIPP. Even vanzelfsprekend als dat een medicus de medische keuring doet, is het dat een psychotechnicus de psychotechnische keuring doet, meende Biegel. 'Het is dus van belang vast te stellen, wie als psychotechnicus moet worden beschouwd en wie niet, en vooral is van belang, vast te stellen, in hoeverre iedere medicus en vooral de psychiater, in staat is, naast het medische onderzoek het psychotechnische onderzoek te verrichten.'[191] Opleiding was het eerste criterium: psychotechnici waren in toepassing gespecialiseerde psychologen, en psychologen waren degenen die een aantal jaren psychologie hadden gestudeerd, liefst als hoofdvak. Met boeken lezen alleen kwam men er echter niet, men diende ook te beschikken over 'menschenkennis, belangstelling voor en kijk op problemen van het dagelijksch leven en die eigenaardige geestelijke structuur, die den experimentator kenmerkt en die strenge kritiek en zelfkritiek en practischen aanleg paart aan een eindeloos geduld'.[192] Medici daarentegen hadden doorgaans een zeer oppervlakkige kennis van de psychologie, en waren bovendien te veel intuïtief en te weinig experimenteel aangelegd. Psychiaters wisten meer van psychologie, maar waren weer te veel gespecialiseerd in afwijkingen.

Keer op keer benadrukten de psychologen de inbedding van de psychotechniek in de theoretische psychologie, en daarmee het belang van de opleiding. Psychotechniek was meer dan het doen van eenvoudige proefjes met ingenieuze toestellen. Roels verweet beunhazen als medici en ingenieurs dat zij 'geen flauw idee hadden van de continuïteit, die bestaat tusschen de theoretische en de practische psychologie'.[193] Die continuïteit was van belang, volgens Révész, omdat men zonder kennis van de psychologie wel 'psychotechnische methoden [kan] toepassen, maar nooit critisch stelling kan nemen tegenover nieuwe richtingen, nieuwe voorstellen en ook niet tegenover de traditionele methoden'.[194] 'Ad hoc psychologen', door Révész ook wel 'wilde psychotechnici' genoemd,[195] 'loopen gevaar zich zonder critiek aan te sluiten bij een richting, die haar wetenschappelijke legitimatie niet, of nog niet heeft verworven'.[196] Prak legde vooral de nadruk op de methodologische scholing van psychologen: het menselijk bewustzijn is dermate complex dat grondige kennis van de statistiek noodzakelijk is.[197] Biegel stond een arbeidsverdeling tussen psychologen en 'proefleiders' voor. De proefleiders konden de tests afnemen en scoren, maar 'de opzet van het onderzoek dient te geschieden door een geschoold psycholoog, die tevens de methode van correctie heeft vast te stellen en de waardeering, die moet worden gegeven aan de resultaten'.[198]

Maar opleiding was niet het enige dat de bona fide psychotechnicus onderscheidde van de beunhaas. Ook de retoriek van de holistische psychologie werd ingezet om de grens te trekken. De echte psychotechnicus was iemand die niet alleen een grondige scholing had gehad, maar tevens diagnostische gave en mensenkennis bezat. Psychotechniek was meer dan het afnemen van tests, legde Révész uit. Voor sommige beroepen zijn speciale persoonlijke eigenschappen vereist, en dan kwam het op kundige observatie aan. Bovendien, testonderzoek diende altijd te worden gevolgd door een persoonlijk gesprek, en dat 'vereischt *een psycholoog* met verstand en mensenkennis, dus met eigenschappen die zelfs bij psychologen voorkomen'.[199] Révész besefte blijkbaar de ironie van deze eis. Ook andere psychologen gebruikten het verband dat Roels had gelegd tussen het belang van het individu en de noodzaak van observatie om de speciale eigenschappen van de psycholoog-psychotechnicus te onderstrepen.

Van Strien heeft de hypothese opgesteld dat de noodzaak van 'de legitimering van de beroepsrol van psycholoog tegenover het bredere publiek'[200] de opkomst van de persoonsgerichte psychotechniek heeft bevorderd. 'Een persoonsgerichte diagnostiek paste (..) veel beter in het professionaliseringsstreven van de inmiddels met een eigen opleiding toegeruste psycholoog, dan het op grond van testscores samenstellen van geschiktheidsprofielen. Dat soort werk kon men gevoeglijk overlaten aan de testassistenten die gaandeweg hun intrede deden.'[201] De persoonsgerichte psychotechniek was niet zo oppermachtig als ook hier wordt gesuggereerd, en bovendien hadden ook de functiegerichte psychologen voldoende argumenten tegen de beunhazen (er was nog wel meer te doen dan het op grond van testscores samenstellen van geschiktheidsprofielen). Maar het persoonsgerichte vocabulair was inderdaad zeer bruikbaar om de psycholoog te onderscheiden van de beunhaas. Daarin werd immers een verband gelegd tussen het belang van het individu, de noodzaak van observatie en de opleiding van de psycholoog. Roels had de observaties van onderwijzers binnen de juiste banen van de psychologisch verantwoorde vragenlijst geleid, het observeren in gearrangeerde situaties dat hij de 'klinische methode' had genoemd. Biegel stelde een soortgelijke disciplinering van de observatie door psychologische theorie voor: 'Observatie door iemand, die gewend is waar te nemen en die genoeg wetenschappelijke kennis bezit om uit zijn observaties de juiste gevolgtrekkingen te maken, is van groote waarde.'[202] Het was daarom het beste als observatie geschiedde door ervaren psychologen. De 'proefleiders', de assistenten van de psychotechnicus, mochten ook observeren, maar dienden dan wel hun observaties aan hun meerdere te melden, die er vervolgens de juiste conclusies uit kon trekken.[203] De sterk persoonsgerichte psychotechnicus Waterink voorzag zelfs de 'ondergang van de psychotechniek als wetenschap',[204] als de band met de algemene en empirische psychologie zou worden losgelaten. Psychotechniek was immers meer dan een handigheidje: zo moet bij afwijkende kinderen (Waterinks specialisme) niet alleen maar getest worden, men moet ook de handelingen van het kind 'deuten',[205] en daarvoor heeft men diepgaande, algemeen-psychologische kennis nodig. Révész' leerling Weigl plaatste het duidende element in het waarderen van de resultaten van een psychotechnisch onderzoek. 'Het komt er volstrekt niet alleen op aan, of een onderzochte veel of weinig 'fouten' maakt bij het onderzoek of daarbij een korten of langen tijd noodig heeft. In het middelpunt van het probleem moet altijd het *hoe*, de *qualiteit der prestatie*, staan.'[206] Om die te beoordelen, bijvoorbeeld door middel van een 'foutenanalyse', is vakkennis nodig. Voor De Quay sprak het eenvoudigweg 'vanzelf' dat de observerende methode slechts bij geschoolde, ervaren psychologen in goede handen was.[207]

T.T. ten Have belichaamde het huwelijk tussen mensenkennis en wetenschap dat in de jaren 1930 gesloten werd. Ten Have, leerling van Brugmans en als diens assistent bij de Bos-stichting belast met het beroepskeuzewerk, omschreef psychotechniek als 'langs wetenschappelijke weg verkregen mensenkennis'.[208] Met zorg positioneerde hij zich in het redelijke midden tussen de twee extremen van volledig kwantitatieve en volledig kwalitatieve psychotechniek. Exacte meetgegevens moesten het uitgangspunt zijn, maar het was wel noodzakelijk de 'symptomatische betekenis'[209] van de testprestaties te kennen. Daarvoor was nodig 'intuïtieve *interpretatie* van die gegevens, welke steunt op kennis en ervaring'.[210] Het 'vermogen tot 'Einfühlung' in de proefpersoon'[211] was daarbij onontbeerlijk. Een goed psychotechnicus vertrouwt niet alleen op apparaten en toestelletjes, maar ook op zijn 'psychologische intuïtie'.[212]

Het NIPP en de persoon van de psycholoog

In 1938 werd het Nederlandsch Instituut van Praktizeerende Psychologen opgericht[213] in een poging om de band tussen psychologie en psychotechniek institutioneel te verankeren. De ledenlijst van het NIPP moest het criterium worden waarmee de bona fide psychotechnicus onderscheiden kon worden van de beunhaas. Om tot het NIPP toegelaten te worden moest men een doctoraal examen met hoofdvak psychologie hebben afgelegd en tevens praktijkervaring bezitten. Nietpsychologen konden bij uitzondering door het bestuur voor het lidmaatschap worden voorgedragen, als ze psychologische publicaties konden laten zien en ervaring hadden. Onder de 24 eerste leden waren 7 medici, die met goedkeuring van de psychologen mee mochten doen.[214]

De oprichters van het NIPP hadden elkaar, ondanks hun meningsverschillen, kunnen vinden in een eclectisch discours, een retoriek waarin hun tegenstellingen werden overbrugd door de vaagheid en flexibiliteit van enkele centrale concepten zoals 'intuïtie' en 'persoon'. Het schouwen kreeg een plaats naast het experiment, de waarde van zowel mensenkennis als statistiek werd beleden, en de persoon was belangrijk, maar functies niet minder. 'Zoo zal soms de functie-methode, soms de persoonlijkheids-methode, soms misschien een mengsel dezer twee, het beste middel zijn om den juisten man op de juiste plaats te krijgen.'[215] De Nederlandse psychologie in het interbellum was een 'lappendeken'.[216] Maar het is niet juist deze deken louter als een samenraapsel van verschillende theorieën op te vatten. De psychologen waren er ook in geslaagd de intuïtie te temmen en onder de hoede van de psychologie te brengen. Roels' voorbeeld had navolging gevonden, zo niet in daad dan in ieder geval in woord. Wat de psychotechnici eerst hadden verketterd, de intuïtie, de mensenkennis, het lekenoordeel, mocht nu een rol spelen in de psychotechniek, mits onder begeleiding. Zo kon de psychotechnicus nu ook zijn of haar schouwende, duidende, of anderszins observerende talenten gebruiken. Maar tegelijk opende het mogelijkheden tot samenwerking met leken en professionals: de onderwijzer mocht observeren, binnen het raamwerk van een door psychologen opgestelde vragenlijst; het sollicitatie-gesprek kon weer in ere worden hersteld, mits gestandaardiseerd door een psycholoog in samenwerking met de 'mannen uit de praktijk';[217] leken konden 'psychologisch inzicht' leren van de psychologie, zonder direct psychotechnicus te hoeven worden.[218]

De grens rond de psychotechniek was daarmee meer open geworden. De tegenstelling tussen de rationaliteit van de psychotechniek en de chaos in de wereld eromheen, die door de vroege psychotechnici nogal dik was aangezet, was wat afgezwakt. Zelfs psychologen waren mensen, en niet alles aan de leek was verwerpelijk. Luning Prak mengde genereus 'drie deelen gezond verstand' bij de twee delen psychologie en één deel economie dat de beroepskeuze-voorlichter nodig had.[219] Patronaat over de leek opende meer toepassingsmogelijkheden voor de psychotechniek dan strijd. Maar de grens was ook meer solide geworden. De psychotechniek was verbonden met een vaardigheid, intuïtie, die niet uit de brochures kon worden geleerd omdat ze een zekere aanleg vereiste en een enigszins ongrijpbaar karakter had. Die vaardigheid was echter niets waard zonder de kennis en ervaring die alleen met een opleiding in de psychologie konden worden verkregen. De psychotechniek was zodoende het bezit geworden van een zeer bepaalde groep in de samenleving. Wettelijk was er weliswaar nog niets geregeld, maar toch: moreel waren de psychologen eigenaars van de psychotechniek. Wie zich na aanschaf van enkele toestellen en wat boekjes als psychotechnicus op de markt begaf, vond nu bovendien het NIPP tegenover zich. Door de psychotechniek te binden aan psychologen, en de psychologen te binden aan een universitaire opleiding en aan het NIPP, was ze minder vluchtig geworden. De psychotechniek had nu het gewicht van de psychologen, de universiteit en het NIPP.

Noten

1 Op het nieuwste medium is bijvoorbeeld te vinden het *Self-help & psychology magazine*, http://www.shpm.com/
2 De proliferatie van psychologen, hun diensten en hun taal in de samenleving is onder de noemer 'psychologisering' beschreven in R. Abma, C. Brinkgreve e.a., *Het verlangen naar openheid*, Amsterdam 1995; J. Jansz & P. van Drunen (red.), *Met zachte hand: opkomst en verbreiding van het psychologisch perspectief*, Utrecht 1996.
3 A. de Swaan, *De mens is de mens een zorg*, Amsterdam 1982.
4 Von Ferber is een van de velen die heeft beargumenteerd dat protoprofessionalisering op deze manier hulpbehoevenden schept: alledaagse, traditionele wijzen van omgaan met bijvoorbeeld levensproblemen verdwijnen uit het zicht ten gunste van wetenschappelijke expertise. C. von Ferber, 'Zur Zivilisations-theorie von Norbert Elias — heute', in: P. Gleichmann e.a. (red.), *Macht und Zivilisation. Materialen zu Norbert Elias' Zivilisationstheorie*, dl. 2, Frankfurt a.M. 1984, 105-128. Een radicalere kritiek luidt dat vooral de 'zachte', therapeutische psychologie haar klanten niet alleen de oplossingen, maar ook de problemen heeft aangepraat.
5 Het experiment was bijvoorbeeld 'een eisch, die vervuld moet worden, wanneer zich de psychologie uit een eeuwenoud dillettantisme tot den rang eener wetenschap zal verheffen'. G. Heymans, 'Een laboratorium voor experimenteele psychologie', *De gids* 60 (1896) 2, 73-100, 79.
6 H.J.F.W. Brugmans, 'Openingswoord van den directeur', *Mededeelingen van de Dr. D. Bos-stichting*, nr. 1, Groningen 1921, 16. Zie ook H.J.F.W. Brugmans, 'De organisatie van de arbeid: het Taylor-systeem en de psychotechniek', *Mededeelingen van de Dr. D. Bos-stichting*, nr. 6, Groningen 1923.
7 Zo werden de brochures van de Bos-stichting, oplage 1450 exemplaren, onder andere verstuurd naar: scholen (325), pers (50), leden en contribuanten (180), industrie (150), 'particulieren in Nederland' (325), departementen en beroepskeuzebureaus (50), Groninger raadsleden (35) en vooraanstaande vrijzinnig democraten (115): archief Bos-stichting, Rijksarchief Groningen.
8 Een exemplaar is aanwezig in het archief van de Bos-stichting, Rijksarchief Groningen. Overigens worden er geen auteurs genoemd bij het artikel; ik ben er van uit gegaan dat het stuk door Brugmans en of Prak is geschreven.
9 Brugmans, 'Openingswoord'.
10 J.L. Prak, *De psychotechniek der beroepskeuze*, Groningen 1925, voorwoord.
11 Bijvoorbeeld H.J.F.W. Brugmans, 'Hedendaagsche toepassing der psychologie', *Mededeelingen van de Dr. D. Bos-stichting*, nr. 10, Groningen 1925, 10. Brugmans zegt hier ook zich er van bewust te zijn, 'dat sommige onzer Mededeelingen, door haar speciaal karakter, slechts lezers zullen vinden onder hen, die bij de stof in het bijzonder

geïnteresseerd zijn' (1). Prak gebruikt in 1932 het woord 'popularisatie', en stelt: 'de vraag, welke school geschikt is voor een kind, en welk beroep de meeste kansen biedt op voldoening en succes, kan slechts tot een bevredigende oplossing worden gebracht, doordat juistere inzichten doorbreken bij allen, die belang stellen in de jeugd, haar lotgevallen en haar toekomst.' J.L. Prak, *School, beroep en aanleg*, Groningen 1932, 5.

12 E.J. van Det, 'Een belangrijk psychotechnisch onderzoek', *Jeugd en beroep* 3 (1930), 375-379, 376-377.

13 F. Roels, 'Cultuurpsychologie en psychotechniek', *Mededeelingen uit het Psychologisch Laboratorium der Rijksuniversiteit Utrecht*, nr. 4.

14 E.J. van Det, 'Beteekenis en doel van dit tijdschrift', *Jeugd en beroep* 1 (1928), 1-10.

15 G.D. Zegers, 'Inleiding', *Aanleg en beroep* 1 (1925), 1.

16 J. van Ginneken, *Zielkunde en het Taylor-systeem*, Amsterdam 1918.

17 Prak, *De psychotechniek*.

18 Roels, 'Cultuurpsychologie'.

19 L.K.A. Eisenga, *Geschiedenis van de Nederlandse psychologie*, Deventer 1978, 68-69.

20 Ibidem, 68.

21 Zie bijvoorbeeld E.H. Kossmann, *De lage landen 1780-1940. Anderhalve eeuw Nederland en België*, Amsterdam 1976, hfdst. 10.

22 Eisenga, *Geschiedenis*, 69. De naam was inmiddels uitgebreid tot *Nederlandsch tijdschrift voor de psychologie en haar grensgebieden*.

23 Van Ginneken, *Zielkunde*.

24 Ibidem, 5.

25 Zie voor een geschiedenis K. Bertels, 'Hoe arbeid en sociologie elkaar niet kregen. Nederland 1890-1930', *Grafiet* 1 (1981), 72-104; E.H. Bloemen, *Scientific management in Nederland*, Amsterdam 1988.

26 Andere psychotechnici zagen Münsterberg eerder als de man die als eerste een wetenschappelijk (psychologisch) en moreel aanvaardbaar alternatief voor het taylorisme had ontwikkeld. Bijvoorbeeld J. van Dael, *De geschiedenis der psychotechniek van het bedrijfsleven*, Nijmegen/Utrecht 1938.

27 Van Ginneken, *Zielkunde*, 10.

28 Ibidem, 9.

29 Ibidem, 6.

30 Ibidem, 6. Gremelen betekent volgens Van Dale hetzij grinniken, hetzij pruttelen, grommelen. Menno ter Braak omschreef Van Ginnekens taalgebruik ooit als 'na-tachtigse dronkemanspraat: Of men nu zijn *Roman van een kleuter* dan wel zijn *Handboek der Nederlandsche taal* op slaat, overal stijgt u dat gistende, populaire, leutige, belachelijke, enthousiaste, kleuterige geschrijf aanstonds naar het hoofd.' M. ter Braak, 'De arbeider in de taaltuin', in idem, *Verzameld werk*, Amsterdam 1949-1951, deel III, 524-526, 525-526.

31 Van Ginneken, *Zielkunde*, 6.

32 Ibidem, 16.

33 Ibidem, 17.

34 Ibidem, 16.

35 Ibidem, 56.

36 Ibidem, 58-59.
37 Ibidem, 62.
38 F. Roels, *Psychotechniek van handel en bedrijf*, Amsterdam 1920, 6.
39 Ibidem, 31.
40 F. Roels, *Aanleg en beroep*, Amsterdam 1919, 12-13. Zie voor een beschrijving van het gebruik van ingenieurs- en artsenmetaforen in de retoriek van Amerikaanse schoolpsychologen: J. Brown, *The definition of a profession*, Princeton 1992.
41 Bijvoorbeeld E.J. van Det, 'Beroepskeuze', *Socialistische gids* 7 (1922), 76-88, 190-206, 303-319 en 508-523; J. Sanders, *De psychotechniek. Een opwekking tot stichting van een psychotechnisch instituut te Rotterdam*, Rotterdam 1924; Th. van der Waerden, 'Technies-ekonomies overzicht, xxvi', *Socialistische gids* 10 (1925), 548-565; L. Simons, 'Beroepskeuze en psychotechniek', *Wil en weg* 4 (1926), 215-216.
42 Van der Waerden, geciteerd in Bloemen, *Scientific management*, 95.
43 In een bespreking van de eerste vier deeltjes van de Zielkundige Verwikkelingen merkte *Gids*-redacteur D. van Blom op dat 'veelal de strijders langs elkander heen redeneeren. Geen Taylorist beweert, dat Taylor het laatste woord gesproken heeft.' Hij voegde er aan toe: 'Een latere generatie zal misschien zelfs de doctoren Van Ginneken en Roels noemen in de rij, die op Taylor gevolgd is.' D. van Blom, 'Bibliografie', *De gids* 85 (1921) 3, 322. Persant Snoep, een van Volmers medestanders, reageerde wat kribbig op de misplaatste kritiek, maar stelde toch dat het psychotechnische initiatief 'verdient te worden toegejuicht en aangemoedigd'. P. Persant Snoep, 'Boekbespreking', *Tijdspiegel* 76 (1919), 336-338, 338.
44 Bloemen, *Scientific management*, 162.
45 Folder Efficiency-dagen 26 en 27 november 1936 aanwezig in het ADNP.
46 H.J.F.W. Brugmans, 'Psychologische voorlichting bij beroepskeuze', *Paedagogische studiën* 1 (1920), 26-35 en 57-72; J. van Ginneken, *Arbeid vermoeit*, Amsterdam 1918; Roels, *Psychotechniek*.
47 R. ter Meulen & W. van Hoorn, 'Psychotechniek en menselijke verhoudingen', *Grafiet* 1 (1981), 106-155, 127.
48 Zie P. Hagoort (red.), 'De ontwikkeling van de sociale wetenschappen in Nederland', *Grafiet* 1 (1981); Bloemen, *Scientific management*; R.H.J. ter Meulen, *Ziel en zaligheid*, Nijmegen/Baarn 1988; T. Dehue, *De regels van het vak. Nederlandse psychologen en hun methodologie 1900-1985*, Amsterdam 1990; P.J. van Strien, *Nederlandse psychologen en hun publiek. Een contextuele geschiedenis*, Assen 1993.
49 Van Dael, *Geschiedenis*.
50 Zie bijvoorbeeld de lezingen op de psychotechnische tentoonstelling in Den Haag, R.A. Biegel, J.L. Prak, J. Huiskamp, G. Révész, H.J.F.W. Brugmans & J. Waterink, *Voordrachten over psychotechniek; gehouden bij gelegenheid van de psychotechnische tentoonstelling in Den Haag van 25 november tot 1 december*, Den Haag 1937.
51 F. Roels, *De psychologie der reclame*, Amsterdam 1938, ix.
52 Bloemen, *Scientific management*.
53 Beroepskeuzevoorlichter E.J. van Det noemde de psychologie bijvoorbeeld 'de wetenschap van het innerlijk wezen der menschen'. Van Det, 'Beroepskeuze', 196.

54 Ter Meulen, *Ziel en zaligheid*, 45.
55 S. Bootsman & E. Haas, 'Begin en einde van de Bosstichting', *De psycholoog* 25 (1990), 542-543. Prak ging in 1924 voor Philips werken en begon later een particulier psychotechnisch adviesbureau in Den Haag. Zie voor een geschiedenis van de school- en bedrijfspsychologische beroepspraktijk in Nederland, E. Haas, *Op de juiste plaats. De opkomst van de bedrijfs- en schoolpsychologische beroepspraktijk in Nederland*, Hilversum 1995.
56 Prak, *Psychotechniek*, 2.
57 Roels, *Aanleg*, 17.
58 Brugmans, 'Psychologische voorlichting', 26.
59 Prak, *Psychotechniek*, 11.
60 H.J.F.W. Brugmans, 'De organisatie van de arbeid: het Taylor-systeem en de psychotechniek', *Mededeelingen van de Dr. D. Bos-stichting*, nr. 6, Groningen 1923.
61 Waaraan de katholieke Zegers toevoegde dat ook God adequaat gediend moet worden: 'God wil den rechten man en de rechte vrouw op de rechte plaats'. G.D. Zegers, *Inleiding tot de kennis der beroepen*, Utrecht/Nijmegen 1923, 8.
62 *Verslag van het Nationaal Congres voor Beroepskeuze*, uitgegeven door de Vereeniging tot Bevordering der Voorlichting bij Beroepskeuze, 1925.
63 Roels, *Aanleg*, 5.
64 Ibidem, 5.
65 J.L. Prak, 'Een psychotechnisch onderzoek van assistenten van het natuurkundig laboratorium der N.V. Philips gloeilampen fabrieken', *Mededeelingen van de Dr. D. Bosstichting*, nr. 11, Groningen 1926, 4.
66 Prak gebruikte deze metafoor ook inderdaad: 'Vierkante jongens in ronde gaten kunnen zich niet roeren; zet ze op een plaats, waar ze hooren, en ge moogt hun volle ambitie en toewijding verwachten en eisen.' Prak, *Psychotechniek*, 9.
67 Van Ginneken, *Zielkunde*, 66-67.
68 De uitdrukking is al te vinden als motto op de titelpagina van *Practical uses of phrenology*, uit 1856. Zie S. Bem, *Het bewustzijn te lijf: een geschiedenis van de psychologie in samenhang met culturele en maatschappelijke ontwikkelingen van 1600 tot het begin van de 20e eeuw*, Meppel 1985, 147.
69 Er waren natuurlijk ook dissidenten: A.H. Gerhard (die in 1913 Tweede-Kamerlid werd voor de SDAP) schreef in 1912 voor de Volksbibliotheek een boekje over beroepskeuze, waarin hij de mogelijkheden voor beroepskeuze vanwege de slechte economische situatie laag inschatte, betwijfelde of mensen wel duidelijke voorkeuren en talenten bezitten, het aanpassingsvermogen van de mens prees, en afsloot met het advies: 'praat er eens met den arts en den onderwijzer over'. A.M. Gerhard, *Beroepskeuze*, Amsterdam 1912, 31.
70 M. Mulkay, T. Pinch & M. Ashmore, 'Colonizing the mind: dilemmas in the application of social science', *Social studies of science* 17 (1987), 231-256, 244.
71 Ibidem, 233.
72 Mulkay et alii bestudeerden de retoriek van 'health economists', die hun diensten aanprezen bij artsen.
73 Prak, *Psychotechniek*, 107.

74 Van Ginneken, Zielkunde, 13.
75 Bijvoorbeeld H.J.F.W. Brugmans, Voorlichtingsfolder van de dr. D. Bos-stichting, Groningen 1926, 5.
76 Prak, Psychotechniek.
77 Roels, Aanleg, hfdst. 6.
78 Roels, Psychotechniek, 29.
79 Prak, Psychotechniek, 21.
80 Ibidem, 34.
81 Ibidem.
82 Van Ginneken, Arbeid vermoeit, hfdst. 1.
83 Zie ook Roels, Aanleg; H.J.F.W. Brugmans, 'Openingswoord van den directeur', Mededeelingen van de Dr. D. Bos-stichting, nr. 1, Groningen 1921. Roels' beschrijving van de behoefte aan psychotechnische bijstand bij werkgevers staat in schril contrast met de koele respons op zijn oproep om een Instituut voor Bedrijfs- en Handelspsychologie op te richten, zie Roels, Aanleg; idem, Psychotechniek. Pas in de jaren 1930 zouden de werkgevers warm lopen voor de psychotechniek.
84 Roels, Psychotechniek, 32.
85 Brugmans, 'Psychologische voorlichting', 64.
86 J. van Ginneken, De rechte man op de rechte plaats, Amsterdam 1918, 25.
87 Brugmans, Voorlichtingsfolder, 5.
88 A. Polak, 'Psychologische voorlichting bij beroepskeuze?', Vragen des tijds 48 (1922), 369-403, 391.
89 Brugmans, 'Psychologische voorlichting'.
90 Ibidem, 63-64.
91 Zie ook A. Polak, 'De rechte persoon op de rechte plaats', Vragen des tijds 47 (1921), 143-166; idem, 'Psychologische voorlichting'; idem, 'In de verkeerde richting', Aanleg en beroep 2 (1926), 29-30 en 42-59; idem, 'Toenemend gevaar op het terrein der beroepskeuze-voorlichting', Vragen des tijds 54 (1928), 180-193; idem, 'Meer psychisch dan technisch', Jeugd en beroep 2 (1930), 73-76 en 105-106; idem, 'Menschenkennis', Jeugd en beroep 3 (1930), 9-12; idem, 'Aanlegbepaling door de ouders', Jeugd en beroep 3 (1930), 44-46.
92 Polak, 'Psychologische voorlichting', 374.
93 Ibidem, 375.
94 Ibidem, 374.
95 Ibidem, 376.
96 Ibidem, 377. Polak wees er meer dan eens op dat er gesproken diende te worden van 'de rechte *persoon* op de rechte plaats', zie bijvoorbeeld Polak, 'De rechte persoon'.
97 Polak, 'Psychologische voorlichting', 390.
98 Vaste elementen in die geschiedenis waren Stern, die de differentiële psychologie had uitgevonden, Münsterberg, die haar had toegepast op het bedrijfsleven, en de Wereldoorlog, die tot grootschalig gebruik van de psychotechniek aanleiding had gegeven.
99 Ibidem, 378.
100 Brugmans, 'Psychologische voorlichting'.

101 Ibidem, 295.
102 J.L. Prak, 'Het psychotechnisch onderzoek aan de ambachtsschool te Eindhoven', *Mededeelingen van de Dr. D. Bos-stichting*, nr. 13, Groningen 1926, 62.
103 Prak, *Psychotechniek*, 98.
104 Ibidem, 59.
105 Van Wayenburg, geciteerd in Anoniem, 'Boekbespreking', *Aanleg en beroep* 1 (1925), 142.
106 J.C.L. Godefroy, 'Boekbespreking', *Mensch en maatschappij* 2 (1926), 348-349, 348.
107 Ibidem, 349.
108 E.J. Dijksterhuis, 'Bibliographie', *De gids* 102 (1938) 3, 223-224, 224.
109 Praks driftigheid en gebrek aan tact waren legendarisch. Zie bijvoorbeeld de interviews met S. Wiegersma, afgenomen door Veldkamp & Van Drunen en Wopereis & Meynen en met A.D. de Groot, afgenomen door Veldkamp & Van Drunen, aanwezig in het ADNP. Hieruit komt echter ook naar voren dat de psychologen en psychotechnici wel vaker met elkaar overhoop lagen. Kwakzalver was een veelgebruikte term voor collega's.
110 Van Det, 'Beroepskeuze', 81.
111 Ibidem, 83.
112 E.J. van Det, 'Voorlichting bij beroepskeuze', *Tijdschrift van den Nederlandschen Werkloosheids-Raad* 9 (1926), 135-146, 136.
113 Ibidem, 142.
114 Ibidem, 144.
115 Ibidem.
116 *Verslag van het Nationaal Congres voor Beroepskeuze*.
117 Roels, *Psychotechniek*, 12.
118 Ibidem, 32.
119 Roels, *Aanleg*, 9.
120 Ibidem, voetnoot.
121 Ibidem, hfdst. 1.
122 F. Roels, 'Over psychognostiek en psychotechniek', *Tijdschrift voor zielkunde en opvoedingsleer* 11 (1919), 19-37.
123 Ibidem, 23.
124 Ibidem, 25.
125 Ibidem, 26.
126 Ibidem, 26-27.
127 Ibidem, 27.
128 Er was overigens een plaats waar Prak de intuïtie duldde: in de eerste fase van een beroepsanalyse. Het bepalen van de voor een beroep vereiste eigenschappen ging op basis van 'flair en (..) psychologisch inzicht', Prak, *Psychotechniek*, 119. Vervolgens werden daar tests bij gezocht, en die werden geijkt.
129 Roels, *Aanleg*.
130 Roels, *Aanleg*, 122-123; zie ook idem, 'Over psychognostiek', 36-37.
131 F. Roels & J. van der Spek, *Handleiding voor psychologisch onderzoek op de school*, 's Hertogenbosch 1921, 9-10.

132 Ibidem, 8.
133 Ibidem, 10.
134 Ibidem, 11.
135 Prak, *Psychotechniek*, 214.
136 Ibidem, 216.
137 Ibidem, 218.
138 Ibidem, 232.
139 Ibidem, 222.
140 Roels, *Psychologie der reclame*, x.
141 Roels, geciteerd in J. van Ginneken & G.D. Zegers, *Handleiding bij beroepskeuze*, Den Bosch 1925, 41.
142 F. Roels, 'De gevaren der intuïtie', *Aanleg en beroep* 1 (1925), 17. 'De gevaren der intuïtie' is een kort artikel waarin Roels met een wat houterig cynisme (daar was Prak beter in) stelling neemt tegen Jos. de Cock, die in de jaren 1920 grote faam verkreeg met boeken als *Stille kracht! Wenken voor allen, die zich wilskracht en zelfvertrouwen eigen willen maken* en *Beheersch uzelf door gedachtekracht*. De Cock opereerde met zijn Psychologisch Instituut Enorga tevens op de beroepskeuze-markt.
143 Roels, in *Verslag van het Nationaal Congres voor Beroepskeuze*, 102.
144 Van Det, in *Verslag van het Nationaal Congres voor Beroepskeuze*, 148.
145 Roels, *Aanleg*, 11-12.
146 F. Roels, *De toekomst der psychologie*, 's Hertogenbosch 1918, 15.
147 Ibidem, 25.
148 Prak, *Psychotechniek*, 108.
149 Ibidem, 237.
150 Eisenga, *Geschiedenis*.
151 Roels, 'Cultuurpsychologie'.
152 Ibidem, 83. Roels nam ten opzichte van deze puberteitscrisis expliciet de persona van de volwassene aan: 'De juiste houding van den volwassene ten opzichte van den pubescent is, dat hij hem tracht te begrijpen (..). Op dezelfde wijze dient men de crisis, die de hedendaagsche psychologie doormaakt, te beschouwen', ibidem, 84. Zelfs tegenover een hem welgevallige ontwikkeling hield hij enige afstand. De suggestie van objectiviteit is des te groter.
153 Ibidem, 88.
154 Ibidem, 89.
155 Ibidem, 89. Dat de analytische psychotechniek desondanks toch een zeker succes gekend had, verklaarde Roels uit het feit 'dat de arbeider in het hedendaagsche grootbedrijf veelal niet met den inzet van zijn geheele persoonlijkheid dient', ibidem, 93.
156 Ik neem aan dat Roels de verantwoording droeg voor het 'theoretische', inleidende gedeelte van de handleiding. De vragenlijst was tot stand gekomen na een enquête die door Roels en Van der Spek was uitgevoerd.
157 F. Roels & J. van der Spek, *Handleiding voor psychologisch onderzoek op de school*, tweede herziene druk, 's Hertogenbosch 1930, 16.
158 Ibidem, 19.

159 E.J. van Det, 'Een woord van welkom aan de deelnemers der 5e internationale psychotechnische conferentie', *Jeugd en beroep* 1 (1928), 263-264.
160 Ibidem, 263-164.
161 Ibidem, 264.
162 Ibidem.
163 Ibidem.
164 Zie bijvoorbeeld Eisenga, *Geschiedenis*; Ter Meulen, *Ziel en zaligheid*, Van Strien, *Nederlandse psychologen*.
165 Bloemen, in *Scientific management*, stelt dat de psychotechniek in het bedrijfsleven met een zeer bescheiden plaats genoegen moest nemen. Inderdaad gingen maar weinig bedrijven over tot het rationaliseren van hun selectie, maar dat waren wel grote bedrijven: PTT, Philips, Scheepvaartvereniging Zuid, Staatsmijnen onder andere. Zie Haas, *Op de juiste plaats*.
166 Ter Meulen, *Ziel en zaligheid*, 57; zie ook Ter Meulen & Van Hoorn, 'Psychotechniek'.
167 Ook buiten de academische psychologie had de persoonlijkheidscultus al wortel geschoten. Het Nationaal Instituut voor Zelfontwikkeling en het Instituut voor Wetenschappelijke Bedrijfsleiding adverteerden in 1922 voor hun cursussen publiek spreken, met leuzen als 'Persoonlijkheid nummer 1!' en 'Ontwikkel Uw persoonlijkheid', zie archief Bos-stichting, Rijksarchief Groningen.
168 Roels, *Psychotechniek*, 43.
169 Roels, *De toekomst*, 24.
170 Folder van Luning Praks bureau, aanwezig in het ADNP.
171 Biegel was leerlinge van Roels; ze werd in 1929 door de PTT aangetrokken om, samen met J.E. de Quay, de selectie van werknemers te verzorgen. In 1935 werd ze bovendien privaat-docent in Delft.
172 R.A. Biegel, *Personeelsselectie en psychotechniek*, Leiden 1936, 13.
173 E.J. van Det, 'Beunhazerij', *Jeugd en beroep* 4 (1931), 3-7, 7.
174 J.L. Prak, 'Het bedrijfsleven en de toegepaste psychologie', *De opbouw* 10 (1927-1928), 726-746, 736.
175 E. Haas, 'De mythe van de oude aftandse baas', *De psycholoog* 25 (1990), 282-283.
176 H.J.F.W. Brugmans, 'Hedendaagsche toepassing der psychologie', *Mededeelingen van de Dr. D. Bos-stichting*, nr. 10 Groningen 1925, 4.
177 Ibidem, 4.
178 Zie ook Van Det, 'Beunhazerij'; J. van Dael, 'Misverstanden over psychotechniek', *NRC*, 28 februari 1939 en 2 maart 1939.
179 H.J.F.W. Brugmans, 'Psychologische beroepsanalyse en psychotechnische keuring', *Mededeelingen van de Dr. D. Bos-stichting*, nr. 17, Groningen 1936.
180 Prak, 'Het bedrijfsleven'. Van Det laakte de beunhazerij in de psychotechniek en weet het probleem aan het te grote vertrouwen in apparaten. De nieuwe interpretatieve richting bracht de psychotechniek weer binnen de wetenschap. E.J. van Det, 'Iets over psychologie en psychotechniek', *Jeugd en beroep* 1 (1928), 265-269; idem, 'Beunhazerij'.
181 Brown, *The definition*; zie ook J.G. Morawski & G.A. Hornstein, 'Quandary of the

quacks', J. Brown & D.K. van Keuren (red.), *The estate of social knowledge*, Baltimore 1991, 106-133.

182 Aldus de brochure *Voorlichting bij beroepskeuze in Nederland*, uitgegeven in opdracht van het Departement van Arbeid, Handel en Nijverheid (1924).

183 J.M. Louwerse, *De menschelijke factor in het bedrijfsleven*, Nederlands Instituut voor Efficiency, publicatienr. 40, 1929, 3.

184 Ibidem, 6.

185 Ibidem, 7.

186 Van Wayenburg, in *Verslag van het Nationaal Congres voor Beroepskeuze*.

187 Eisenga, *Geschiedenis*, 58. De Graaf, bij Heymans gepromoveerd, protesteerde daartegen: een psychotechnisch bureau diende door een psycholoog geleid te worden. H.T. de Graaf, 'De invoering van de psychotechniek in het sociale leven', *De opbouw* 4 (1921-1922), 814-820.

188 C.H. Sissingh, *Over beroepskeuze*, Baarn 1914.

189 Eisenga, *Geschiedenis*, 65-70.

190 R.A. Biegel, 'Medicus en psychotechnicus', *Arts en auto*, 27 februari 1937.

191 Ibidem.

192 Ibidem.

193 Roels, in *Verslag van het Nationaal Congres voor Beroepskeuze*, 99.

194 Révész, in Biegel e.a., *Voordrachten*, 19.

195 G. Révész, 'De toepassing van de psychologie in het bedrijfsleven', *Mensch en maatschappij* 5 (1929), 386-397, 393-394.

196 Révész, in Biegel e.a., *Voordrachten*, 19.

197 J.L. Prak, 'Het bedrijfsleven en de toegepaste psychologie', *De opbouw* 10 (1927-1928), 726-746.

198 Biegel, *Personeelsselectie*, 84.

199 Révész, in Biegel e.a., *Voordrachten*, 28.

200 Van Strien, *Nederlandse psychologen*, 80.

201 Ibidem, 80.

202 Biegel, *Personeelsselectie*, 86.

203 Brugmans zag in de toekomst een rol weggelegd voor onderwijzers bij het bepalen van de verstandelijke vermogens van kinderen met psychotechnische tests, maar stelde met nadruk dat zij daarbij 'medewerkers' van de psycholoog zouden zijn. H.J.F.W. Brugmans, 'Psychologische beroepsanalyse en psychotechnische keuring', *Mededeelingen van de Dr. D. Bos-stichting*, nr. 17, Groningen 1936, 15.

204 Waterink, in Biegel e.a., *Voordrachten*, 68.

205 Ibidem, 69.

206 G. Révész, *Psychologie van het bedrijfsleven. Problemen en resultaten der psychotechniek*, Haarlem 1930, 52.

207 J.E. de Quay, 'De methoden in de psychotechniek', in R.A. Biegel & J.E. de Quay, *De psychotechniek en haar methoden*, Den Haag 1929, 21.

208 T.T. ten Have, 'Vakopleiding en psychotechniek' (1938), in idem, *Verzamelde werken*

van T.T. ten Have, onder redactie van de Ten Have Roessingh Stichting, Lisse 1986, dl. 1, 262-270, 264.
209 T.T. ten Have, 'Het psychotechnisch onderzoek en zijn betekenis voor school- en beroepskeuze (beroeps*leven*)' (1937), in idem, *Verzamelde werken*, dl. 1, 271-284, 273.
210 Ibidem, 280.
211 Ibidem, 274.
212 Ibidem, 282.
213 Zie voor een geschiedenis T.A. Veldkamp & P. van Drunen, *Psychologie als professie. 50 jaar Nederlands Instituut van Psychologen*, Assen 1988.
214 Ibidem, 12.
215 De Quay, 'De methoden', 22.
216 Eisenga, *Geschiedenis*, 64.
217 Biegel, *Personeelsselectie*, 29.
218 Révész, *Psychologie*, 16.
219 Luning Prak, in Biegel e.a., *Voordrachten*, 54. Later werd hij nog lankmoediger wat betreft mensenkennis, zie Dehue, *De regels*, 203-204.

De valstrikken van de sensus communis

Huwelijk en scheiding

Het huwelijk tussen psychologie en mensenkennis is inmiddels ontbonden. In de psychotechnische retoriek van de jaren 1930 werd zoveel mogelijk de liefdevolle vereniging benadrukt van experiment en intuïtie, van psychologie en gezond verstand, van toetsen en schouwen. Psychologie en psychotechniek werden in het interbellum weliswaar afgebakend van mensenkennis en intuïtieve geschiktheidsbepaling, maar de combinatie, de bevruchting van mensenkennis door psychologie werd nodig geacht om de mens werkelijk te leren kennen. Bovendien moest ook de psycholoog over intuïtie beschikken om de mens echt te kunnen begrijpen. Tegenwoordig klagen psychologen over de onwelkome attenties van leken en de opdringerigheid van de common sense, en ze reageren verontwaardigd als men psychologie en mensenkennis tracht te koppelen. Wat ook in de praktijk het verkeer tussen psychologie en common sense moge zijn, men hoort van psychologen vooral over de breuk tussen beide.

Wanneer het in Nederland over psychologie en common sense gaat, valt nogal eens de naam van Johannes Linschoten. Terwijl Heymans wordt geëerd als de grondlegger van de discipline in Nederland, wordt Linschoten vereerd als de man die de psychologie na jaren van fenomenologische overheersing weer op het juiste, natuurwetenschappelijke spoor kreeg. Zijn naam en het boek waarin hij de revolutie verkondigde, *Idolen van de psycholoog*,[1] zijn een aanduiding geworden van de identiteit van de Nederlandse psychologie, met name haar demarcatie. 'Linschoten' en 'Idolen' markeren de wijze waarop de Nederlandse psychologie zich onderscheidt: van common sense, politiek, de maatschappij, religie, filosofie, kortom, van alles wat zich wel eens met psychologische zaken bemoeit, maar geen wetenschap en dus geen psychologie is. Inhoudelijk kan de Nederlandse academische psychologie van nu wellicht het best worden gekarakteriseerd als cognitivistisch; als het om haar grenzen gaat, zijn er geen betere termen dan 'Linschoten' en 'Idolen van de psycholoog'.

Dit hoofdstuk gaat vrijwel geheel over *Idolen*, over de precieze vorm van de grens die erin rond de psychologie wordt getrokken, over de retorica waarmee die demarcatie-arbeid wordt verricht, over de situatie waarin het boek verscheen en die het wilde veranderen, en over de rol die het is gaan spelen in de demarcatie-arbeid van latere psychologen. De keuze voor één auteur en één boek is vooral door dat laatste, hun invloed, verantwoord. Linschoten heeft met *Idolen* hele generaties van Nederlandse psychologen geïnspireerd, niet alleen met de visie op mens en psychologie die erin wordt geschetst, maar vooral met de retorische stijl waarmee dat gebeurt.

Reflecties

De fenomenologische psychologie van de Utrechtse School is wel beschreven als de culminatie van de anti-elementaristische tendensen die in het interbellum de kop opstaken.[2] De groep rond F.J.J. Buytendijk en M.J. Langeveld, waartoe Linschoten aanvankelijk ook behoorde, benoemde zichzelf niet als school, maar voelde wel een gezamenlijke identiteit in hun verzet tegen het positivisme en in de wens een ander soort psychologie te bedrijven.[3] Evenals Roels definieerde zijn opvolger Buytendijk[4] de psychologie vanuit de unieke aard van de mens. Waar voor Heymans het object van de psychologie, bewustzijnsverschijnselen, alleen in substantie (geest in plaats van lichaam) verschilde van het object van de natuurwetenschap, daar was voor Buytendijk en de zijnen het object van studie, de mens, uniek omdat het geen object is, maar een subject. Om dit unieke subject recht te doen wedervaren mocht slechts zeer beperkt gebruik worden gemaakt van een methodologie die oorspronkelijk voor de dode natuur was bedoeld. De positivistische wetenschap zou de vrijheid, de uniciteit, het ethische karakter van de persoon geweld aan doen. Om de mens werkelijk te leren kennen was niet het experiment de aangewezen weg, maar de ontmoeting, 'het belangeloos en begeerte-vrije, maar toch persoonlijk geïnteresseerde, deelhebben aan elkaar'.[5] De rol van de aldus verworven kennis in de samenleving lag niet in volkseducatie, zoals bij Heymans, noch in de toepassing van technieken, zoals in de vroege psychotechniek, maar in *Bildung*, vorming, vooral van studenten. Dit vormingsideaal kwam overeen met de houding die de meer 'persoonsgerichte', geesteswetenschappelijke psychotechnici, voorgegaan door Roels, sinds de jaren 1930 tegenover hun klanten waren gaan aannemen. Ook voor hen was de mens geen object waarvan de eigenschappen eenduidig konden worden bepaald, maar was elke mens een unieke 'unitas multiplex', met een eigen wezen dat niet kon worden vastgesteld, maar diende te worden begrepen. De rol van de psychotechnicus was dan ook niet die van beoordelaar, maar die van geestelijk leidsman.[6]

De onvrede die in meer positivistische kringen leefde over dit geheel van personalistische filosofie, geesteswetenschappelijke methodologie en maatschappelijke bevoogding, gaf aanleiding tot een reeks van reflecties op de aard van de psychologie en haar plaats in de samenleving. Er verschenen titels als *De mening van de psycholoog; uiteenzettingen over de grenzen en mogelijkheden van de huidige psychologie en haar toepassingen*[7] en *Elementair begrip van de psychologie*, de laatste bedoeld als 'ordening van gebieden, problemen, grondbegrippen en methoden'.[8] A.D. de Groot had in 1949 zijn openbare les al gewijd aan *De psycholoog in de maatschappij*, waarin hij stelde dat de praktijk-psycholoog een 'empirisch-wetenschappelijk ingestelde, psychologische *vakman*' diende te zijn.[9] H. Faber, die voor het tijdschrift *Wending* een psychologische kroniek bijhield, merkte naar aanleiding van onder andere deze boeken op dat 'de psychologen ten onzent blijkbaar een grote behoefte hebben over hun vak en hun werk te reflecteren, ja de titels alleen reeds wijzen op een sterke drang de identiteit van de psycholoog zo goed mogelijk te definiëren'.[10] De Groots *Methodologie*[11] is nog steeds invloedrijk[12] als positieve definitie van die identiteit: het gaf de regels waaraan wetenschappelijk psychologisch onderzoek dient te voldoen.[13] *Idolen* gaf de negatieve definitie van de psychologie: Linschoten formuleerde wat de psychologie niet is, wat geen psychologie is, en hoe de psychologie zich moet verhouden tot dat wat buiten haar grenzen ligt.

Methodologie en demarcatie zijn niet onafhankelijk. Methodologie biedt een criterium om wetenschappelijk van niet-wetenschappelijk onderzoek te onderscheiden. Methodologische argumenten spelen een belangrijke rol in demarcatie-retoriek, zoals eerder in dit boek is gebleken en ook in dit hoofdstuk zal blijken.[14] Maar met de methodologie van een discipline is niet haar omgeving bepaald, noch de rol die ze daarin speelt. De Groot had met *Methodologie* een formulering gegeven van de regels die het gedrag van psychologen onder elkaar zouden moeten sturen. *Idolen* legde uit in wat voor wereld psychologen zich bevinden, waarom psychologen in die wereld een methodologie nodig hebben, en wat ze de wereld te bieden hebben.

Terwijl *Methodologie* een min of meer definitieve formulering van de methodologische grondregels van de (Nederlandse) psychologie is gebleken en inmiddels 11 keer is herdrukt, is *Idolen* (laatste, derde druk 1978) gevolgd door een groot aantal monografieën, bundels, essays en voordrachten waarin de grenzen van de psychologie opnieuw ter sprake komen. Linschoten had de psychologie gedefinieerd als een discipline die zich moet onderscheiden van common sense; in de reflecties die op zijn boek volgden was vooral de vraag aan de orde hoe de psychologie zich vervolgens moest opstellen tegenover deze Ander. Essays als Duijkers 'Norm en descriptie in de psychologie'[15] en boeken als Hofstees *Psychologische uitspraken over personen*[16] en Vroons *Weg met de psychologie*[17] behandelen, elk op eigen wijze, de vraag wat de relatie moet zijn tussen de psychologie en de wereld waarvan ze zich door haar wetenschappelijke methodologie onderscheidt.

Dit genre van reflecties kan zelf niet binnen of buiten de psychologie worden gelokaliseerd. Het zijn teksten in de marge van de psychologie: feestredes,[18] krantecursiefjes,[19] beschouwingen geschreven tijdens een sabbatical,[20] essays in metapsychologische reeksen als *Psychologische verkenningen*.[21] Ze zijn vaak voor de 'geïnteresseerde leek' èn de collega-psycholoog bedoeld.[22] Als psychologen onder elkaar over de grenzen van de psychologie spreken dan gebeurt dat veelal in de grenszone die de psychologen-psychotechnici in 1938 stichtten: het NIP(P), met zijn congressen en (sinds 1966) het tijdschrift *De psycholoog*.[23] *De psycholoog* is nog steeds de plaats waar psychologen van verschillende pluimage (academische en praktijk-psychologen, deze of gene stroming) uit verschillende delen van het land de bredere thema's van de discipline bespreken. Tegelijkertijd wordt de behoefte gevoeld het grote publiek kond te doen van de grenzen van de psychologie. In de jaren 1960 en 1970 verspreidden psychologen vooral de boodschap dat men te hoge verwachtingen had van de psychologie. Verzoeken om moreel advies en wezensvragen als 'wat is de mens', hoe interessant en waardevol ook, vielen buiten de competentie van de psychologie. Het was zaak om dit soort misverstanden en de teleurstelling die er het gevolg van was, te voorkomen door de expertise van de psycholoog duidelijk te maken.[24] De laatste 20 jaar luidt de boodschap vaak dat het publiek psychologen te veel als therapeuten beschouwt en hun deskundigheid op andere gebieden over het hoofd ziet.

Op de grens rond de psychologie is dus een genre teksten te vinden, soms gericht naar binnen, soms naar buiten, vaak allebei, waarin over de grenzen van de psychologie wordt gesproken. Dit genre grenswerk is dikwijls opzettelijk retorisch. Stilistische kunstgrepen worden niet geschuwd, auteurs en sprekers doen hun best het verhaal leuk of mooi te brengen. Tabellen en formules komen er zelden in voor, verwijzingen naar filosofie en literatuur (Plato, Pascal, Proust) des te meer. De ironie, waarvan Prak in zijn opmerkingen over de mensenkennis de pionier was, is een kenmerkend stijlmiddel. *Idolen van de psycholoog* is exemplarisch voor deze opzettelijk retorische stijl. Het boek viel bij verschijnen onmiddellijk op door zijn provocerende karakter. Duijker schreef in zijn recensie: 'Linschoten lijkt er meer op uit, een knuppel in het hoenderhok te gooien, dan om een werkelijk empirisch gefundeerd standpunt uiteen te zetten. Wij zouden ons vergissen, indien wij zijn projectiel voor de steen der wijzen hielden.'[25] H. Faber sprak in zijn kroniek van 'speelse provocaties'.[26] *Idolen* lijkt juist door deze 'kwajongensachtige teneur'[27] te overtuigen: het is meer de houding die erin wordt uitgedrukt, dan de details van de argumentatie, meer de retorica dan de logica, die lezers noemen als ze gevraagd worden naar hun mening over dit boek.[28] Met *Idolen* deed Linschoten de Nederlandse psychologen een model aan de hand voor hun opstelling tegenover leken, voor hun grensretoriek.

Zelfbetrokkenheid

J. Linschoten
Foto collectie Universiteitsmuseum Utrecht

Linschotens wending van fenomenologie naar empirisch-analytische psychologie was een draai om een vast punt en niet zozeer een verandering van positie,[29] zoals hij zelf erkende: 'De argumentatie volgt ten dele uit een nadere beschouwing van geesteswetenschappelijke redeneringen, waarvan wel de premissen, maar niet de konklusies worden overgenomen', schreef hij in het voorwoord.[30] De bron van die premissen waren de intuïtieve zekerheden die 'wij' allen delen. In de *Inleiding tot de psychologie*, die hij in 1951 samen met B.J. Kouwer schreef, worden vrijwel alle belangrijke stappen in het betoog gedragen door evidenties. Zo beschrijft Linschoten[31] in het hoofdstuk over de 'gestaltpsychologie' de fysiologische verklaringen van de Gestalt-psychologen voornamelijk in onpersoonlijke vorm, maar hun 'fenomenologische' inzichten in de eerste persoon meervoud: 'Wanneer wij de ogen openen, zien wij een gestructureerde wereld, met afgegrensde dingen om ons heen.'[32] De fenomenologische psychologie was een studie van dit 'wij': 'het onderzoek van de wereld en situatie, zoals deze ons gegeven zijn',[33] met als doel de mens te begrijpen vanuit de zin van zijn wereld.

Ook *Idolen* is een zelfonderzoek, maar nu is het doel niet begrip, maar kritiek. De psycholoog houdt zichzelf tegen het licht om, met de wetenschappelijke methode als criterium, te bepalen wat er aan hem wetenschappelijk en psychologisch is, en wat niet. Waar Heymans een wetenschappelijke psychologie distilleerde uit de alledaagse, voor-wetenschappelijke psychologie, daar probeerde Linschoten de psychologie te zuiveren van haar onwetenschappelijke verontreiniging. De basis van de argumentatie is dienovereenkomstig een slag gedraaid: Heymans' demarcatie-arbeid steunde op het idee dat wij allemaal psychologische experimenten doen, Linschoten gaat uit van het gegeven dat psychologen ook mensen zijn. De psychologie is 'zelfbetrokken', want zij onderzoekt fenomenen zoals kennis en waarneming, die tegelijk object en middel van onderzoek zijn. Ze is daarmee uniek onder de wetenschappen: ook in andere disciplines bezint men zich op de eigen onderzoeksinstrumenten, maar alleen de psychologie onderzoekt het instrument dat ze allemaal gebruiken, het gedrag en de beleving van de mens, en dus ook van de onderzoeker. Mensen zijn echter onbetrouwbare onderzoeksinstrumenten, omdat ze onvermijdelijk de ideeën en denkgewoontes van de (onwetenschappelijke) maatschappij met zich mee dragen. Wat hun waarde in het dagelijks leven ook moge zijn, in de wetenschap worden zulke ideeën idolen in de zin van Francis Bacon, vooroordelen die de blik van de wetenschapper vertroebelen. Strenge methodologische formalisering en kwantificering zijn nodig om de idolen uit te bannen. De psychologie moet des te strenger zijn, omdat zij in tegenstelling tot disciplines als natuur- en wiskunde een terrein bestrijkt waarop iedereen zich bevoegd acht en zij door haar zelfbetrokkenheid 'dubbel kwetsbaar'[34] is voor de idolen van die 'alledaagse mensenkennis'.[35] Zelfbetrokkenheid is een probleem vanwege het bestaan van een alledaagse psychologie.

De termen mensenkennis en alledaagse psychologie komen in de rest van het boek nauwelijks voor. De psychologie staat vooral tegenover de 'sensus communis', een concept dat Linschoten introduceert met behulp van een 'wij'-constructie: 'Als gewone Westerse mensen hebben wij bepaalde gemeenschappelijke opvattingen over het menselijk gedrag, of zelfs over het wezen van de mens. (..) Wij zullen van zulke opvattingen in het vervolg zeggen dat zij behoren tot de Westerse *sensus communis*: het geheel van opvattingen over mens en wereld dat voor het dagelijks leven maatgevend, vanzelfsprekend, en gewoon is.'[36] De wending is dan al ingezet, want deze sensus communis, dit 'wij', is niet meer, zoals in de *Inleiding*, oorsprong en doel van de psychologie. Het eerste hoofdstuk van *Idolen* opent met de zin: 'De psycholoog is een specialist.'[37] De psycholoog wordt primair gedefinieerd door zijn wetenschappelijkheid, pas daarna door de eigen aard van zijn onderwerp. De demarcatie staat voorop — het feit dat het object van onderzoek ook opvattingen over de menselijke psyche heeft maakt het des te noodzakelijker die grens te bewaken. De sensus communis is namelijk niet wetenschappelijk, maar heeft wel de neiging zich voor zekere kennis uit te geven. Ze hindert de ware wetenschap, niet alleen met de eigenwijze tegenwerpingen van leken, maar ook, slinkser, door de psycholoog ongemerkt op te zadelen met allerhande vooroordelen, de idolen.

De sensus communis is de gemeenplaats waarop de argumentatie van *Idolen* is gebaseerd, de achtergrond 'waartegen de beschouwingen zich aftekenen'.[38] Linschoten doet echter grote moeite om de indruk te vermijden dat hij zich op een common sense begrip van common sense verlaat. De term 'common sense' is te oppervlakkig, legt hij uit: 'Het is een stopwoord van de sensus communis', dat wordt gebruikt als men zich wil beroepen op 'irreflexieve, vanzelfsprekende evidenties'.[39] Common sense is wat de sensus communis denkt te zijn. Linschoten weet beter, maar op grond waarvan blijft enigszins onduidelijk. 'De aard van wat we sensus communis noemen, sluit (..) precieze formele en materiële definities uit.'[40] Echter, gezien het grote belang van het begrip, 'moeten we (..) een aantal eigenschappen opsommen die wij er aan toeschrijven'.[41] Na de opsomming meldt hij: 'De existentie en de samenhang van deze kenmerken wordt hier niet bewezen, maar gesteld.'[42] De sensus communis krijgt hier de status van postulaat, een stelling waar Linschoten verantwoordelijkheid voor neemt, maar in de rest van het boek is van enige voorzichtigheid geen sprake meer en lijkt de sensus communis eerder het zelf-evidente karakter van een axioma te hebben. Kenmerken worden meestal in onpersoonlijke beweringen aan de sensus communis toegeschreven, zoals: 'In het dagelijks leven geldt rechtvaardiging achteraf als een bedenkelijke zaak'.[43] Af en toe wordt de 'wij'-constructie gebruikt: 'Wanneer bepaalde gegevens ons niet uitkomen, verwerpen wij ze als onwaarschijnlijk.'[44] Zulke stellingen staan nooit ter discussie: de kenmerken van de sensus communis worden door Linschoten niet alleen gesteld, maar ook algemeen bekend verondersteld. Wat de sensus communis is, is een gemeenplaats.

Hoe moeilijk de sensus communis ook valt te definiëren, duidelijk is wel dat het er niet best mee is gesteld. Weliswaar heeft de sensus communis 'zijn eigen recht'[45] en is hij alleen in de wetenschap een gevaar, niet in de samenleving, veel goeds kan Linschoten er niet over melden. De sensus communis is niet logisch gesloten,[46] is onkritisch,[47] sluit lastige vragen uit door ze te negeren of belachelijk te maken,[48] wordt nooit ter discussie gesteld,[49] is schemerig,[50] accepteert toepassing van de psychologie alleen als dat in de eigen kraam te pas komt[51] en is met zijn 'valstrikken'[52] de bron van de idolen in de psychologie.[53] Het 'metoden-dogmatisme'[54] van de psycholoog is nodig om zich tegen deze tegenstander te 'wapenen'.[55] Naast deze eenduidig negatieve evaluatie is in *Idolen* echter een dubbelzinnigheid te vinden in de bepaling van de precieze aard van de sensus communis. De Ander van de psychologie is zowel een object als een subject.

De ambiguïteit zit bijvoorbeeld in de eerste van de eigenschappen die Linschoten in het eerste hoofdstuk opsomt: de sensus communis bestaat uit 'principen (..) die voor alledaags handelen en denken beslissend zijn', hetgeen hij vervolgens parafraseert als 'principen van beoordeling van menselijk gedrag en menselijke verhoudingen'.[56] Enerzijds worden 'beleving en gedraging' gekenmerkt door 'bevangenheid in vooroordelen',[57] anderzijds is de sensus communis een 'grondslag voor de beoordeling van gedragingen'.[58] De eerste formulering suggereert dat de sensus communis gedrag en denken determineert, de tweede dat hij gedrag en denken evalueert. Als gedragsdeterminant zou de sensus communis object van de psychologie zijn, als reflectie op denken en gedrag een concurrent, een pseudopsychologie. In het eerste geval is de psychologie gedwongen de sensus communis voor gegeven aan te nemen (de wetenschap velt geen waardeoordelen over wat ze bestudeert) en komt men weer gevaarlijk dicht in de buurt van de fenomenologie, die zich wentelde in zelfbetrokkenheid. In het tweede geval kan en moet ze hem terzijde schuiven en de zelfbetrokkenheid met behulp van een strenge methodologie onschadelijk maken. Anders gezegd: alleen als de sensus communis een pseudo-psychologie is, kan de psychologie een wetenschap zijn. De tweede betekenis van sensus communis domineert dan ook: een demarcatie tussen psychologie en haar alledaagse concurrent staat voorop. *Idolen* bestaat grotendeels uit een poging om dit streven te rijmen met de gedragsdeterminerende aspecten van de sensus communis.

Taal en werkelijkheid

Linschoten onderscheidt een 'bijzondere klasse' van alledaagse vooroordelen die in de psychologie tot idolen worden. Ze tonen zich in uitspraken als: 'eerst denken, dan doen; keuze na overleg; een mens handelt volgens zijn rede. Deze impliceren dat menselijk gedrag een rationele structuur bezit.'[59] Tot de sensus communis behoort het idee dat de oordelen van mensen over zichzelf en anderen hun gedrag bepalen. De sensus communis denkt dat hij niet slechts een evaluatie achteraf is, maar daadwerkelijk gedragsdeterminant.

Linschotens argumentatie tegen dit gevaarlijke vooroordeel maakt gebruik van psychologisch onderzoek als dat van Festinger, dat een 'sterke aanwijzing'[60] levert dat wat mensen over de motieven van hun gedrag hebben te melden normaliter slechts een rechtvaardiging achteraf is. Een relatie tussen overleg en handelen is bovendien 'moeilijk aan te tonen',[61] of zelfs 'niet verifieerbaar'.[62] Deze empirisch-psychologische argumenten zijn ingevlochten in een weefsel van alledaagse evidenties. Zo volgt uit 'iedere keuze impliceert een zekere mate van spijt na de keuze'[63] dat rechtvaardiging achteraf een algemeen verschijnsel moet zijn; het beeld van de mens die eerst denkt en dan pas handelt 'doet ons denken aan mensen die in zichzelf praten';[64] iedereen houdt rationaliteit voor vanzelfsprekend, 'maar moet, wanneer hij ter verantwoording wordt geroepen, zijn redenen nog zoeken';[65] we verantwoorden onze partnerkeuze uit liefde, maar 'wij weten niet eens wat 'liefde' in dit (of enig ander) verband betekent'.[66] Alles bij elkaar is het 'psychologisch (..) adekwater'[67] om gedrag te beschouwen als het gevolg van aandriften, van motieven, dan van overwegingen, van motiveringen. 'Gedragskondities en interpreterende beleving van het eigen gedrag zijn verschillende zaken.'[68] Wat mensen zeggen en wat ze doen heeft zelden meer dan een toevallige relatie met elkaar. De grens tussen psychologie en sensus communis loopt parallel met een grens tussen werkelijkheid en taal.

Toch kan Linschoten het daarbij niet laten. Betekent het feit dat mensen 'in een sensus communis leven en denken en handelen'[69] werkelijk niets voor hun gedragingen? Zijn er geen historische of culturele verschillen in gedrag? Linschoten antwoordt eerst met een voorbeeld (het verzet van verschillende generaties Algerijnen tegen de Fransen) en een postulaat: de psycholoog 'postuleert dat voor de verklaring van het gedrag van Sahara-bewoners tegenover Fransen noch teologische, noch marxistische uitleggingen relevant zijn, maar veeleer de situatie van overmacht.'[70] Dan geeft hij toch toe dat de mens een 'diversiteit van kultureel en verbaal gedrag'[71] kan vertonen, maar voegt daar onmiddellijk aan toe dat de wetenschap in de eerste plaats geïnteresseerd is in het constante, niet in het wisselende. 'Een echte psychologie moet het gedrag van alle mensen van alle tijden kunnen verklaren — en dus afzien van de kultuurlijk zo verschillende waardensystemen als basis voor die verklaring.'[72] Een echte psychologie verklaart het gedrag niet uit de cultuur, maar uit de gedragsmogelijkheden van ons lichaam.

Uiteindelijk brengt Linschoten het 'kultureel en verbaal gedrag' onder in een apart domein, de tweede natuur. De eerste natuur is onze aangeboren, biologische natuur, bepaald door de genen. De tweede natuur is ons aangeleerde, culturele gedrag, dat zich kan ontwikkelen binnen de grenzen die door de eerste natuur worden gesteld. Kenmerkend voor de tweede natuur is dat taal en werkelijkheid er niet onafhankelijk zijn: het is een werkelijkheid die door de taal wordt vormgegeven. Het 'innerlijk' bijvoorbeeld, centraal onderdeel van de tweede natuur, is 'een verbale constructie'.[73] In die zin zijn de gevoelens, belevingen en gedragingen van de tweede natuur niet onecht, maar ook niet ècht echt: 'hun echtheid is verworven, betrekkelijk, variabel'.[74] Linschoten kan zijn misprijzen voor de tweede natuur nauwelijks onderdrukken; de balans van de tweede natuur, ergens tussen feit en fictie, blijft telkens naar de fictie doorslaan. Na uiteen te hebben gezet dat emotietermen geen werkelijk bestaande psychische entiteiten benoemen, maar coderingen zijn van situaties en de gedragstendenties waartoe ze aanleiding geven (en dus voorspellende waarde hebben), moet hem toch van het hart dat wat mensen over emoties zeggen eigenlijk slechts 'woordenspel' is.[75] Nuchter beschouwd heeft emotie-taal nauwelijks enig verband met 'reëel gedrag'.[76]

Later stelt Linschoten dat woorden als 'ik', 'ziel' en 'beschaving' evenmin verwijzen naar een 'eenduidig vaststelbare referent'[77] en waarschuwt hij dat de neiging tot substantivering, met elk woord correspondeert een ding, moet worden bedwongen. 'De verabsolutering van taalfunkties tot werkelijkheid afbeeldende funkties houdt geen rekening met het (..) inzicht, dat datgene wat wij 'werkelijkheid' noemen, voor een zeker deel met behulp van de taal wordt gevormd'.[78] Toch blijft een onafhankelijke werkelijkheid het criterium voor de zinnigheid van taal. Een woord zonder objectieve referent kan slechts 'binnen zijn kontext simuleren, iets te betekenen'.[79] Om niet aan de 'listen'[80] en 'verleidingen'[81] van de taal te bezwijken, moet een wetenschap zijn termen operationaliseren, hun betekenis vastleggen door het aanwijzen van een verzameling waarneembare, registreerbare referenten. Het idee dat met elk woord een ding correspondeert is een vooroordeel van de sensus communis; dat met elk woord een ding moèt corresponderen, is een eis van de wetenschap. De verbale constructies van de sensus communis zijn dan wel niet helemaal illusoir, vergeleken met de nuchtere eerlijkheid van de wetenschap (elk woord gegarandeerd door een stukje werkelijkheid) zijn het maar 'mytomagische procédé's'.[82]

Psychologie en fenomenologie

Na de tweede natuur te hebben gecreëerd als thuisland voor al het gedrag waar de sensus communis via de taal zeggenschap over heeft, kan Linschoten ten slotte het grondplan schetsen van de wetenschappelijke psychologie die hem voor ogen staat. Het is een discipline die zich nadrukkelijk tussen de wetenschappen plaatst. De uitzonderingspositie die bijvoorbeeld de fenomenologen voor de psychologie opeisten vanwege de unieke aard van de mens, wordt door Linschoten ontmaskerd als een idool van religieuze oorsprong.[83] Het 'beeld Gods' is zelfs 'het meest schadelijke van alle idolen',[84] omdat het immers een wetenschappelijke psy-

Anima quid fit, nihil intereft noftra fcire :
qualis autem, & quæ eius opera, permultum.

Een compositie van Linschoten uit *Idolen van de psycholoog*. Tekstbezorgers Broerse en Zwaan geven in de tweede druk uitleg: in het midden zijn te vinden de diersymbolen voor de vier evangelisten, namelijk leeuw, adelaar, os en mens. De mens is getekend als 'hersenschorsmannetje', waarmee de relatieve omvang van de motorische gebieden per lichaamsdeel op de hersenschors wordt aangegeven. Het Griekse citaat is van Homerus, *Ilias* XXII, 103-104, en luidt 'Wel verdraaid, dan is er in de onderwereld toch nog een ziel over, in de vorm van een schaduw [eidolon], maar benul zit er niet in.' Het Latijnse citaat is van Vives (1492-1540) en luidt: 'Wat de ziel is, is voor ons niet van belang te weten, maar wat haar eigenschappen en werkzaamheden zijn, interesseert ons in hoge mate.'

chologie onmogelijk maakt. De psychologie moet, net als de andere wetenschappen, uitgaan van het materialistisch postulaat en het gedrag van de mens tot zijn elementaire bestanddelen terugbrengen en daaruit verklaren. Dat houdt geen reductionisme in — psychologische verschijnselen kunnen niet worden herleid tot fysiologische en uiteindelijk natuurkundige processen. De psychologie behoudt haar zelfstandigheid omdat ze een apart niveau van organisatie bestudeert.[85] Zoals een huis wel van bakstenen is gemaakt, maar niet tot bakstenen kan worden herleid, zo is ook het gedrag van mensen slechts mogelijk door 'de 46 chromosomen van homo sapiens',[86] maar daartoe niet te reduceren.

De psychologie kan, net zo min als enige andere wetenschap, helemáál zonder de sensus communis. De onderzoeksobjecten van de wetenschappen — sterren, dieren, planten, menselijk gedrag — worden primair gedefinieerd door de sensus communis. 'In feite blijven alle wetenschappen, en dus *de* wetenschap, de ervaren objecten van de gewone man in het alledaagse leven veronderstellen.'[87] De psychologie moet zich, omdat ze een wetenschap pretendeert te zijn, van de sensus communis emanciperen, maar die emancipatie kan nooit volledig zijn, anders zou ook 'geen gewoon mens (..) nog in het gebied van de wetenschap kunnen worden binnengeleid'.[88] Aan de fenomenologie is de taak de 'morfologische kategorieën en de beelden van de sensus communis' te analyseren en te verhelderen met een 'wijsgerig-verbale analyse van de levenswereld'.[89] De psycholoog krijgt hiermee een helder zicht op zijn eigen uitgangspunten, waar hij zich vervolgens zo ver mogelijk van moet verwijderen. Zo heeft Linschoten uiteindelijk de fenomenologische psychologie van zijn jeugd gesplitst in een deel fenomenologie en een deel psychologie. Elk heeft zijn eigen waarde, maar die gaat verloren in de combinatie; gescheiden in aparte disciplines gedijen ze het best.

Een dergelijke demarcatie was in 1953 al voorgesteld door Kouwer, in een artikel getiteld 'Moderne magie'.[90] Hij verzette zich daar tegen het idee dat fenomenologie een wetenschap, een psychologie, kan zijn. De fenomenologie is een systematisering van 'de ervaring van het mysterieuze'[91] tot *ritus*, die vervolgens een sociale gebeurtenis, een *liturgie* wordt. Vanwege de aard van het mysterieuze, reëel doch irrationeel en ongrijpbaar, kan de fenomenologie geen wetenschap zijn. De wetenschap is immers rationeel en objectiveert. Fenomenologie is een vorm van magie: het bezweren, het oproepen van de 'essentie', zoals zij het mysterieuze noemt.

Kouwer bakende dus net als Linschoten de psychologie af van de fenomenologie en wees ze toe aan aparte disciplines, waar ze zich afzonderlijk nuttig konden maken. Toch is er een belangrijk verschil tussen Kouwers demarcatie en die van Linschoten. Ook Kouwer zag het feit dat de psycholoog zelf ook een mens is als uniek kenmerk van de psychologie: 'In de psychologie (..) heeft de onderzoeker de mens in zijn gedragingen onder de loupe en daarmee ook zichzelf *als onderzoeker*.'[92] (Kouwer gebruikte de term 'zelfbetrokkenheid' overigens niet.) Zijn objectiverende activiteiten worden daarom begrensd door het besef dat hij, en dus ook zijn object van onderzoek, subject is. De psycholoog hoeft zich niet voortdurend met die ambiguïteit bezig te houden, maar hij dient wel attent te zijn 'op het óók subject-zijn van zijn object, d.w.z. op een aspect van zijn object, dat hem steeds blijft ontsnappen en daarmee hoort in de sfeer van het mysterieuze'.[93] De psychologie zou zich nooit helemaal los kunnen maken van de fenomenologische magie. Linschoten echter had de mens verdeeld in een eerste en een tweede natuur en de eerste natuur aan de psychologie toegewezen. Bij de studie van dat object was per definitie geen fenomenologie nodig. De volgens Kouwer kenmerkende ambiguïteit van de mens, en dus van de psychologie, was door Linschoten met een demarcatie opgelost. Voor zover fenomenologie iets te maken had met de psychologie, was dat als verheldering van haar uitgangspunten. Door zich alleen op de eerste natuur te richten en zich methodologisch te disciplineren, kon de psychologie de zelfbetrokkenheid onschadelijk maken.

Benjamin Kouwer
Foto collectie ADNP

Sensus communis en gemeenplaatsen

Harald Merckelbach prees *Idolen* omdat het 'nu eens niet drijft op de zoveelste exegese van modieuze wetenschapstheorie, maar op het gezonde verstand'.[94] Een merkwaardig compliment, gezien het feit dat het gezonde verstand, de common sense,[95] in Linschotens boek de laagste trede op de ladder bezet: 'Het is een stopwoord van de sensus communis. In het gebruik wordt het stellen van bepaalde kritische vragen verhinderd.'[96] Toch heeft Merckelbach in zekere zin gelijk. Het grenswerk van *Idolen* steunt op gemeenplaatsen.

Kouwer had zijn demarcatie tussen psychologie en fenomenologie nadrukkelijk en expliciet op een zelf-evident, ons allen bekend fenomeen gebaseerd: 'Ons uitgangspunt is de voor de mens typerende *ervaring van het mysterieuze*, d.w.z. de ervaring van dat wat noodzakelijk verborgen en onkenbaar is, maar waar wij ons toch tegenover geplaatst voelen (..). Wij voelen ons als mens uiteindelijk in een wereld gezet, die ver boven ons uitgaat, waar steeds wat aan te ontdekken is en zal zijn, maar in principe toch weer mysterieus blijft.'[97] De fenomenologie neemt deze ervaring, die de wetenschappelijke psychologie begrenst, als haar primaire 'object' en kan daarom zelf geen wetenschap zijn. In Linschotens *Idolen* echter is er weliswaar sprake van dat de fenomenologie de alledaagse concepten bestudeert waarop de psychologie is gebaseerd, maar waar de demarcatie van psychologie en fenomenologie zelf op berust, wordt niet gethematiseerd.

Het grenswerk van *Idolen* steunt op het onderscheid tussen psychologie en sensus communis; de demarcatie van eerste en tweede natuur en van psychologie en fenomenologie volgen uit dat primaire verschil. De psychologie wordt, op haar beurt, gekenmerkt door het feit dat zij een wetenschap wil zijn. De essentiële kenmerken van wetenschappen, formalisering en functionalisering met als doel verklaren, voorspellen en beheersen, worden gegeven in onpersoonlijke beweringen zoals 'wetenschap betreft altijd kennis van de samenhang der verschijnselen',[98] of in beweringen ingebed in een 'wij-constructie': 'onder *formalizering* verstaan we de beschrijving van dingen en gebeurtenissen naar formele eigenschappen.'[99] Wie die 'we' zijn is niet duidelijk (Linschoten? wetenschappers? iedereen?), maar er is in ieder geval brede overeenstemming over de grondtrekken van de wetenschap: 'Wat ook iemand's wijsgerige stellingname mag zijn, we kunnen het met hem er over eens zijn dat in de wetenschap verschijnselen in funktie van andere verschijnselen worden beschreven.'[100] De details zijn een zaak voor de 'wetenschapstheorie'.[101] De aard van de sensus communis wordt, zoals eerder gezegd, eveneens uit de doeken gedaan in onpersoonlijke beweringen of in de eerste persoon meervoud, en van enige twijfel over de kenmerken ervan is nooit sprake. Wat die zekerheid draagt wordt evenals bij het concept wetenschap in het midden gelaten.

Zo staan gemeenplaatsen aan de basis van de demarcatie-arbeid van *Idolen*: 'we' weten wat wetenschap is, en 'we' weten wat de sensus communis is. We weten dus dat de sensus communis een geheel van opvattingen over de mens is, we weten dat dat doorgaans misvattingen zijn (en anders herinnert psychologisch onderzoek ons er wel aan), en we kunnen dan ook niet anders dan instemmen met de demarcatie tussen psychologie en sensus communis: de psychologie moet zich, om wetenschap te zijn, verwijderen van de 'mensenkennis'.[102] Er is een deel van het menselijk gedrag dat, paradoxalerwijze, door de misvattingen van de sensus communis wordt geregeerd, de tweede natuur, maar daar bemoeit de psychologie zich niet mee.[103] De psychologie is gedefinieerd door haar oppositie met de pseudopsychologie van de sensus communis.

door psychologen vanwege de 'zelfbetrokkenheid' van hun vak worden bedreigd en men heeft algemeen aanvaard dat de psychologie, om wetenschappelijk te zijn, zich voor de sensus communis moet hoeden. Maar de radicale breuk die Linschoten voorstelde ging velen te ver.

Duijkers bespreking van *Idolen* in het *Nederlands tijdschrift voor de psychologie en haar grensgebieden* is typerend.[115] De kern van Linschotens betoog was, vermoedde hij, 'dat de psychologie zich moet ontwikkelen vrij van metafysische dogma's of taboes, de verschijnselen moet beschrijven en ordenen zonder vooringenomenheid, haar eigen begrippen en theorieën moet ontwerpen en beoordelen op hun wetenschappelijke bruikbaarheid'.[116] Met deze objectieve houding, dit wantrouwen ten opzichte van de sensus communis, was Duijker het van ganser harte eens, maar hij zag niet in hoe een psycholoog ooit volledig los kon komen van de sensus communis. Dat het innerlijk sterk verbonden is met de taal gaf hij wel toe, maar was het daarmee een illusie? Denken wij dan niet, gaat er nooit iets in ons om? Linschotens aansporing om zich bij psychologisch onderzoek niets aan te trekken van mythische begrippen als zedigheid en schaamte zou bovendien leiden tot de consequentie dat ook humaniteit en gerechtigheid, evenzeer concepten uit de sensus communis, geen rol zouden hoeven spelen. Zou dat niet betekenen dat de psycholoog zich met een proefpersoon dezelfde vrijheden kan permitteren als met zijn proefdieren? 'Als de psycholoog schaamteloos moet zijn, waarom dan niet meedogenloos?'[117] Ten slotte, dat de sensus communis vol misvattingen zit, leek Duijker onmiskenbaar, maar dat zou juist een uitdaging moeten zijn voor wetenschappelijk onderzoek. De mens heeft de onweerstaanbare neiging zichzelf uit te leggen, blijkbaar 'een essentiële functie van dit merkwaardige apparaat',[118] dus zeker een legitiem onderwerp van psychologische studie. Linschotens voorstel om de sensus communis op grond van het 'materialistisch postulaat' buiten het domein van de psychologie te houden leek hem juist onwetenschappelijk. 'Idolen' met metafysica uitbannen is de duivel met Beëlzebub verdrijven.'[119] Een 'permanent grondslagenonderzoek'[120] leek hem een beter programma dan kritiekloze acceptatie van Linschotens postulaten en a priori's.

Dat grondslagenonderzoek vond ook inderdaad plaats, in de marges van de psychologie. Auteurs als Vroon, Hofstee en Duijker zelf bogen zich over de vraag hoe de psychologie het gebod van wetenschappelijkheid zou kunnen rijmen met haar band met de sensus communis. Duijker[121] zag het vak geplaatst voor een keuze tussen een wetenschappelijke, maar onmenselijke psychologie, en een menselijke, maar onwetenschappelijke psychologie: ofwel de psychologie ontdeed zich omwille van de wetenschappelijke objectiviteit van alledaagse vooroordelen, aldus de band met de menselijkheid verbrekend, ofwel ze koesterde de sensus communis, maar dan verbrak ze de band met de wetenschap. Terwijl Heymans en de psychotechnici de wetenschappelijke psychologie propageerden als een bastion van menselijkheid in een kille, materialistische wereld, stonden menselijkheid en wetenschappelijkheid na Linschoten op gespannen voet. Duijker koos voor de wetenschap, maar hij voegde er aan toe dat de interpretaties van menselijk gedrag die een wetenschappelijke psychologie zou opleveren dat gedrag weer konden veranderen, als ze tot de sensus communis zouden doordringen. Ook interpretaties zijn namelijk gedragsdeterminanten. 'Als de interpretaties der psychologie ingang vinden, verspreid worden, blijven ook die niet zonder invloed op het menselijk gedrag. Daarom komt de psychologie eigenlijk nimmer tot een afsluiting, tot een definitieve interpretatie: zij verandert door haar werkzaamheid haar object.'[122] Het was een compromis tussen het troebele mengsel van wetenschap en mensenkennis dat de fenomenologie had gebrouwen, en de zuivere distillaten van Linschoten: een kringloop van onderzoek, theorievorming, popularisering en gedragsverandering. Psychologie en sensus communis waren communicerende vaten.

De kritische psychologie, die toen school maakte, leidde uit de 'dialectische' verhouding tussen mens en wetenschap een emancipatoire psychologie af, maar dat was niet Duijkers bedoeling. Emancipatie was een bijverschijnsel, geen doel van psychologisch onderzoek. Al was een zuiver descriptieve psychologie dan onmogelijk, al konden psychologen zich nooit helemaal ontdoen van hun eigen menselijkheid, dat betekende niet dat de wetenschappelijke principes maar overboord moesten worden gezet ten gunste van maatschappelijke normen. Menselijk gedrag was bovendien niet zo maakbaar, de tweede natuur niet zo machtig, als de kritische psychologen meenden.

Met de menselijke veranderlijkheid die Duijker desondanks toeliet bleef er een restje Utrechtse School behouden in de Nederlandse psychologie.[123] De fenomenologen hadden altijd de vrijheid van het subject benadrukt tegenover de objectiverende ambities van de positivistische psychologie. Zo beargumenteerde D.J. van Lennep in zijn oratie, een van de hoogtepunten van de fenomenologische psychologie, dat een objectiverende psychologie alleen aanvaardbaar is als ze wordt ingebed in een 'ontmoeting' van psycholoog en onderzochte: 'Binnen het raam van het coëxisterende samenzijn, kan ik mij onderwerpen aan de objectiverende blik van de psycholoog, omdat de resultaten van dit onderzoek mij zullen worden aangereikt als gegevens waarmee ik in mijn poging mijn eigen weg te vinden rekening kan houden, en die ik te verwerken, dat wil zeggen te transcenderen zal hebben in nieuwe levensvormen.'[124] J.H. van den Berg hield zijn collega's voor dat de psycholoog het niet heeft over een pantoffeldiertje, maar over een mens die 'antwoordt op wat er over hem geschreven wordt en die door dit antwoord verandert'.[125]

Ook Kouwer zag psychologisch onderzoek als ingebed in een relatie tussen psycholoog en onderzochte, al prefereerde hij de term 'gesprek' boven 'ontmoeting'. Zijn ideeën werden in de jaren 1970 levend gehouden door W.K.B. Hofstee, onder andere door het uitgeven van Kouwers colleges over existentiële psychologie[126] en een bundel van zijn belangrijkste artikelen en voordrachten.[127] In 1974 publiceerde Hofstee een 'grondslagenonderzoek naar de betekenis van uitspraken omtrent personen',[128] waarin hij in navolging van Kouwer een zuiver natuurwetenschappelijke psychologie afwees ten gunste van een 'dialectische' zienswijze. Uitgangspunt was hier 'het onweerlegbare feit, dat de sociale wetenschappen (behalve *over* mensen) ook altijd direct of indirect *tegen* die mensen praten'.[129] En mensen kunnen zich dan, op grond van wat er over hen tegen hen wordt gezegd, anders gaan gedragen, of juist niet. De resultaten van objectiverend psychologisch onderzoek worden onvermijdelijk opgenomen in de impliciete dialoog tussen psycholoog en leek. Hofstees essay werkte de consequenties uit van deze 'dubbelzinnigheid' voor met name de relatie tussen psycholoog en cliënt.

In zijn studie van de methodologie van sociaal-wetenschappelijk onderzoek[130] verdedigde Hofstee deze dialectiek tegen Linschotens objectivisme. In *Idolen* had Linschoten beargumenteerd dat de terugkoppeling van psychologie naar menselijk gedrag geen principiële beperking van het natuurwetenschappelijk model inhield. Dat de proefpersoon 'antwoordt', zijn gedrag verandert op grond van onderzoek naar dat gedrag, is te beschouwen als een leerproces, en leerprocessen zijn onderhevig aan psychologische wetmatigheden. Het idee dat de proefpersoon door te antwoorden zijn spontaniteit en onberekenbaarheid bewijst, is een idool: 'een afbeelding van de vrijheid van de Schepper'.[131] Zo eenvoudig is het echter niet, meende Hofstee. Binnen de context van het onderzoek is terugkoppeling inderdaad niets bijzonders. 'Het effect van mededelingen over het gedrag op dat gedrag kan op dezelfde manier onderzocht worden als het effect van iedere willekeurige andere stimulus.'[132] In de 'mededelingsfase' echter, wanneer de uitkomsten van onderzoek gerapporteerd worden, is de dialectiek onontkoombaar. Rapportering kan en mag men niet opvatten als een experimentele stimulus, maar alleen als 'een open discussie tussen een onderzoeker en een principieel als gelijkwaardig aanvaard publiek'.[133] Om de terugkoppeling van psychologie naar gedrag volledig in termen van voorspelbare en beheersbare leerprocessen te kunnen beschrijven, zou het nodig zijn om van de rapportering ook een experiment te maken, en dan 'blijft er geen wetenschap maar alleen een manipulatieve technocratie over'.[134]

De strikte scheiding die Linschoten aanbracht tussen wetenschap en retoriek, tussen onderzoek en voorlichting, werd door Hofstee geamendeerd. Onderzoek en rapportering zijn weliswaar twee verschillende praktijken met verschillende principes, maar ze zijn onlosmakelijk met elkaar verbonden. Wetenschap dient te worden bedreven binnen een retorische context. De wetenschapper heeft de morele opdracht om ook redenaar te zijn, en in het geval van de psychologie wordt daarmee een kringloop gecreëerd tussen theorie en gedrag.[135] Althans: voor zover dat gedrag tot de tweede natuur behoort en, in de termen van Duijker, mede wordt bepaald door 'interpretaties'. Omdat de tweede natuur ook object van de psychologie is, krijgt de sensus communis, paradoxalerwijze, enige macht over de psychologie.

Wat bleef in deze en andere metapsychologische exercities was Linschotens afwijzing van een fenomenologische benadering en zijn opdracht tot het wantrouwen van de sensus communis. De psychologie diende zich primair zo onafhankelijk mogelijk op te stellen. De common sense was en bleef in de eerste plaats een alledaagse psychologie en dus een concurrent, waar men vanwege het unieke karakter van de psychologie des te meer voor moest oppassen. De blijvende populariteit van *Idolen* is een teken van de onverminderde aantrekkingskracht van deze opvatting. De psychologie zou de band met de tweede natuur nooit kunnen verbreken, maar toch vooral omdat de tweede natuur bestaat uit 'vooroordelen, idolen, vastgeroeste gewoontes'[136] waar de psychologie alternatieven voor zou kunnen geven. Linschotens oppositie van psychologie en sensus communis is de basis gebleven van de retorische demarcatie van de psychologie. Wanneer aan leken wordt uitgelegd wat psychologie is, dan gebeurt dat doorgaans met behulp van het idee dat wij allen psychologen zijn en er daarom juist een psychologische discipline nodig is.

Noten

1 J. Linschoten, *Idolen van de psycholoog*, Utrecht 1964.
2 L.K.A. Eisenga, *Geschiedenis van de Nederlandse psychologie*, Deventer 1978, 176.
3 Voor deze beschrijving van de Utrechtse School is geput uit T. Dehue, *De regels van het vak. Nederlandse psychologen en hun methodologie 1900-1985*, Amsterdam 1990, hfdst. 3. Daar wordt ook uitgelegd waarom de term 'personalistisch' de Utrechtse School beter beschrijft dan de gebruikelijke aanduiding 'fenomenologisch'.
4 Buytendijk werd in 1947 benoemd tot hoogleraar psychologie in Utrecht. Roels was ontslagen wegens zijn pro-Duitse houding in de oorlog. T. Dehue, 'Niederländische Psychologie unter deutscher Besetzung 1940-1945', *Psychologische Rundschau* 39 (1988), 39.
5 F.J.J. Buytendijk, *Het kennen der innerlijkheid*, Utrecht 1947, 26.
6 Dehue, *De regels*, 64.
7 J.P. van de Geer, *De mening van de psycholoog. Uiteenzetting over grenzen en mogelijkheden van de huidige psychologie en naar toepassingen*, Haarlem 1961.
8 A.D. de Groot, *Elementair begrip van de psychologie*, Haarlem 1965, woord vooraf. *Elementair begrip* verscheen oorspronkelijk onder de titel 'Psychologie' in E.J. Dijksterhuis e.a., *Wetenschap en leven: de wetenschap als cultuurfactor in onze tijd*, een bundel opstellen door E.J. Dijksterhuis e.a. onder redactie van O. Noordenbos, Haarlem 1959.
9 A.D. de Groot, *De psycholoog in de maatschappij*, Amsterdam 1949, 15.
10 H. Faber, 'Psychologische kroniek', *Wending* 22 (1967-1968), 550-568, 552. Faber noemde verder nog Van Strien, *Kennis en communicatie in de psychologische praktijk*, Bierkens, *Het denken van de psycholoog*, en Barendregt, *Research in psychodiagnostics*.
11 A.D. de Groot, *Methodologie: grondslagen van onderzoek en denken in de gedragswetenschappen*, Den Haag 1961.
12 In 1994 verscheen de 12de Nederlandstalige druk.
13 Zie Dehue, *De regels*, hfdst. 5, voor een historiserende analyse van *Methodologie*.
14 Zie ook Dehue, *De regels*; T. Dehue, *Changing the rules. Psychology in the Netherlands 1900-1985*, Cambridge 1995.
15 H.C.J. Duijker, 'Norm en descriptie in de psychologie', in idem, *De problematische psychologie en andere psychologische opstellen*, Meppel 1979, 147-189. Oorspronkelijk in 'Mededelingen der KNAW, afdeling letterkunde, nieuwe reeks, dl. 38, nr. 5, Amsterdam 1975.
16 W.K.B. Hofstee, *Psychologische uitspraken over personen. Beoordeling/voorspelling/ advies/test*, Deventer 1974.
17 P. Vroon, *Weg met de psychologie; terugblik, kritiek en uitzicht op de zielkunde*, Baarn 1976.

18 H.C.J. Duijker, 'De psychologie en haar toekomst', *De psycholoog* 12 (1977), 353-358.
19 P. Vroon, *Psychologie in het dagelijks leven. Signalement van vragen, verschijnselen en praktische informatie*, Baarn 1983.
20 Hofstee, *Psychologische uitspraken*.
21 Bijvoorbeeld H.C.J. Duijker, *Psychopolis*, Deventer 1980.
22 Zie bijvoorbeeld de voorwoorden van De Groot, *Elementair begrip* en Hofstee, *Psychologische uitspraken*.
23 E.E. Roskam, 'Psychologie: nomologie of mythologie', *De psycholoog* 9 (1974), 1-13; R. Roe, 'Over welke mensen gaat de psychologie eigenlijk? Of: wat een 50-jarige kan leren uit 100 jaar pech', *De psycholoog* 24 (1989), 67-73; R. Roe, 'Een serieuze zaak. Reactie op Wilke, Koele en De Thouars', *De psycholoog* 24 (1989), 135-139.
24 Zie bijvoorbeeld Van de Geer, 'Mening van de psycholoog', en P.J.D. Drenth, 'Protesten contra testen', *Alquinus* 10 (1968), 94-101.
25 H.C.J. Duijker, 'Idolen uit machines? Enige beschouwingen naar aanleiding van het postuum verschenen werk van J. Linschoten 'Idolen van de psycholoog', *Nederlands tijdschrift voor de psychologie en haar grensgebieden* 20 (1965), 623-644, 638.
26 Faber, 'Psychologische kroniek', 554.
27 W.K.B. Hofstee, 'Test voor toelating', *De psycholoog* 27 (1992), 449.
28 Zie bijvoorbeeld Hofstee, 'Test'; H. Merckelbach, 'Hoera', *De psycholoog* 27 (1992), 449; J.Th. Snijders, 'Mijlpaal', *De psycholoog* 27 (1992), 450.
29 S.J.S. Terwee, *Hermeneutics in psychology and psychoanalysis*, Berlijn 1990 (hfdst. 3).
30 Linschoten, *Idolen*, 11.
31 Het eerste deel van het boek, over psychologische theorieën, kwam voor rekening van Linschoten, Kouwer schreef het tweede deel, over de praktijk. B.J. Kouwer & J. Linschoten, *Inleiding tot de psychologie*, Assen 1951.
32 Kouwer & Linschoten, *Inleiding*, 59-60.
33 Ibidem, 89.
34 Linschoten, *Idolen*, 64.
35 Ibidem, 17.
36 Ibidem, 19.
37 Ibidem, 15.
38 Ibidem, 62.
39 Ibidem, 60 Een tweede reden om niet de term common sense te gebruiken is de associatie met de filosofische school van dezelfde naam.
40 Ibidem, 62.
41 Ibidem.
42 Ibidem, 64.
43 Ibidem, 190.
44 Ibidem, 204.
45 Ibidem, 64.
46 Ibidem, 63.
47 Ibidem, 53.
48 Ibidem, 63.

49 Ibidem, 226
50 Ibidem, 76.
51 Ibidem, 24, 59, 221.
52 Ibidem, 322.
53 Ibidem, passim.
54 Ibidem, 53.
55 Ibidem, 168, 409.
56 Ibidem, 63.
57 Ibidem, 53.
58 Ibidem, 20.
59 Ibidem, 186.
60 Ibidem, 192.
61 Ibidem, 193.
62 Ibidem, 195.
63 Ibidem, 190.
64 Ibidem, 193.
65 Ibidem, 194.
66 Ibidem, 197.
67 Ibidem, 195.
68 Ibidem, 200.
69 Ibidem, 226.
70 Ibidem, 227.
71 Ibidem, 228.
72 Ibidem, 229.
73 Ibidem, 290.
74 Ibidem, 310.
75 Ibidem, 292.
76 Ibidem.
77 Ibidem, 323.
78 Ibidem, 364.
79 Ibidem, 323.
80 Ibidem, 322.
81 Ibidem, 325.
82 Ibidem, 321.
83 In de *Inleiding tot de psychologie* wordt de oorsprong van het concept ziel ook in 'het religieuze besef' gelegd. Kouwer & Linschoten, *Inleiding*, 10. Religie is daar één van de 'oorsprongsgebieden' (8) van de psychologie, samen met mensenkennis, filosofie, literatuur, natuurwetenschap en psychiatrie. Afgezien van de natuurwetenschap worden deze domeinen in *Idolen* alle als de oorsprongsgebieden van de idolen van de psycholoog beschreven.
84 Linschoten, *Idolen*, 383.
85 Nota bene het verschil met Heymans, die dezelfde demarcatie verdedigde, maar op

grond van het feit dat bewustzijnsverschijnselen ons anders gegeven zijn dan fysiologische verschijnselen.
86 Ibidem, 373.
87 Ibidem, 404.
88 Ibidem.
89 Ibidem, 405.
90 B.J. Kouwer, 'Moderne magie. Over betekenis en waarde van de phenomenologie', *Nederlands tijdschrift voor de psychologie en haar grensgebieden* 8 (1953), 400-413; opgenomen in idem, *Persoon en existentie*, Groningen 1977, 35-47.
91 Ibidem, 35.
92 Ibidem, 39.
93 Ibidem.
94 Merckelbach, 'Hoera', 449.
95 De parafrase gezond verstand-common sense is van Linschoten, *Idolen*, 60.
96 Ibidem, 60.
97 Kouwer, 'Moderne magie', 35-36.
98 Linschoten, *Idolen*, 25.
99 Ibidem.
100 Ibidem.
101 Ibidem.
102 Ibidem, 52.
103 'Tweede natuur' is zelf een common sense begrip, en functioneert in gemeenplaatsen als 'gewoonte is een tweede natuur'.
104 In zijn voorwoord suggereert Linschoten zelf dat het boek onfalsifieerbaar is: 'Het zou interessant zijn wanneer de kritikus de werkzaamheid van menig idool in het denken van de schrijver zou aantonen om op die wijze te demonstreren dat het boek in zijn ongelijk gelijk heeft', ibidem, 11. Het is bovendien niet het resultaat van hypothesetoetsend onderzoek: 'de stellingen waren er eerst, het materiaal ter staving is er eklektisch bijgezocht', ibidem.
105 Ibidem.
106 W.K.B. Hofstee heeft, met niet eens zo heel veel ironie, voorgesteld om *Idolen* te gebruiken 'als test voor toelating tot de universiteit, ongeacht de studierichting', Hofstee, 'Test', 449.
107 Tekst van de uitgever, te vinden bijvoorbeeld achterin B.J. Kouwer, *Het spel der persoonlijkheid*, Utrecht 1963.
108 Linschoten, *Idolen*, 23, 74.
109 Linschotens schets van dit 'populaire tema' (ibidem, 202) doet sterk denken aan Heymans, *Toekomstige eeuw*, maar die wordt niet genoemd.
110 Ibidem, 219.
111 Ibidem, 62.
112 Zie boven, 'Grenzen en gemeenplaatsen'.
113 D. de Ridder, 'Favorieten van de psycholoog', *De psycholoog* 27 (1992), 444-446.
114 Onder andere C.E.M. Struyker Boudier, 'Psychologie en het zgn. 'gezonde verstand',

De nieuwe linie, 15 mei 1965; J.A. Michon, 'De drogredenen van het innerlijk', *NRC*, 10 april 1965; C.A.J. Vlek & L.F.W. de Klerk, 'Boekbespreking. Prof. Dr. J. Linschoten, Idolen van de psycholoog', *Hypothese* 10 (1965-1966), 19-24; Roskam, 'Psychologie'; H.C.J. Duijker, 'De psychologie: een visie op haar toekomst', in idem (red.), *Psychologie vandaag*, Deventer 1978, 238-259, 250; P. Vroon, *De hand op vandaag. Over het wetenschappelijk onderzoek in de Nederlandse psychologie*, Baarn 1982, 28; W.K.B. Hofstee, 'Prinsessen-op-de-erwt. Het fragilisme van de narratieve psychologie', *Psychologie en maatschappij* 18 (1994), 50-56, 55; W. Koops, 'Een beweeglijke psyche?', *Psychologie en maatschappij* 19 (1995), 273-280, 278.

115 Duijker, 'Idolen'.
116 Ibidem, 635.
117 Ibidem, 640.
118 Ibidem, 643.
119 Ibidem.
120 Ibidem, 644.
121 Duijker, 'Norm en descriptie'.
122 Ibidem, 185.
123 Zie ook Dehue, *De regels*, 207-212.
124 D.J. van Lennep, *Gewogen, bekeken, ontmoet in het psychologisch onderzoek*, Den Haag 1949, 28.
125 J.H. van den Berg, *Kroniek der psychologie*, (derde herziene druk) Nijkerk 1973, 60. Oorspronkelijke uitgave Den Haag 1953.
126 B.J. Kouwer, *Existentiële psychologie. Grondslagen van het psychologisch gesprek* (kollegediktaten bewerkt door W.K.B. Hofstee, K. Gouman, J.M.F. ten Berge & H.G. van der Veen), Meppel 1973.
127 B.J. Kouwer, *Persoon en existentie*, onder redactie van P.J. van Strien, H.G. van der Veen & W.K.B. Hofstee, Groningen 1977.
128 Hofstee, *Psychologische uitspraken*, 13.
129 Ibidem, 25.
130 W.K.B. Hofstee, *De empirische discussie*, Meppel 1980.
131 Linschoten, *Idolen*, 92.
132 Hofstee, *Empirische discussie*, 189.
133 Ibidem, 190.
134 Ibidem.
135 Zie ook de discussie tussen Rob Roe en Pieter Koele: Roe, 'Welke mensen', idem, 'Serieuze zaak'; P. Koele, 'De zinloosheid van generalizeren', *De psycholoog* 24 (1989), 76-78. Koele noemde psychologische kennis vanwege de terugkoppeling 'principieel van voorlopige aard' (Koele, 'Zinloosheid', 78), maar Roe stelde dat dit een idool is, 'dat ongewild door idolen-bestrijder Linschoten (..) in de wereld is gebracht' (Roe, 'Serieuze zaak', 137). Hij bestreed het idool met een appel aan de daadwerkelijke retorische realiteit: als psychologen elkaars werk al nauwelijks lezen en verwerken, dan zal dat voor het publiek al helemaal niet het geval zijn. Van terugkoppeling is de facto helemaal geen sprake.
136 Hofstee, *Empirische discussie*, 191.

De geest weet zelf niet wat de geest is

Psychologie en psychonomie

In maart 1968 verscheen er in *De psycholoog* een aankondiging van de oprichting van de Nederlandse Stichting voor Psychonomie; ook werd bekendgemaakt dat er een Sectie Psychonomie in oprichting was binnen het NIP. Aan het ontstaan van Stichting en Sectie waren enige conflicten voorafgegaan.[1] Eind jaren 1950 was er ontevredenheid gegroeid onder de NIPP-leden die zich met wetenschappelijk onderzoek bezighielden. Zij meenden dat de beroepsvereniging de behartiging van hun belangen verwaarloosde ten gunste van de psychologen die in de praktijk werkzaam waren. Sommige jonge onderzoekers werden al geen lid van het NIPP meer, terwijl dat voordien vanzelfsprekend was. Het NIPP, onder andere in de persoon van de toenmalige voorzitter Duijker, meende alle psychologen te moeten vertegenwoordigen en was de onderzoekers ter wille door een Sectie Research op te zetten. De statuten van de vereniging werden bovendien gewijzigd: bevordering van de psychologie tout court was nu het doel. In 1967 werd het adjectief 'praktizerende' uit de naam geschrapt en de vereniging herdoopt tot NIP. Het mocht niet baten. Na een hoopvol begin leed de Sectie Research een kwijnend bestaan en nam het onbegrip tussen de praktijkpsychologen en de groeiende schare onderzoekers toe. Met de Nederlandse Stichting voor Psychonomie (NSVP) organiseerde een groot deel van de onderzoekers zich buiten het NIP. Als gebaar van goede wil zetten de psychonomen nog wel de Sectie Psychonomie op binnen het NIP, maar dat bleef louter een papieren organisatie.

Het Instituut voor Zintuigfysiologie RVO-TNO in Soesterberg was de geboorteplaats van de Nederlandse psychonomie. Directeur Bouman, een fysicus, had daar al in de jaren 1950 enkele psychologen aangesteld, in de overtuiging dat zij een bijdrage konden leveren aan het perceptie-onderzoek van fysiologen, artsen en fysici.[2] Met de groei van het Instituut kwamen er meer psychologen, die in de multi-disciplinaire omgeving van Soesterberg de mogelijkheden van een experimentele psychologie konden verkennen. Aan het Instituut voor Perceptieonderzoek in Eindhoven gebeurde iets dergelijks. Het waren echter twee Soesterbergers, J.A. Michon en W.J.M. Levelt die het initiatief namen tot de NSVP.

Een belangrijk motief voor de psychonomen om zich buiten het NIP te organiseren was de veelheid aan disciplines die onder de naam 'psychonomie' verenigd waren: de niet-psychologen onder hen konden geen NIP-lid worden. Zoals ze dat in Soesterberg en Eindhoven gewend waren, werkten psychologen in de NSVP samen met onderzoekers uit andere disciplines. Er verenigden zich in de NSVP 55 onderzoekers, van wie twee derde psycholoog was en de rest medicus, linguïst, bioloog, fysicus of wiskundige. De naam 'psychonomie' was expliciet bedoeld om aan deze verscheidenheid recht te doen.[3] Maar er ging meer schuil achter de term. De uitgang 'nomie' (van νομος, wet) in plaats van 'logie' (van λογος, leer) verraadde verregaande pretenties ten aanzien van de psychologie.

Michon, secretaris van de Stichting, legde in *De psycholoog* uit wat de verhouding tussen psychologie en psychonomie was.[4] Zowel de stijl als de inhoud van het artikel ademen de geest van Linschoten. De psychologie, stelt Michon in de eerste alinea, wordt gehinderd door 'de betrekkelijk algemeen heersende opvatting, dat het onwelgevoeglijk is, de mens te reduceren tot een 'meetobject', een proefpersoon wiens 'volle menselijkheid' geen recht wordt gedaan'.[5] De psychonomie wordt vervolgens gedefinieerd als 'dat deel der fundamentele psychologie dat zich radicaal bevrijd heeft van deze scrupules'[6] en toetsbare, exacte en logisch sluitende theorieën van menselijk gedrag probeert te formuleren. Net als Linschoten benadrukt Michon het belang van kwantificering en operationalisering om te voorkomen dat er slechts 'mythologie'[7] wordt geproduceerd. Het betreft hier echter geen programma voor de gehele psychologie, wat de vraag oproept wat dan de relatie tussen psychologie en psychonomie is. Zij verhouden zich niet als astrologie en astronomie, stelt Michon de lezer gerust, om vervolgens een minstens zo aanmatigende analogie te geven. 'Als men een vergelijking wil trekken dan moet men eerder denken aan de verhouding tussen de praktizerende arts enerzijds en de anatoom of fysioloog anderzijds. De psychonoom dient tenslotte de theoretische basis en de instrumenten te leveren, waarmee de psycholoog kan werken.'[8] De psychologie neemt nog wel deel aan de psychonomie, maar ze kan haar eigen fundamenten niet meer monopoliseren: 'Het kwantitatief onderzoek van de psychische functies en het gedrag is geen alleenrecht van de psycholoog maar draagt een multi-disciplinair karakter.'[9] De psychologie heeft geen eigen object en is, voor zover ze geen psychonomie is, geen kennis maar kunde.

De NSVP wist haar ambities voor een niet onaanzienlijk deel te realiseren. In 1970 werd ze erkend door de Stichting voor Zuiver Wetenschappelijk Onderzoek en kwam daarmee in aanmerking voor toekenning van de onderzoekssubsidies van ZWO. De financiering van psychonomisch onderzoek door ZWO betekende ook een erkenning van de fundamenteel-wetenschappelijke status die de psychonomie ambieerde: de psychonomie at uit dezelfde ruif als de fysica en de chemie. Een groot aantal psychonomen drong bovendien door tot de top van de Nederlandse academische psychologie. Van het oorspronkelijke bestuur van de NSVP bijvoorbeeld was en bleef voorzitter Nico Frijda hoogleraar functieleer aan de Universiteit van Amsterdam, werd penningmeester Willem Levelt uiteindelijk directeur van het Max Planck-Instituut voor Psycholinguïstiek in Nijmegen en werd secretaris Michon hoogleraar experimentele psychologie aan de Rijksuniversiteit Groningen. Aan de Vrije Universiteit en aan de Rijksuniversiteit Utrecht kwamen leerstoelen psychonomie, elders werden de leerstoelen functieleer overwegend door psychonomen bezet. *Acta psychologica*, tot 1970 het *European journal of psychology* en onder redactie van onder anderen Duijker en Langeveld, werd in 1971 het *European journal of psychonomics*, geredigeerd door Van de Geer,[10] Michon en Vroon.

De psychologen schikten zich ondertussen niet in de rol van praktici, zoals Michon het zich had voorgesteld. Zijn uitdagende artikel bleef weliswaar onbeantwoord,[11] maar de psychonomen kregen niet de zeggenschap over wetenschappelijk psychologisch onderzoek. De niet-psychonomen onder de onderzoekers begonnen zich te verenigen in 'onderzoeksassociaties' die in de fondsenwerving concurreerden met de NSVP. Het overkoepelend orgaan van deze associaties, de Raad voor Wetenschappelijk Onderzoek in de Psychologie, fuseerde in 1985 met de NSVP tot de ZWO-Stichting PSYCHON, de Stichting voor Wetenschappelijk Onderzoek in de Psychologie en de Psychonomie.[12] De jaren 1970 waren bovendien de hoogtijdagen van humanistisch en of marxistisch geïnspireerde stromingen in de psychologie, die zich verzetten tegen de principes die de psychonomie met zoveel kracht propageerde. Deze psychologen wilden de mens juist niet reduceren tot meetobject, beschouwden de 'waardevrijheid' van de wetenschap als een dekmantel voor de verkeerde waarden, benadrukten het belang van theorievorming tegenover de 'positivistische' hang naar het verzamelen van feiten, en stonden actieonderzoek voor in plaats van experimenten.

Gegeven zulke diepgaande meningsverschillen is het niet vreemd dat er regelmatig werd gesproken van een crisis in de Nederlandse psychologie.[13] Er werd veelvuldig gedebatteerd over het gebrek aan theoretische eenheid in de psychologie, over de juiste methodologie voor het vak en de sociale wetenschappen in het algemeen, en over de verhouding tussen onderzoek en praktijk in de psychologie. Vooral dat laatste, en daarmee verbonden kwesties als de rol van normen en waarden in de psychologie, de (on-)mogelijkheid van objectiviteit, de taak van de psycholoog in de maatschappij en de verhouding met de sensus communis, waren onderwerp van discussie, met een langdurige polemiek tussen Duijker en Van Strien als hoogtepunt.[14] 'Psychonomie' was echter zelden het vaandel waaronder werd gestreden voor een natuurwetenschappelijk geïnspireerde psychologie. Zelfs de psychonoom E.E. Roskam gebruikte in zijn redevoering 'Psychologie: nomologie of mythologie?'[15] de term 'psychonomie' niet, al lag zijn voorkeur niet bij de mythologie.

Het woord is inmiddels enigszins in onbruik geraakt, maar wat onder de naam 'psychonomie' werd gepropageerd is tegenwoordig gemeengoed. Dat betrokkenheid en maatschappijkritiek het hebben afgelegd tegen waardevrijheid en objectiviteit als criteria voor goede psychologie is weliswaar niet alleen het werk van de psychonomen, maar de vestiging van een experimentele onderzoekspraktijk in de Nederlandse psychologie kan zeker voor een groot deel op hun conto worden geschreven. Soesterberg is zelfs wel 'de kraamkamer van de Nederlandse experimentele psychologie' genoemd.[16] De psychonomen introduceerden in Nederland bovendien de informatie-theorie en informatieverwerkings-psychologie die zij op hun studiereizen in Groot-Brittannië en de Verenigde Staten hadden leren kennen.[17] Inmiddels is het cognitivisme (de mens als informatie-verwerkend systeem) ook in Nederland het dominante paradigma in de psychologie. Het gebruik van modellen en simulaties, methoden die inherent zijn aan de systeem-benadering,[18] is wijd verbreid. Ook werken experimenteel psychologen nog steeds samen met linguïsten, neuro-wetenschappers, informatici en filosofen in een wetenschappelijke benadering van de fundamenten van geest en gedrag, maar nu heet het project 'cognitiewetenschappen'.

Piet Vroon

Psychonomen en andere experimenteel psychologen brachten het laboratorium terug in het centrum van de psychologie, nadat psychotechniek en fenomenologische psychologie het van die positie hadden beroofd. Het laboratorium-experiment was nu weer de zekerste manier om wetenschappelijke kennis te produceren; toegepaste psychologie werd met enig wantrouwen bekeken. 'Wat men proeft is een sfeer van 'het is nu wel gebleken dat de psychologie te vroeg uit het laboratorium gehaald is'.[19] Toch moesten de experimenteel psychologen de beschutte werkplaats af en toe verlaten om zich te presenteren aan het brede publiek. Uit de snelle acceptatie door zwo blijkt wel dat de psychonomie, geholpen door de contacten die men had gelegd in Soesterberg en Eindhoven, onder wetenschappers van andere disciplines voldoende krediet had opgebouwd om de financiering van het onderzoek veilig te stellen. Psychonomie en experimentele psychologie hadden echter ook een publiek gezicht nodig — om herkenbaar te zijn voor psychologen buiten de eigen kring, voor studenten, en voor potentiële afnemers van hun kennis en kunde. Het was een van de doelstellingen van de NSVP om 'de psychonomie en haar toepassingen, zoals ergonomie bijv. in de maatschappij beter bekend te maken'.[20] Michon publiceerde daarom regelmatig in de NRC, onder meer over Linschoten,[21] kunstmatige intelligentie[22] en ergonomie.[23] Het duurde echter enkele jaren voordat de popularisering van de psychonomie goed op gang kwam.

W.A. Wagenaar ontpopte zich vanaf de tweede helft van de jaren 1970 als een begenadigd propagandist. In *De beste stuurlui dempen de put*[24] beschreef hij de irrationaliteit van veel alledaagse beslissingen en liet hij zien dat psychonomie en ergonomie een betrouwbaar alternatief bieden voor de wijsheid van spreekwoorden. In het mede door Wagenaar geredigeerde *Proeven op de som*[25] werd door een keur aan psychonomen nogmaals de relevantie van de psychonomie voor de problemen van het dagelijks leven aangetoond. Wie zijn probleem in een van de hoofdstukken had herkend en onder de indruk was geraakt van de psychonomische aanpak, kon achterin de adressen vinden van de auteurs. Wagenaar publiceerde verder in het NRC *Handelsblad* over onder andere kansspelen en toernooien. Hij werd uiteindelijk een bekende Nederlander door zijn optreden als getuigedeskundige in het proces tegen de vermeende kampbeul Demjanjuk[26] en in de zaak rond Jolanda uit Epe. In 1990 ontving hij de NIP-Van Gorcum Mediaprijs voor zijn populaire werk.

Niemand heeft echter met zoveel succes de experimentele psychologie en haar toepassingen gepopulariseerd als Piet Vroon. Jarenlang was hij een van de twee gezichten van de Nederlandse psychologie; de andere zijde van de Januskop was René Diekstra, die de zachte kant van het vak vertegenwoordigde. Zowel Diekstra als Vroon bezetten een aantal malen de eerste plaats op de non-fictie top-tien van de Nederlandse boekhandels. Alsof hun beider lot werkelijk was verbonden, verdwenen ze kort na elkaar van het toneel. Piet Vroon overleed op 13 januari 1998, na een periode van fysieke en mentale malheur. René Diekstra is na de plagiaat-affaire weliswaar niet opgehouden met schrijven, hij zal waarschijnlijk niet meer de fenomenale oplagen van vroeger halen. De goedkeuring van zijn collega's is hij in ieder geval kwijt, evenals de NIP-Van Gorcum Mediaprijs die zij hem in 1994 gaven. Vroon won die prijs in 1992.

Dit hoofdstuk analyseert het demarcatie-werk van Vroon in de vele populariserende columns, bundels en boeken die hij publiceerde. De keuze, net als in het vorige hoofdstuk, voor het werk van één persoon, is ingegeven door drie overwegingen. Vroon was ten eerste in een aantal opzichten een erfgenaam van Linschoten. Hij was uiterst sceptisch ten aanzien van de sensus communis en beleed die scepsis in een stijl die vaak aan die van Linschoten doet denken. Voorbeelden van de irrationaliteit van de sensus communis ontleende hij dikwijls aan *Idolen van de psycholoog*. Ook Vroon zag de vooroordelen van het dagelijks leven vanwege de zelfbetrokkenheid van de psychologie als een bron van idolen en propageerde methodologische gestrengheid als remedie. Evenals Linschoten worstelde hij met de beperkingen van zo'n streng-wetenschappelijke psychologie, en hoewel zijn oplossing een andere was, probeerde ook hij tot een vergelijk tussen psychologie en fenomenologie te komen. Vroon heeft het ideeëngoed van Linschoten, die met *Idolen* vooral vakgenoten heeft geïnspireerd, verspreid onder een breed publiek.

Piet Vroon, ca. 1990
Foto collectie ADNP

Vroons grenswerk is bovendien belangrijk omdat het een psychologie afbakende en populariseerde waarvan de psychonomie de harde kern vormde. Al schreef hij niet in naam van de psychonomie, hij gaf haar wel een publieke aanwezigheid. Via Vroons columns en boeken raakte een grote schare lezers op de hoogte van de resultaten van experimenteel onderzoek op het gebied van waarneming, geheugen, denken en beslissen. De psychonomie, die zich, ongehinderd door humanistische scrupules, al formaliserend en kwantificerend verwijderde van de volle menselijkheid, kreeg in Vroon een woordvoerder die een breed publiek wist aan te spreken.

Zijn grote bekendheid alleen al rechtvaardigt de aandacht die hij hier krijgt. Vroon is beschreven als 'de meest gelezen Nederlandse psycholoog',[27] 'de bekendste psycholoog van Nederland',[28] en zelfs als 'waarschijnlijk de bekendste wetenschapper van Nederland'.[29] Hij schreef tussen 1981 en 1995 wekelijks een column voor de wetenschapsbijlage van *de Volkskrant*; de vijf bundels van die columns bereikten alle hoge oplagecijfers. Daarnaast schreef hij een aantal boeken, waarvan *Tranen van de krokodil* en *Wolfsklem* de bekendste zijn, was hij vaste medewerker van het VPRO-radioprogramma Het Gebouw, en werd hij veelvuldig geïnterviewd.

Vroon was kortom een zeer bekende vertegenwoordiger van de Nederlandse psychologie, voortgekomen uit een daarbinnen invloedrijke stroming, de psychonomie, wiens werk bovendien doortrokken is van het gedachtengoed van een man die een hele generatie psychologen aan het denken zette, Linschoten namelijk. Dat neemt niet weg dat Vroon niet alleen een bijzonder mens was, zoals de In memoriams zonder uitzondering hebben vermeld, maar ook een eigenzinnig psycholoog. Resultaten van experimenteel psychologisch onderzoek vormen het belangrijkste bestanddeel van zijn teksten, maar daartoe beperkte hij zich niet. Vroon had overal een mening over en vormde die mening met behulp van, onder andere, psychologie, biologie, fysiologie, neurologie, filosofie, taalkunde, en zijn eigen ervaringen. Hij behandelde, kritisch doch onbevangen, zaken die de meeste van zijn collega's angstvallig buiten de wetenschap trachten te houden — parapsychologie, alternatieve geneeswijzen, Lamarck en Sheldrake — en kwam daarbij vaak tot een positief oordeel. Al verdedigde hij psychonomie en experimentele psychologie als de meest betrouwbare bron van psychologische kennis, hij had een open oog voor existentiële en fenomenologische psychologie.

Vroons status als vertegenwoordiger van de Nederlandse psychologie was door dat alles tamelijk ambigu. Zelf beklaagde hij zich regelmatig over het gebrek aan waardering van zijn vakgenoten: ze zouden hem verwijten te veel te schrijven[30] en hem, om het theoretische karakter van zijn werk, niet serieus nemen.[31] Buitenstaanders kregen die indruk ook.[32] De psychologen die publiekelijk hun mening over Vroon ventileerden waren genuanceerder. Ze bekritiseerden weliswaar zijn slordigheid en de feitelijke onjuistheden in zijn werk,[33] maar roemden ook zijn passie en zijn gedurfde pogingen om een synthese te bereiken in de psychologie.[34] Niet in de laatste plaats hadden ze waardering voor zijn bijdrage aan de popularisering van de psychologie en eerden hem daarom met de NIP-Van Gorcum Mediaprijs.[35]

Uit die Mediaprijs en uit zijn bekendheid moet niet worden geconcludeerd dat Vroon louter een 'populair-wetenschappelijk' auteur was. Voor een wetenschapper was Vroon inderdaad uitzonderlijk populair, maar het zou een vergissing zijn om zijn columns en boeken zonder meer tot populariseringen te bestempelen. Populariseren, in de zin van het verspreiden van kennis, deed Vroon zeker. Zijn columns waren een doorgeefluik voor de resultaten van experimenteel psychologisch onderzoek. Die psychologische kennis ondersteunde echter altijd een boodschap over de stand van zaken in de wetenschap, de politiek en de wereld in het algemeen. De feiten werden telkens gemobiliseerd voor een mening. Vroon bewerkte zijn columns bovendien voor de bundels, voorzag ze van een inleiding en groepeerde ze in hoofdstukken. Zo ontstond een min of meer geïntegreerd geheel, dat in boeken als *Tranen van de krokodil*[36] uitgroeide tot een theorie van de psychologie. Synthese van de vele losse feiten en 'theorietjes' die de psychologie in haar geschiedenis heeft geproduceerd (de 'ontplofte confetti-fabriek' zoals hij het placht te noemen) was Vroons grootste ambitie.

Afgezien van de teksten die op een strikt wetenschappelijk publiek waren gericht (zijn proefschrift, de artikelen in wetenschappelijke tijdschriften), had Vroons werk dus het hybride karakter dat de marges van de psychologie kenmerkt. Niettegenstaande het grote aantal lezers werd er in de columns, bundels en boeken wel degelijk een vorm van wetenschap bedreven. Wat Vroon schreef óver de psychologie was, naar zijn mening althans, tevens een theoretische bijdrage aan het vak. Even kenmerkend voor de grenszone waarin Vroon bewoog is het demarcatiewerk dat hij verrichtte: hij trachtte de psychologie niet alleen vorm te geven door haar afzonderlijke delen te integreren, maar ook door haar af te bakenen van de common sense.

Vroon en Linschoten

Piet Vroon publiceerde zijn eerste twee boeken voor een breed publiek in 1976. *Bewustzijn, hersenen en gedrag*[37] was gebaseerd op colleges die hij tussen 1970 en 1975 als wetenschappelijk medewerker van het Psychologisch Laboratorium van de Universiteit Utrecht had gegeven. Over dat boek, dikker, moeilijker en filosofischer dan het andere, kom ik verderop in dit hoofdstuk te spreken. *Weg met de psychologie*[38] verscheen later dat jaar en is een aanmerkelijk lichter boek: amper honderd pagina's en een korte literatuurlijst. Stijl, thematiek en standpunten zijn echter kenmerkend voor het oeuvre dat Vroon hierna zou scheppen — zo kenmerkend dat het latere werk een uitgewerkte versie lijkt van de schets in *Weg met de psychologie*.

Het boek opent met de constatering dat de psychologie een verdeelde wetenschap is, die bovendien door het publiek nauwelijks gewaardeerd wordt. Als verklaring oppert Vroon dat beide problemen voortkomen uit het feit dat het menselijk bestaan zelf 'een bijna onoplosbaar probleem is'.[39] Het menselijk gedrag sluit strijdige elementen in zich: de mens is dierlijk en geestelijk tegelijk, zowel getuige als verdachte van het eigen gedrag, zowel knecht van processen in het lichaam en de omgeving, als heer over het eigen bestaan. Die verscheurdheid is het gevolg van de biologische geschiedenis van de mens. Het menselijk zenuwstelsel lijkt op een stapel borden die in de evolutie te snel op elkaar zijn gestapeld: het bestaat grofweg uit drie structuren van verschillende ouderdom die slecht met elkaar communiceren. Denken doen we met de nieuwste structuur, de neocortex, maar geschiedt grotendeels onafhankelijk van de processen in de twee oudere delen, de hersenstam en het limbisch systeem. We worden dan ook regelmatig overvallen door de resultaten van processen in de oude delen van ons brein, zoals emoties. De mens is geen eenheid van zin, zoals de fenomenologen meenden, maar een 'eenheid van onzin ofwel een nogal aggregaatachtig geheel'.[40]

Ook de verdeeldheid van de psychologie is terug te voeren op de borden in onze schedel. De verschillende scholen en stromingen in de psychologie, van behaviorisme tot humanistische psychologie, richten zich op verschillende lagen van het menselijk brein en bestaan, maar verabsoluteren hun bevindingen over de gehele mens. Het dogmatisme is een gevolg van de zelfbetrokkenheid van de psychologie, waarbij Vroon naar Linschoten verwijst. Psychologen projecteren hun eigen zelfconcept, verworven in het dagelijks leven, op hun onderzoeksobject. Andere, even dogmatische opvattingen worden belachelijk gemaakt. Samenwerking en synthese zijn zeldzaam.

Hoe moet het dan verder met de psychologie? De basis van het antwoord wordt gevormd door een uitgebreide beschouwing, drie hoofdstukken lang, over zelfbetrokkenheid. Vroon maakt veel gebruik van Linschotens uiteenzetting in *Idolen*, maar wijst diens oplossing uiteindelijk af. Linschoten, meent Vroon, zag de mens als stimulus-respons automaat — de psychologie diende zich niet bezig te houden met innerlijke processen, maar moest het gedrag verklaren, voorspellen en beheersen als functie van de omgeving. Een achterhaald idee, volgens Vroon. Mensen zijn geen spiegel van de situatie, ze selecteren en interpreteren de informatie uit hun omgeving.[41] Dat geldt bovendien ook voor de onderzoeker. Ook de vragen die de zogenaamde zuivere wetenschap stelt zijn ingegeven door 'morele, culturele en economisch-financiële oordelen en belangen'.[42] De psychologie is onontkoombaar normatief. Daar komt nog bij dat het menselijk gedrag niet onafhankelijk is van de psychologie. Verwijzend naar Duijker stelt Vroon dat de psychologie nooit afkomt doordat zij haar object voortdurend verandert. Ten dele althans: gedrag dat bestuurd wordt door de lager gelegen delen van het brein onttrekt zich immers aan bewuste beheersing door de neocortex.

Linschotens radicale breuk tussen psychologie en sensus communis zag Vroon, net als Hofstee en Duijker, als een onbereikbaar ideaal. De zelfbetrokkenheid van de psychologie zou zich altijd doen gelden, als normatieve invloeden vanuit de samenleving of als gedragsproductie door de discipline zelf. Daaruit resulteerde volgens Vroon een dilemma dat hij in navolging van Duijker formuleerde als dat tussen een menselijke, onwetenschappelijke psychologie die de normen en vooroordelen van de sensus communis vrij baan geeft, en een onmenselijke, wetenschappelijke psychologie die zich zoveel mogelijk van de sensus communis afschermt. Zijn voorkeur ging uiteindelijk uit naar de psychonomie: die benadering is interdisciplinair, wat in de wetenschap vruchtbaar is gebleken, houdt zich verre van complexe en dikwijls onbruikbare concepten als karakter en persoonlijkheid, en, meest belangrijk, zij richt zich 'op die aspecten van het menselijk zijn, waarover het zgn. gezond verstand en de moraal van allerlei herkomst geen oordeel hebben'.[43] Stromingen als de humanistische en kritische psychologie zitten vol goede bedoelingen, maar wetenschappelijkheid is belangrijker. Om niet al te onmenselijk te worden en haar onvermijdelijke band met de samenleving een nuttige vorm te geven, zou de psychonomie haar kennis ten dienste moeten stellen van het welzijn van de mens. Bruikbaarheid van onderzoek zou moeten prevaleren boven mathematisch purisme en eindeloos, overgespecialiseerd detailonderzoek. Aan een zo strikt mogelijke demarcatie tussen psychologie en common sense zou een heilzame alliantie moeten worden toegevoegd.

De alledaagse psychologie

De psychonomie moet wel de erkenning krijgen die ze verdient, wil ze haar nuttige werk kunnen doen. Er is, meende Vroon, 'bij het grote publiek, de overheid en vooral binnen de universiteiten een geheel ander type waardering van 'psychologie' nodig. Veel studenten komen aan met ideeën die voornamelijk uit de middeleeuwen stammen, en ze kunnen daar nog niets aan doen ook'.[44] Hij begon het karwei meteen. *Weg met de psychologie* eindigt met enkele pagina's waarin de 'pluriforme, zakelijke, niet-intuïtief wetende benaderingswijze'[45] van psychonomie en ergonomie wordt geïllustreerd aan een aantal concrete problemen, zoals spellingshervorming en de besturing van mammoet-tankers. Ook Vroon gebruikte de term 'psychonomie' na de jaren 1970 allengs minder, maar hij bleef de experimentele psychologie populariseren, vooral door te laten zien hoe haar kennis in het dagelijks leven te pas komt.

Popularisering was echter niet voldoende. Vroon zag in de 'alledaagse psychologie' het grootste obstakel voor de erkenning van de psychonomie. Een groot deel van zijn columns, bundels en boeken besteedde hij aan demarcatie-werk, waarin hij de common sense tegenover de psychologie zette, de misvattingen van de eerste en de betrouwbare kennis van de tweede toonde, en fulmineerde tegen hen die het verschil niet zagen en de meerwaarde van de psychologie ontkenden.

Ook hij ontkwam daarbij niet aan de paradox van demarcatie-retoriek en moest steunen op alledaagse kennis om het publiek te overtuigen van de feilen van de common sense. Evenals Heymans, de psychotechnici en Linschoten construeerde hij uit vanzelfsprekendheden gemeenplaatsen waar psycholoog en leek elkaar tot beider voordeel konden vinden.

De belangrijkste gemeenplaats is het topos van de alledaagse psychologie. 'Ons land telt in zekere zin vijftien miljoen psychologen, pedagogen, sociologen, economen, natuurkundigen en zo meer. We doen allemaal uitspraken die op verschillende gebieden van wetenschap liggen, en we gedragen ons ook als wetenschappers. (..) Men spreekt hierbij vaak over het 'gezond verstand'. In het Engels heet dit *common sense*.'[46] Dat er onder de alledaagse wetenschappen ook een psychologie is, is duidelijk: de voorbeelden 'liggen voor het oprapen'. Roodharigen zijn gevoelig, huilende kinderen moet je niet teveel uit bed halen. Zulke 'zielkundige intuïties'[47] kunnen nuttig zijn, maar leiden ook vaak tot onverstandige beslissingen, waaronder (dubbel onverstandig) het negeren van de goede raad van echte zielkundigen. 'Kern van het probleem is dat zowel overheid als bedrijfsleven zich vaak baseren op wat we een 'psychologie van het dagelijks leven' kunnen noemen. Als aanbevelingen van deskundigen niet met die vuistregels in overeenstemming zijn, worden hun duurbetaalde werkstukken vaak in een onbereikbare bureaula opgeborgen.'[48]

De enorme hoeveelheid verrassende psychologische feiten die Vroon in zijn teksten in hoog tempo aan de lezer presenteert, is in zekere zin één lang argument voor de ontoereikendheid van de alledaagse psychologie. Hardlopen blijkt soms te helpen tegen een depressie, door de neus ademen is goed voor de concentratie en het postuur, en mensen in veiliger auto's gaan, tegen de verwachting in, onveiliger rijden. De psychologie toont met dit soort feiten aan dat commonsensekennis onvolledig en onbetrouwbaar is. Ernstiger nog is het probleem dat daaraan ten grondslag ligt. Het mensbeeld van de alledaagse psychologie deugt niet — het 'lijkt op het mensbeeld uit de tijd dat de zon om de aarde draaide'.[49] Om zijn publiek hiervan te overtuigen construeert Vroon een tweede gemeenplaats, die naadloos aansluit op de eerste: het topos van de redelijkheid.

In het dagelijks leven, stelt Vroon, verklaren we ons eigen gedrag en dat van anderen uit rationele overwegingen. Dat we allen in de greep zijn van dit rationalisme is evident: 'We maken elkaar wijs dat we eerst waardesystemen hebben, iets denken of wensen en het vervolgens doen. De overweging gaat vooraf aan de daad en is van hogere orde dan de daad.'[50] 'De populaire psychologie' zegt dat de mens redelijk is.[51] Wij geloven 'dat we eerst denken en dan handelen, eerst een waardesysteem ontwikkelen en vervolgens het gedrag vormgeven, dat keuze volgt op overleg'.[52] Mensen overschatten de rol van taal en verstand, en onderschatten het psychologisch belang van basisfuncties als eten en drinken.[53] Er kan 'worden vastgesteld dat wij ons in de Westerse cultuur een wel erg rationele rol hebben toegedicht'.[54] Door dit rationele mensbeeld is de alledaagse psychologie een lastige, want dogmatische concurrent: de common sense meent zelf oorzaak van het gedrag te zijn. Wij denken redelijk te handelen.

De werkelijkheid is anders. Er gaapt maar al te vaak een kloof tussen onze woorden en onze daden, zoals blijkt uit psychologisch onderzoek naar attitudes en motieven. Wie mensen bijvoorbeeld vraagt een pleidooi te houden voor een stelling waarmee ze het niet eens zijn, zal naderhand een kleine attitudeverandering kunnen meten in de richting van die stelling. Wanneer de meting na enkele weken herhaald wordt, is het effect verdwenen. In het gedrag verandert ondertussen niets. Vroons conclusie, en een van zijn favoriete uitdrukkingen: 'we doen niet wat we zeggen en we zeggen niet wat we doen.'[55] Iets dergelijks geldt voor de motieven die mensen geven voor hun gedrag. Een voorbeeld dat Vroon aan Linschoten ontleende: als men ongetrouwde en getrouwde mensen vraagt naar hun redenen om te (gaan) trouwen, dan blijken alleen de getrouwden het met elkaar eens te zijn. Zij hebben blijkbaar achteraf identieke motieven geconstrueerd. Motieven zijn weinig meer dan een rechtvaardiging achteraf.

Beleid

Linschoten richtte zijn pijlen vooral op de door sensus communis bevangen leken en fenomenologen. Vroon had daarnaast een ander doelwit: de beleidsmakers. Nergens heeft het misplaatste rationalisme van de common sense zulke desastreuze gevolgen als in het overheidsbeleid. Vroon besefte dat hij zich met zijn kritiek op bureaucraten en politici, een regelmatig terugkerend onderdeel van zijn *Volkskrant*-columns, aansloot bij een wijdverbreid sentiment. 'We zijn het in dit land over alles oneens, behalve over de constatering dat het overheidsbeleid vaak faalt.'[56] Het cliché kreeg echter een wetenschappelijke draai. Vroon ergerde zich aan de beleidsmakers omdat zij 'steeds maar weer maatregelen bedenken die strijdig zijn met de manier waarop wij zijn gebouwd'.[57] Ziekmakende gebouwen, het WAO-debacle, de verhoging van de brandstofaccijns, de overdaad aan verkeersborden langs de weg, het specialistengeeltje: allemaal voorbeelden van overheidsbeleid dat is mislukt door een misplaatst vertrouwen in alledaagse psychologische intuïties.

Het probleem is niet alleen dat specifieke common sense noties (zoals het idee dat een hiërarchie efficiënter is dan een platte organisatie) niet stroken met de werkelijkheid. Beleid faalt vooral door het rationalisme van de alledaagse psychologie. 'De overheid meent te weten dat bijna alle gedragingen door regels geleid zijn en van tevoren uitgedacht en gepland'.[58] Vandaar dat de overheid vertrouwt op 'regelgeving' om maatschappelijke problemen op te lossen en, wanneer dat het gedrag niet blijkt te veranderen, niets beters weet te verzinnen dan nog meer regels. Even vruchteloos zijn de pogingen om via voorlichting het gedrag van burgers te veranderen. 'Vele malen is aangetoond dat dergelijke voorlichtingscampagnes nauwelijks effect op het gedrag hebben; toch blijft men ervan uitgaan dat een mentaliteitsverandering ook een gedragsverandering betekent.'[59] Het falende overheidsbeleid is het meest zichtbare symptoom van het fundamentele manco van de common sense: het geloof in redelijkheid.

Vroons grenswerk is tot zover een getrouwe kopie van dat van Linschoten. De psychologie staat tegenover een alledaagse variant, die niet alleen vol onjuistheden zit, maar zichzelf ook volkomen ten onrechte als gedragsdeterminant beschouwt. Vroon legt, net als Linschoten, veel nadruk op de evidentie van ons geloof in redelijkheid. Het is volstrekt duidelijk dat wij onszelf rationeel achten. Diametraal tegenover het mensbeeld van de common sense staat de werkelijke gang van zaken: taal en redelijkheid volgen op het gedrag, niet andersom. Linschoten en Vroon steunen hier beiden op psychologisch onderzoek, maar Vroon heeft nog een ander argument: de ondeugdelijkheid van het alledaagse rationalisme blijkt uit het voor iedereen zichtbaar ineffectieve overheidsbeleid.

Kritiek op beleidsmakers vervult zo twee functies in Vroons betoog. Ten eerste is hun falen een teken dat de alledaagse psychologie berust op een rationalistische illusie. Er is weliswaar psychologisch onderzoek nodig om de kloof tussen woorden en daden aan het licht te brengen, maar de gevolgen van een misplaatst vertrouwen in redelijkheid en common sense zijn voor iedere belastingbetaler zichtbaar. Daaruit blijkt bovendien de noodzaak van psychologische expertise voor de overheid. Linschoten wilde vooral de psychologie zuiveren van de idolen van de sensus communis, had weinig aandacht voor de toepassing van psychologische methoden en was uiterst sceptisch over het gebruik van psychologische kennis. Vroon daarentegen meende dat de psychologie onvermijdelijk verbonden is met de samenleving en liet met zijn kritiek op het overheidsbeleid zien dat de expertise die de experimentele psychologie had voortgebracht de samenleving daadwerkelijk van nut zou kunnen zijn.

Verdeeldheid

Evenals Linschoten maakt Vroon van de kloof tussen woorden en daden het principe van de demarcatie tussen alledaagse en wetenschappelijke psychologie. Als duidelijk is dat 'gedrag vaak aan andere wetten gehoorzaamt dan het denken (over gedrag)', dan volgt daaruit 'dat we vaak onjuiste theorieën over ons doen en laten hebben'.[60] Als common sense geen oorzaak van gedrag is, dan is het ook niet de verklaring ervan. Het verschil tussen alledaagse en wetenschappelijke psychologie is het verschil tussen woorden en daden, dogmatiek en onderzoek, zelfbedrog en werkelijkheidszin.

Dat woorden en daden meestal weinig verband met elkaar houden, beargumenteert Vroon vooral met behulp van psychologisch onderzoek. Het thema is echter ingebed in een gemeenplaats die het in een existentiële context plaatst. De kloof tussen woorden en daden, en daarmee de oppositie van alledaagse en wetenschappelijke psychologie, is een symptoom van de verdeeldheid, tweespalt, desintegratie en zelfvervreemding die het gehele menselijk bestaan kenmerkt. De mens is gespleten.

De verdeeldheid van de mens is de rode draad in Vroons gehele populaire oeuvre, maar is het meest nadrukkelijk aanwezig in de vier boeken die min of meer het begin en eind van zijn carrière als 'publiekspsycholoog' markeren. De lijnen die Vroon had uitgezet in *Bewustzijn, hersenen en gedrag* en *Weg met de psychologie* werkte hij jaren later verder uit in *Tranen van de krokodil*[61] en *Wolfsklem*.[62] Het resultaat was een visie van enorme breedte die een alternatief moest bieden voor het mensbeeld van de common sense: een overkoepelende theorie van de menselijke natuur. De theorie verklaart waarom de mens verdeeld is, waarom de psychologie evenmin een eenheid is, waarom we zo'n gebrekkige common sense hebben en hoe dit alles samenhangt met genocide en verkeersovertredingen.

In hoofdstuk 2 en 3 van *Tranen van de krokodil* somt Vroon de vele tegenstrijdigheden op die het menselijk gedrag en bestaan kenmerken. Ook hier benut Vroon bestaande gemeenplaatsen om een ruimere gemeenplaats te creëren. 'Afgezien van spectaculaire excessen wordt iedereen in het dagelijks leven geconfronteerd met onbegrijpelijk gedrag van zichzelf en van anderen.'[63] We nemen beslissingen die we later niet meer begrijpen, worden overvallen door stemmingen en emoties, en we roken tegen beter weten in. 'Dergelijke verschijnselen zijn iedereen vanuit de dagelijkse ervaring bekend.'[64] Ook in filosofie, literatuur en kunst is de gespletenheid van de mens een bekend thema. 'De geest weet zelf niet wat de geest is', luidt een citaat van Cicero dat Vroon regelmatig gebruikte.[65] Plato, Aristoteles, Pascal en Schopenhauer passeren eveneens de revue.

De gemeenplaats wordt vervolgens gepsychologiseerd. 'Verdeeldheid' is het principe van psychologische theorieën over onder andere de modulariteit van cognitieve vermogens, het onderscheid tussen bewust en onbewust verlopende processen, verschillende soorten intelligentie, meervoudige persoonlijkheid, hypnose en het syndroom van La Tourette, en natuurlijk de kloof tussen denken en gedrag, woorden en daden. Vroon stelt voor deze 'verschillende vormen van psychische gespletenheid' onder te brengen in een 'grove categorisering':[66] instinctieve reacties, emoties en denkprocessen. De geest bestaat uit drie relatief zelfstandige lagen, een federatie van systemen die vaak slecht samenwerken. Het 'bordenmodel' — de menselijke geest als een slordige stapel borden — dat Vroon al propageerde in *Weg met de psychologie* krijgt nu zijn definitieve vorm.

De menselijke verdeeldheid is uiteindelijk terug te voeren op onze evolutionaire geschiedenis. *Tranen van de krokodil* is voor een groot deel gewijd aan een bespreking van het 'triune brain' model van de Amerikaanse neurofysioloog Paul MacLean. De hersenen zijn onder te verdelen in drie, na elkaar ontstane lagen: het oudste deel hebben we gemeen met reptielen en reguleert instinctief gedrag, daarbovenop ligt een 'zoogdierenbrein', waar de emoties en het operante gedrag[67] zetelen, en het jongste deel is de neocortex, die min of meer uniek is voor mensen en waarmee we denken en intelligent handelen. Het gebrek aan integratie tussen de drie lagen wordt verklaard door hun snelle ontstaan tijdens evolutionaire sprongen. Om die evolutie te beschrijven maakt Vroon verder nog gebruik van het werk van uiteenlopende auteurs als Ernst Häckel, Samuel Butler en Rupert Sheldrake.

Zo verbindt de borden-metafoor alledaagse verschijnselen zoals de postlunch dip met het werk van Plato en Schopenhauer, met psychologisch onderzoek en scholenstrijd, en met neurofysiologie en evolutie-biologie. Maar vooral wordt het falen van de common sense van een verklarende context voorzien. De alledaagse psychologie kan niet deugen, want de menselijke natuur is geen eenheid van zin, zoals wij allemaal denken, maar een 'eenheid van onzin'.[68] De common sense overschat taal, bewustzijn, intelligentie en regels, onderschat instincten, onbewuste processen, emoties en conditionering, en vergeet bovendien dat de macht van het eerste over het tweede gering is. Wie anders mocht denken, vindt nu de biologische realiteit tegenover zich: de verdeeldheid van de menselijke natuur is evolutionair verklaarbaar en anatomisch aanwijsbaar — een eenvoudige, schematische tekening van de drie lagen in de hersenen toont de borden van het brein.[69]

Dialectiek

Met Linschoten als belangrijkste inspiratiebron schetste Vroon een beeld van de mens als een verdeeld wezen, wiens woorden los staan van zijn daden, en wiens alledaagse psychologie daarom geen betrekking heeft op de realiteit. De cognitieve revolutie in de psychologie die na Linschoten had plaatsgevonden had echter een aantal van diens uitgangspunten ter discussie gesteld. Dat liet zijn sporen na in het werk van Vroon.

Linschoten moest in *Idolen van de psycholoog* erkennen dat de sensus communis niet alleen een concurrerende theorie van menselijk gedrag is, maar deels ook determinant van dat gedrag. Daarmee stak het spook van de zelfbetrokkenheid weer de kop op, maar Linschoten had het gevaar bezworen door een demarcatie tussen eerste en tweede natuur. Door zich te beperken tot een studie van de eerste natuur, dat deel van gedrag en beleving waar de sensus communis geen zeggenschap over heeft, zou de psychologie de kwalijke gevolgen van zelfbetrokkenheid kunnen vermijden. Wat betreft de eerste natuur was een mechanicistische psychologie mogelijk, die zich om cultuur, taal en betekenis niet hoefde te bekommeren: dat kon worden overgelaten aan de fenomenologie.

De lagen van het brein
Uit: P. Vroon, *Wolfsklem. De evolutie van het menselijk gedrag*, tiende herziene druk, Baarn 1992, 81.

Voor de psychonomen was de cognitieve psychologie die zij in Amerika hadden ontdekt een manier om juist wel wetenschappelijk onderzoek naar taal en betekenis te doen. De informatie-verwerkingspsychologie en het computer-model lieten zien dat causaliteit en betekenis niet incompatibel zijn: de computer, een machine, verwerkt representaties en kan daarmee in principe intentioneel gedrag vertonen.[70] Op Nederlandse psychonomen, opgegroeid met de strijd tussen 'fenomenologie' en 'positivisme', had dit gegeven grote aantrekkingskracht. Het bood de mogelijkheid om het behaviorisme te vermijden zonder methodologische concessies te hoeven doen, om het goede van de fenomenologie te integreren in de psychologie, zonder fenomenoloog te worden.[71] Enerzijds benadrukte de cognitieve psychologie, in tegenstelling tot het behaviorisme, de scheppende rol van het organisme: het is geen slaaf van zijn omgeving, maar een systeem dat zijn 'input' selecteert en interpreteert, en zo een omgeving construeert. Anderzijds hield het cognitivisme ook in dat zulke processen van selectie, interpretatie en betekenisverlening even gedetermineerd zijn als elk ander natuurlijk proces, en volgens de methoden van de wetenschap onderzocht en beschreven kunnen worden. Het bleek onnodig en onjuist om eerste en tweede natuur, mechanisme en betekenis, natuur en cultuur, wetenschap en fenomenologie zo sterk te contrasteren als Linschoten had gedaan.

Vroon was een erfgenaam van Linschoten, maar ook een kind van de cognitieve revolutie. De afbakening van eerste en tweede natuur, die Linschotens demarcatie-werk ondersteunt, ontbreekt bij Vroon. Het mechanische en het intentionele zijn geen gescheiden domeinen, maar dialectisch verbonden aspecten van de geest. Dankzij die dialectiek is de mens tot op zekere hoogte een eenheid, al is het dan een 'eenheid van onzin'. In *Bewustzijn, hersenen en gedrag* (met als ondertitel 'het individu in zijn dubbelrol van heer en knecht') werkte Vroon dit gezichtspunt uit via een confrontatie van filosofen als Hegel, Sartre en Merleau-Ponty en de experimentele psychologie.

De mens, stelt Vroon, is een ontwerper van zijn eigen wereld. Waarneming bijvoorbeeld is geen passieve registratie, maar 'een filterend, kiezend en scheppend omgaan' met de wereld.[72] We construeren onze omgeving op basis van modellen en verwachtingen die tussen personen en culturen kunnen verschillen. Het is zelfs mogelijk om het eigen zenuwstelsel te 'herprogrammeren': dat gebeurt bijvoorbeeld bij meditatie. Tot al te veel optimisme over de menselijke maakbaarheid moet dat echter niet leiden. Ontwerpprocessen zijn niet of nauwelijks beheersbaar. Ze berusten op natuurlijke wetmatigheden en voltrekken zich grotendeels onbewust — we kunnen bijvoorbeeld wel spreken, maar we weten niet precies hóe we dat doen. Het selectieve karakter van de waarneming resulteert bovendien in blikvernauwing in het dagelijks leven en in de slaafse navolging van paradigma's in de wetenschap. Fobieën en psychosomatische ziekten zijn andere vervelende gevolgen van de ontwerpende, construerende activiteit van de geest. Zeker de taal ('een middel om ons alles wijs te laten maken'[73]) is een bron van vertekening en illusies.

De menselijke psyche wordt dus gekenmerkt door een hegeliaanse dialectiek van heer en knecht: de mens kan het eigen bestaan vormgeven, maar alleen dankzij lichamelijke processen die hij zich niet bewust is en culturele invloeden waaraan hij is onderworpen. 'Noodzaak en vrijheid vervloeien op alle niveaus'.[74] Helemáál eigen baas wordt men dus nooit, al meent de alledaagse psychologie volgens Vroon van wel. Wij achten onszelf immers redelijke wezens, die vanuit het soevereine domein van het innerlijk ons handelen sturen. Maar het innerlijk is evenmin gegeven als de buitenwereld: introspectie is geen zuivere observatie, maar constructie. Als we naar binnen kijken verwachten we, aangespoord door onze taal en cultuur, een 'ik' te vinden dat heer en meester over het eigen bestaan is. Zo'n ik treffen we dan ook aan, maar het is een illusie die we met kunstgrepen als de rechtvaardiging achteraf in stand houden.

Evenals Linschoten beschouwt Vroon het ik en het innerlijk dus als quasi-reëel. Ze bestaan wel, maar ze zijn niet ècht echt. In tegenstelling tot Linschoten wijt Vroon hun tekort aan werkelijkheid echter niet aan hun geconstrueerde karakter op zich. Constructie, ontwerp, is het kenmerk van alle menselijke activiteit. Het is het idee in de constructie dat haar illusoir maakt. Het ik en het innerlijk dat het denkt te bewonen zijn half-reëel omdat het ik absoluut heerser meent te zijn, en de dialectiek van heer en knecht miskent. Het innerlijk is een 'kaartenhuis'[75] dat het ik optrekt om zich buiten de wereld te plaatsen en de eigen natuurlijkheid en sterfelijkheid niet onder ogen te hoeven zien. We willen onze eigen oorzaak zijn, causa sui, en vergeten liefst de krachten die ons vormen.

De machtsverhouding tussen leek en psycholoog is inmiddels wel verschoven. Bij Linschoten was de leek nog volledig machteloos op het gebied waarop de psycholoog deskundig is, de eerste natuur. Bij Vroon is de mens een schepper van het eigen bestaan geworden. De macht en deskundigheid van de psycholoog ligt nu in het feit dat hij kan aantonen dat de leek niet òppermachtig is, zoals diens alledaagse psychologie hem influistert. De scheppingskracht van de mens is altijd dialectisch verbonden met de wetmatigheden der menselijke natuur.

Ondanks het feit dat er enige eenheid te bespeuren valt in de verdeelde menselijke geest, en ondanks de scheppende macht van de leek, blijft het oordeel over de alledaagse psychologie gelijk: de common sense is door het geloof in persoonlijke eenheid en redelijkheid dat er in is vervat een gevaar voor de mensheid. In Vroons werk na 1976 blijft 'verdeeldheid' het dominante thema en zijn houding tegenover de alledaagse psychologie navenant vijandig. *Tranen van de krokodil* eindigt met een discussie over de vraag of de mens nu meer door eenheid of meer door verdeeldheid wordt gekenmerkt, of het zenuwstelsel meer gestapeld is of meer geïntegreerd. Vroon construeert een middenpositie: 'De evolutie stapelt *en* integreert; binnen de mens zijn psychische processen autonoom *en* vervlochten.' Verdeeldheid is niettemin de strekking van het boek. Vroon herhaalt nog eens dat het hem er om ging het paradoxale karakter van ons gedrag en de verdeeldheid van de psychologie te verklaren, en dat het antwoord ligt in de verdeeldheid van het object.[76] Hij eindigt met, opnieuw, een kritiek op de alledaagse psychologie. 'Zowel in het dagelijks leven als in de politiek blijven we maar vasthouden aan een ondeugdelijk mensbeeld. Men kan een individu (een woord dat ten onrechte 'het ondeelbare' betekent) wel als een rationeel wezen beschouwen, maar ons doen en laten wordt in belangrijke mate door heel andere wetten bepaald.'[77] Er staan bovendien mondiale belangen op het spel, want wij zijn met ons paradoxale gedrag een gevaar voor onszelf èn onze omgeving. De toekomst van de mensheid en van de aarde (milieuvervuiling) staat of valt met het in kaart brengen van de wetten die ons gedrag bepalen.[78]

In *Wolfsklem*, drie jaar na *Tranen van de krokodil*, krijgt de geest nog iets meer eenheid toebedeeld. Vroon zet nogmaals de theorie van de drie lagen van het brein uiteen, beschrijft hun ontstaan in de loop van de evolutie, hun dikwijls gebrekkige samenwerking en de funeste gevolgen wanneer beleidsmakers, in de ban van de alledaagse psychologie, met die verdeeldheid geen rekening houden. Nu luidt de vraag echter hoe uit een gestapeld brein dan toch 'het gedrag van het geheel' tot stand komt.[79] Het antwoord luidt dat de mens zich letterlijk een zelfbewustzijn heeft aangepraat dat zijn geest enigszins heeft geïntegreerd. Met behulp van auteurs als Gazzaniga en Dennett beargumenteert Vroon dat er in de geest een 'centrale controle eenheid' ontstond toen de mens tegen zichzelf ging praten, waardoor de voorheen losse mentale functies enig verband kregen. Het ik en het innerlijk zijn nog immer taalconstructies, maar nu zijn ze niet illusoir meer, maar daadwerkelijk functioneel. De culturele evolutie heeft de mens steeds meer greep op zijn bestaan gegeven.

Toch eindigt *Wolfsklem* in mineur. De cultuur is inmiddels weer in regressie, zoals blijkt uit fundamentalisme in religie en wetenschap. Onze macht is uiteindelijk te gering, onze kennis niet toereikend. De creaties van het intellect zijn ons boven het hoofd gegroeid en de dood is te angstaanjagend voor het bewustzijn. We kunnen het beste Boeddha's advies navolgen en onze nietigheid onder ogen zien: 'We zijn slechts een stukje natuur, maar in dat stukje stelt de werkelijkheid zichzelf vragen. Onbeantwoorde vragen, want de geest weet zelf niet wat de geest is, de materie weet zelf niet wat de materie is.'[80]

Langs de lijn

Evenals Linschoten zette Vroon de alledaagse en de wetenschappelijke psychologie tegenover elkaar als twee concurrerende theorieën. De mens is weliswaar een ontwerper, maar de leek is in de eerste plaats een alledaags psycholoog, in de ban van een naïeve theorie die hem vertelt dat hij zijn eigen handelen beheerst. De psychologie ontmaskert de alledaagse psychologie als een uiting van hoogmoed: we zijn lang niet zo redelijk als we denken te zijn. De common sense is niet of nauwelijks oorzaak van gedrag, maar slechts een theorie die ons dat voorspiegelt.

Vroon was een controversieel psycholoog, maar de discussie over zijn werk is beperkt gebleven tot kritiek op zijn slordige wijze van redeneren en het vaak dubieuze materiaal waarmee hij zijn betogen onderbouwde. Vooral *Wolfsklem* werd neergesabeld, tot verbazing en ontzetting van de auteur.[81] Wat Vroon presenteerde als de biologische en chaostheoretische grondslagen van zijn model waren in feite de misvattingen van een dilettant, oordeelden recensenten. Zijn geflirt met Lamarck en Sheldrake was ook al geen teken van wetenschappelijkheid, en de vele feitelijke onjuistheden die Vroon verkondigde, bewezen dat al dat getheoretiseer op drijfzand berustte.[82]

Vroon werd nog wel door zijn collega's in bescherming genomen. Ze benadrukten dat zij Vroon wel degelijk serieus namen, en prezen zijn veelzijdigheid, eruditie en originaliteit. Zijn pogingen tot theoretische synthese werden zeer gewaardeerd.[83] Wat hij schreef was niet altijd even doordacht, maar hij moest 'de ruimte krijgen om langs de lijn van alles te blijven roepen'.[84] Van enig debat in de vakpers is echter nauwelijks sprake geweest.[85] Vroon kon roepen wat hij wilde, maar de psychologen binnen de lijnen zeiden zelden iets terug.

Nu zijn stem verstomd is, blijft een oeuvre over dat een wat tragische indruk maakt. Vroon heeft zijn missie niet volbracht. Weliswaar zien meer en meer Nederlandse psychologen in de evolutionaire psychologie de langverwachte integratie van de discipline en de definitieve aansluiting bij de natuurwetenschappen, de inspiratie voor die synthese komt vooral van de Amerikaanse psychologie. Vroon wordt niet geciteerd in artikelen over de evolutionaire psychologie.[86] Het publieke beeld van de psychologie lijkt bovendien, Vroons publicitaire ijver ten spijt, nauwelijks verbeterd. Vroon zelf was in zijn laatste boeken in ieder geval nog even mismoedig over het gebrek aan erkenning voor de psychologie als aan het begin van zijn carrière. Dat hij na al die jaren de degens nog moest kruisen met Emile Ratelband is tekenend.[87]

Tragisch aan Vroon is vooral de paradoxale verhouding tussen zijn gedrevenheid en zijn pessimisme. De wetenschap die hij zo hartstochtelijk verdedigde, leidde hem telkens weer tot de conclusie dat het menselijk bestaan een onoplosbaar probleem is.[88] Hooguit zou de psychologie het leven draaglijker kunnen maken, maar zijn pleidooi voor de toepassing van de zielkunde in het dagelijks leven leed aan dezelfde paradox. Vroon heeft zijn leven gewijd aan een missie die volgens zijn eigen theorie weinig kans van slagen had: een voorlichtingscampagne om een mentaliteitsverandering op psychologisch gebied te bewerkstelligen. De kloof tussen woorden en daden, denken en doen maakt het immers twijfelachtig of de leek wel met woorden kan worden overtuigd van zijn gebrek aan redelijkheid. Retorisch succes zou de theorie weerspreken. Vroons grenswerk vond, net als dat van Linschoten, plaats in een grenszone waarvoor zijn mensbeeld nauwelijks ruimte laat.

Noten

1 Zie voor een geschiedenis van 'De onderzoekers en het NIP': T.A. Veldkamp & P. van Drunen, *Psychologie als professie. 50 jaar Nederlands Instituut van Psychologen*, Assen 1988, hfdst. 9. Zie voor de psychonomie ook R. Abma & T. Mulder, 'Grenzen van de psychonomie', *Psychologie & maatschappij* 8 (1984), 149-158.
2 J.A. Michon, 'De internationalisering van de Nederlandse psychologie', interview afgenomen door S. Koenis & J. Plantenga, *Grafiet* 6 (1986), 114-124. P. van Drunen & H.J. Conradi, *Bezielde wetenschap; een halve eeuw Nederlandse psychologie in vijf portretten*, Assen 1998, hfdst. 4.
3 Bestuur der Nederlandse Stichting voor Psychonomie, 'Nederlandse Stichting voor Psychonomie', *De psycholoog* 3 (1968), 339-341. De term 'psychonomie' was een aantal jaren daarvoor in gebruik genomen door een gelijkgestemde groep onderzoekers in de Verenigde Staten, die in 1959 de 'Psychonomic Society' hadden opgericht. D.A. Dewsbury & R.C. Bolles, 'The founding of the psychonomic society', *Psychonomic bulletin and review* 2 (1995), 216-233. Of de Amerikaanse Society invloed heeft gehad op het ontstaan van de Nederlandse Vereniging is niet duidelijk. Van de Geer meent dat Michon de term wellicht zelf heeft bedacht. Van de Geer noch Michon noemen de Psychonomic Society in hun terugblik op de Nederlandse psychonomie. Van Drunen & Conradi, *Bezielde wetenschap*, hfdst. 4; Michon, 'Internationalisering'.
4 J.A. Michon, 'Psychologie en psychonomie', *De psycholoog* 4 (1969), 74-77.
5 Ibidem, 74.
6 Ibidem.
7 Ibidem, 75.
8 Ibidem, 76.
9 Ibidem.
10 Van de Geer had, evenals Michon en Levelt, in Soesterberg gewerkt, en was in 1960 lector en in 1963 hoogleraar experimentele psychologie en methodologie in Leiden geworden. Van Drunen & Conradi, *Bezielde wetenschap*, hfdst. 4.
11 Voor zover er kritiek was op de aanspraken van de psychonomen, bleef die voornamelijk binnenskamers. Eisenga uitte enige bedenkingen aan het eind van zijn *Geschiedenis*, zie L.K.A. Eisenga, *Geschiedenis van de Nederlandse psychologie*, Deventer 1978, 211-212. Boeke verdedigde de positie van de klinische psychologie in de universitaire opleiding tegen de opkomende 'psychonomische functieleer', zie P.E. Boeke, 'Terugblik op de klinische psychologie', *De psycholoog* 13 (1978), 20-27, 21.
12 Veldkamp & Van Drunen, *Psychologie als professie*, 74.
13 Bijvoorbeeld E.E. Roskam, 'Psychologie: nomologie of mythologie', *De psycholoog* 9 (1974), 1-13; J. Beijk & E.E. Roskam, 'De crisis in de Nederlandse psychologie',

Nederlands tijdschrift voor de psychologie en haar grensgebieden 32 (1977) 4; H.C.J. Duijker, 'De psychologie en haar toekomst', *De psycholoog* 12 (1977), 353-358.
14 Zie voor een overzicht, bibliografie en commentaar M. van Elteren, 'Psychodrama voor twee heren, de diskussie Duijker-Van Strien: overzicht en kommentaar', *Psychologie & maatschappij* 3 (1979), 90-127.
15 Roskam, 'Psychologie'.
16 Door de jury van de Senior Heymans-onderscheiding 1996, in *De psycholoog*, november 1996, 428. De onderscheiding ging naar Levelt.
17 Michon, 'Internationalisering'.
18 G.A.M. Kempen, 'Psychologie een cognitieve wetenschap', *De psycholoog* 13 (1978), 566-574.
19 Eisenga, *Geschiedenis*, 211.
20 Bestuur, 'De Nederlandse vereniging', 340.
21 J.A. Michon, 'De drogredenen van het innerlijk', *NRC*, 10-4-1965.
22 J.A. Michon, 'Menselijke en kunstmatige intelligentie', *NRC*, 4 & 25-6-1966.
23 J.A. Michon, 'Taak en prestatie', *NRC*, 7-10-1967.
24 W.A. Wagenaar, *De beste stuurlui dempen de put*, Baarn 1977.
25 W.A. Wagenaar, P.A. Vroon & W.H. Janssen (red.), *Proeven op de som; psychonomie in het dagelijks leven*, Deventer 1978.
26 W.A. Wagenaar, *Het herkennen van Iwan; de identificatie van de dader door ooggetuigen van een misdrijf*, Amsterdam 1989.
27 D. Draaisma, 'Ignoramus et ignorabimus: we weten het niet en we zullen het niet weten. In memoriam Piet Vroon', *Vrij Nederland*, 24-1-1998.
28 R. Kagie, 'Piet Vroon bijt van zich af', *Vrij Nederland*, 9-1-1993.
29 R. van Hezewijk, 'In memoriam Piet Vroon (1939-1998)', *Nederlands tijdschrift voor de psychologie en haar grensgebieden* 53 (1998), 61-63.
30 Kagie, 'Piet Vroon'.
31 A. Ramdas, 'Piet Vroon en de tranen van de psycholoog', *De groene Amsterdammer*, 14-10-1993.
32 F. Backus, 'Piet Vroon en plagiaat. Ingezonden brief', *Vrij Nederland*, 23-1-1993; G. Feenstra, 'Postuum: Piet Vroon had over alles een mening', *de Volkskrant*, 15-1-1998.
33 K. Soudijn, 'Een vervaarlijk rammelende stapel servies. Piet Vroons theorie over de mens als eenheid van onzin', *Vrij Nederland*, 17-2-1990; Van Hezewijk, 'In memoriam'.
34 N.H. Frijda, 'Vroon: kundig, vindingrijk', ingezonden brief, *Vrij Nederland*, 20-2-1993; Frijda, Hofstee, Wagenaar, Merckelbach en Drenth in V. Busato, 'Piet Vroon verstrikt in de grote lijnen', *Intermediair* 33 (1997) 38, 35-36; Van Hezewijk, 'In memoriam'.
35 Frijda, 'Vroon'; Van Hezewijk, 'In memoriam'; N. Metaal & W.A. Wagenaar, 'In memoriam Piet Vroon (1939-1998)', *De psycholoog* 33 (1998), 65-66.
36 P. Vroon, *Tranen van de krokodil. Over de snelle evolutie van onze hersenen*, Baarn 1989, elfde herziene druk 1995.
37 P. Vroon, *Bewustzijn, hersenen en gedrag. Het individu in zijn dubbelrol van heer en knecht*, Baarn 1976.

38 P. Vroon, *Weg met de psychologie; terugblik, kritiek en uitzicht op de zielkunde*, Baarn 1976.
39 Ibidem, 13.
40 Ibidem, 44.
41 Het is twijfelachtig of Linschoten inderdaad niet geïnteresseerd was in interne processen. Hij stelde weliswaar voor om de proefpersoon als 'black box' te beschouwen, maar de experimentele manipulatie van die black box had wel degelijk tot doel de interne structuur ervan te ontdekken. J. Linschoten, *Idolen van de psycholoog*, Utrecht 1964. Linschotens mechanicisme ('homo ex machina', heet het laatste hoofdstuk) lijkt mij niet principieel onverenigbaar met de cognitieve benadering.
42 Vroon, *Weg*, 273.
43 Ibidem, 104.
44 Ibidem, 103.
45 Ibidem, 111.
46 P. Vroon, *Toestanden*, Amsterdam 1997, 11-12. Oorspronkelijke uitgave: Baarn 1993.
47 Ibidem.
48 Ibidem.
49 P. Vroon, *Psychologie in het dagelijks leven. Signalement van vragen, verschijnselen en praktische informatie*, Baarn 1983, 7.
50 Ibidem, 122.
51 Vroon, *Weg*, 49.
52 Ibidem.
53 P. Vroon, *Wolfsklem. De evolutie van het menselijk gedrag*, vijfde herziene druk, Baarn 1992, 88, 141.
54 Ibidem, 222.
55 Vroon, *Psychologie*, 160; ook: Vroon, *Tranen*, 77; P. Vroon, *Kopzorgen*, Baarn 1990, 52; Vroon, *Wolfsklem*, 111; P. Vroon, *De ziel te lijf*, Baarn 1995, 174.
56 Vroon, *Kopzorgen*, 65.
57 P. Vroon, 'Dankbaar werk', *De psycholoog* 27 (1992), 479.
58 Vroon, *Wolfsklem*, 137.
59 Ibidem, 141.
60 Vroon, *Tranen*, 81.
61 Ibidem.
62 Vroon, *Wolfsklem*.
63 Vroon, *Tranen*, 33.
64 Ibidem, 36.
65 Bijvoorbeeld *Tranen*, 32. Tevens als motto bij P. Vroon & D. Draaisma, *De mens als metafoor. Over vergelijkingen van mens en machine in filosofie en psychologie*, Baarn 1985.
66 Vroon, *Tranen*, 94.
67 Gedrag dat door straf en of beloning geconditioneerd is.
68 Ibidem, 143.
69 Vroon, *Wolfsklem*, 81.

70 G.A.M. Kempen, 'Psychologie een cognitieve wetenschap', *De psycholoog* 13 (1978), 566-574.
71 Zie Michon, 'Internationalisering' en Van Drunen & Conradi, *Bezielde wetenschap*, hfdst. 4, voor de fenomenologische periodes van de jonge Michon en Van de Geer. Vooral Merleau-Ponty werd veel gelezen.
72 Vroon, *Bewustzijn*, 59.
73 Ibidem, 386.
74 Ibidem, 315.
75 Ibidem, 385.
76 Vroon, *Tranen*, 249.
77 Ibidem, 279.
78 Ibidem.
79 Vroon, *Wolfsklem*, 265.
80 Ibidem, 368.
81 Kagie, 'Piet Vroon'.
82 M. Dekkers, 'Een vulkaan van ideeën in een ononderbroken staat van eruptie', *Vrij Nederland*, 28-11-1992; F. Eijgenraam, 'Wetenschap, als het ware', *NRC Handelsblad*, 12-12-1992.
83 Frijda, 'Vroon'; Hofstee, Drenth en Wagenaar in Busato, 'Piet Vroon'.
84 Drenth in Busato, 'Piet Vroon'.
85 De recensie van *Tranen van de krokodil* door Merckelbach en Bouter is een van de zeldzame besprekingen van de merites van Vroons theorie. H. Merckelbach & L. Bouter, 'Evolutie, brein en gedrag', *De psycholoog* 25 (1990), 288-289.
86 Vergelijk R. van Hezewijk & A. Kalma, 'De relatie tussen de seksen: een evolutionair-psychologisch perspectief', *Nederlands tijdschrift voor de psychologie en haar grensgebieden* 52 (1997), 67-83; de artikelen in het themanummer evolutionaire psychologie van *Psychologie & maatschappij* 23 (1998) 1; de artikelen in *Psychoskoop* 9 (1998) 6.
87 In het televisieprogramma 'Spijkers', december 1997. Dat hij de strijd verloor was gezien zijn wankele geestestoestand minder opmerkelijk.
88 Zie ook Draaisma, 'Ignoramus'.

Iedereen doet aan psychologie

Alledaagse psychologie en verwarring

'Ieder mens doet aan psychologie.'[1] Met deze stelling opende H.C.J. Duijker het voorwoord van zijn bundel *De problematische psychologie*. Het is een beknopte formulering van een categorie gemeenplaatsen die de basis vormt van het grenswerk dat in de vorige hoofdstukken is beschreven. Heymans stelde dat 'ieder onzer herhaaldelijk psychologische experimenten heeft genomen, zonder zich daar ooit rekenschap van te hebben gegeven'.[2] Van zulke voor-wetenschappelijke activiteiten is de psychologie de gesystematiseerde, bewuste vorm. Psycholoog en leek delen een psychologische essentie, die bij de psycholoog is ontwikkeld tot discipline. De demarcatie-arbeid van de psychotechnici was vooral gericht op diegenen, de 'dilettanten', die bij het bepalen van geschiktheid geen gebruik maakten van psychotechnische technieken. Intuïtieve mensenkennis was de psychologische essentie die zowel psychotechnici als dilettanten bezaten, maar zij was volgens Roels en consorten alleen betrouwbaar als ze werd gedisciplineerd door de wetenschappelijke psychologie. Linschoten zag de psychologie geconfronteerd met en gecorrumpeerd door de sensus communis, een geheel van in essentie psychologische misvattingen waaraan de psycholoog zich alleen kan onttrekken door zichzelf te disciplineren. Vroon bakende de wetenschappelijke discipline af van de alledaagse psychologie, een theorie gebaseerd op de illusie van redelijkheid.

De onvolkomenheid van de psychologische essentie die wij allen delen, en daarmee de noodzaak van een psychologische discipline, werd beargumenteerd met een tweede categorie gemeenplaatsen: het topos van de verwarring. Heymans schilderde in felle kleuren de deprimerende relativiteit van onze kennis, de chaotische opeenvolging van bewustzijnsinhouden en, later, de vervreemding waaraan de mensheid ten prooi was gevallen: de ontevredenheid, de misverstanden, de echtbreuken en beroepswisselingen. Het was psychologische verwarring, die voortkwam uit onbegrip van de subjectieve factoren in onze kennis, van onze eigen persoonlijkheid en die van anderen, en van de geestelijke aard van het universum. Alleen de psychologie zou ons begrip kunnen bijbrengen van onszelf, elkaar, en de grond der dingen. De psychotechnici waren even uitgesproken in hun oordeel over de chaos op de arbeidsmarkt en ook zij zagen die chaos als psychologisch van aard.

De wanorde kwam voort uit het negeren van geschiktheid bij beroepskeuze of selectie. Leken en dilettanten hadden de toestand nog verergerd door met 'prutsmethoden' geschiktheid te bepalen. De noodzaak van een wetenschappelijke psychotechniek was des te duidelijker. In Linschotens sensus communis waren alledaagse psychologie en verwarring gecombineerd. Was volgens Heymans en de psychotechnici het falen van de alledaagse psychologie voor een belangrijk deel te wijten aan de complexiteit van het moderne bestaan, volgens Linschoten mislukte de sensus communis vooral omdat hij geen echte wetenschap is. De sensus communis kent immers geen methode en kan zich niet aan de verwarrende verleidingen van taal, traditie en moraal onttrekken. Het is duidelijk dat de psychologie zich moet demarqueren van de sensus communis. Bij Vroon ten slotte is verwarring een kenmerk van de mens zelf geworden. De verdeeldheid van het menselijk brein is er de oorzaak van dat wij onszelf dikwijls een raadsel zijn. De alledaagse psychologie geeft zich geen rekenschap van de verdeeldheid en ziet zichzelf als de oorzaak van het handelen. De psychologie moet van dit dogma afstand nemen en ons confronteren met de eenheid van onzin die we werkelijk zijn.

Zo wordt het dilemma van demarcatie-retoriek — om zich af te bakenen van de common sense moet men common sense argumenten gebruiken — opgelost door een gemeenplaats van common sense als pseudo-psychologie te construeren. Alledaagse ideeën en praktijken, die wij allen kennen, worden uitgelegd als voor- of onwetenschappelijke psychologie. Voor zover het publiek deze uitleg accepteert als gemeenplaats is daarmee een alliantie tussen psycholoog en leek geschapen, waarmee de psychologie vertrouwen en legitimiteit verwerft: ze doet immers wat wij allen doen, maar dan beter, bewuster, systematischer. Bovendien wordt een topos van psychologische verwarring geconstrueerd. De ons allen welbekende wanorde in het dagelijks leven en de samenleving is eigenlijk psychologisch van aard. Met deze gemeenplaats wordt de instemming van het publiek gezocht voor de demarcatie van de psychologie: er is klaarblijkelijk een betere, meer geordende psychologie nodig dan de alledaagse. Het veelvuldig gebruik van het voornaamwoord 'wij' in de formulering van deze gemeenplaatsen benadrukt hun gemeenschappelijkheid. 'Wij' is het teken van de retorische band tussen psycholoog en leek.

In de demarcatie-retoriek die hier is beschreven valt behalve een gemeenschappelijke structuur ook een historische ontwikkeling te bespeuren. Alledaagse en wetenschappelijke psychologie, leek en psycholoog, komen meer en meer tegenover elkaar te staan. Bij Heymans was de verhouding tussen beide nog zeer gemoedelijk. Cultuurdragers in het algemeen hebben tot taak de in ieder aanwezige waarden en intuïties tot bewustzijn te brengen. Zo worden conflicten voorkomen of opgelost en wordt de vervreemding uiteindelijk overwonnen in het besef van de meervoudige eenheid van de wereld. De psychologie heeft in dit streven naar bewustwording een belangrijke plaats. Zij trekt zich tijdelijk terug om in de rust van het laboratorium de wetten van de geest te ontdekken en als dit project is voltooid zal de psychologie met haar kennis de mensheid onderwijzen. Leken kunnen onderwijl een handje helpen. Ten tijde van de psychotechniek heten zulke amateurs inmiddels dilettanten en beunhazen en zijn zij met hun intuïtie een bedreiging geworden voor de professie. Zij worden uiteindelijk geweerd uit de beroepsorganisatie die de zeggenschap over de psychotechniek voor zich opeist, het NIPP, maar tussen intuïtieve mensenkennis en psychologie blijkt nog een vruchtbaar huwelijk mogelijk. Bij Linschoten en Vroon is de alledaagse psychologie echter een gevaar voor de wetenschappelijke psychologie, vanwege de zelfbetrokkenheid van de laatste. De psychologie moet zich niet alleen onderscheiden van mensenkennis en sensus communis, ze moet zich er tegen wapenen. Vroon beschouwt een volledige scheiding van psychologie en sensus communis weliswaar als principieel onmogelijk, maar gezien de desastreuze gevolgen die het vertrouwen in de alledaagse psychologie heeft is het des te dringender om zich ertegen te verzetten.

Tussenruimte

Eerder is de verwachting uitgesproken dat de gemeenplaatsen die het grenswerk van psychologen dragen het karakter hebben van *boundary concepts* en functioneren in grenszones. *Boundary concepts* hebben een kern van betekenis waarover de leden van verschillende sociale werelden met elkaar kunnen overeenstemmen, maar zijn tegelijk flexibel genoeg om verschillende betekenissen te hebben in de werelden afzonderlijk. Ze kunnen zowel ín de verschillende domeinen worden gebruikt, als er tussen. De centrale gemeenplaats van psychologische demarcatie-retoriek, 'iedereen doet aan psychologie', heeft inderdaad een kern van betekenis die voor psychologen en leken gelijk is — de genoemde psychologische essentie — en laat tevens toe dat de precieze betekenis voor psychologen en leken verschilt. Deze gemeenplaats ligt tussen psychologen en leken in, als datgene wat ze zowel scheidt als verbindt. Mensen trachten hun eigen gedrag of dat van anderen te beschrijven en te verklaren met behulp van psychologische veronderstellingen, opvattingen, theorieën en taaldaden. Sommige mensen doen dat op wetenschappelijk verantwoorde wijze, de meesten niet. Er zijn echte psychologen, en pseudo-psychologen.

De flexibiliteit van deze gemeenplaats ligt niet alleen in het feit dat psychologen en leken er zowel door gescheiden als verbonden worden. De psychologie die iedereen beoefent wordt aangeduid met een groot aantal verschillende namen, die vaak door elkaar worden gebruikt: mensenkennis, intuïtie, intuïtieve mensenkennis, alledaagse psychologie, alledaagse mensenkennis, common sense, sensus communis, gezond verstand. (Alleen Heymans gebruikte geen aparte term voor de alledaagse psychologische experimenten die iedereen uitvoert.) De termen worden in het grenswerk niet gedefinieerd, hun betekenis wordt bekend verondersteld, wat aan een begrip als 'intuïtieve mensenkennis' een grote wendbaarheid gaf. Volgens Linschoten lag ondefinieerbaarheid zelfs in de aard van de sensus communis. Wel blijkt het bij deze pseudo-psychologieën telkens te gaan om een voor- of onwetenschappelijke vorm van de echte psychologie, die met de wisselende opvattingen over de aard van de psychologie mee-transformeert. Heymans zag de experimentele psychologie als de systematische vorm van psychologische experimenten in het dagelijks leven. De speciale psychologie van de *De toekomstige eeuw*, daar simpelweg 'psychologie' genoemd, was het antwoord op het toenemend falen van alledaagse karakterbepaling. De psychotechniek stond tegenover de intuïtieve mensenkennis: twee manieren om personen te beoordelen, de eerste kwantitatief en technologisch, de tweede kwalitatief en artistiek. De sensus communis waartegen Linschoten de psychologie afzette bestond uit een geheel van alledaagse theorieën waarmee gedrag wordt beschreven en verklaard; Vroons psychologie van het dagelijks leven was ook zo'n theorie. Zo bieden deze pseudo-psychologieën een achtergrond waartegen de echte psychologie kan verschijnen, de specialistische kennis wordt ten tonele gevoerd tegen het decor van wat iedereen weet. De psychologie is de wetenschappelijke vorm van vaag aangeduide, want bij iedereen bekende, alledaagse kennis en activiteiten. Soms wordt het decor met enige nadruk aangewezen ('wat doen wij anders dan experimenteren?'), maar het blijft achtergrond: vanzelfsprekend en zonder veel detail.

Deze retorica, gebaseerd op gemeenplaatsen die tussen deskundige en leek in liggen, speelt zich af in tussenruimtes, ontmoetingsplaatsen van sociale werelden. *De gids* was in Heymans' tijd een forum waar literatoren, filosofen, wetenschappers en andere cultuurdragers met elkaar en de ontwikkelde burger in contact kwamen en de stand van zaken in de wereld bespraken. De essays die erin verschenen waren idealiter noch specialistisch noch populair, maar moesten leesbaar zijn voor de gehele gegoede burgerij. De voordrachten, artikelen en boeken waarin de psychotechnici hun propaganda bedreven bereikten eveneens zowel leken als collega's en professionals van diverse pluimage. De *Mededeelingen*-reeksen van de laboratoria werden verstuurd naar uiteenlopende groepen abonnees, evenals de beroepskeuze-tijdschriften die met medewerking van de psychotechnici werden opgezet. Die laatste fungeerden bovendien als forum waar psychotechnici met andere professionals en met leken discussieerden over het beroepskeuzevraagstuk. De naoorlogse reflecties op de verhouding tussen psychologie en samenleving, psycholoog en leek, waar Linschotens *Idolen* het hoogtepunt van is, vormen eveneens een genre tussen het wetenschappelijke artikel en de popularisering. Ze verschenen onder andere in *De psycholoog*, trefpunt van Nederlandse psychologen van diverse overtuiging, of in boekenreeksen als de Bijleveld-serie, bedoeld voor zowel vakgenoten en andere sociaal-wetenschappers als geïnteresseerde leken. Vroon verrichtte zijn grenswerk in columns, in bundels en boeken die een enorm publiek bereikten, maar desalniettemin als bijdrage aan de psychologie waren bedoeld. De demarcatie-arbeid van psychologen vindt plaats in de marge van de discipline, een grenszone waar de psychologie in contact staat met andere culturele domeinen.

Er is echter ook een belangrijk verschil tussen de theorieën over *boundary objects* en grenszones en het beschreven grenswerk. Star & Griesemer, Löwy en Galison[3] hebben het verkeer beschreven tussen groepen met een zekere coherentie: biologen en pelsjagers, artsen en medisch onderzoekers, theoretisch en experimenteel natuurkundigen. Binnen zulke sociale werelden hebben termen een min of meer vaste betekenis, omdat ze worden gebruikt door een groep die over die termen moet overeenstemmen om coherent te blijven. De begrippen die functioneren in het verkeer tussen de groepen, de *boundary concepts*, moeten flexibel genoeg zijn om aan de eisen van beide sociale werelden te voldoen. De alledaagse psychologen vormen echter geen sociale wereld, de alledaagse psychologie is geen discipline. De leek die in de grensretoriek van psychologen verschijnt is deel van een onbestemd, abstract geheel: iedereen. Weliswaar treden psychologen dikwijls op voor duidelijk omschreven publieken, zoals de artsen, onderwijzers, ouders en beroepskeuze-adviseurs waar de psychotechnici hun propaganda op richtten, maar in hun betogen zijn psycholoog en leek meestal de protagonisten. Er is een discrepantie tussen de precieze omschrijvingen van de retorische situatie die vaak in de marge van de teksten zijn te vinden — 'Voordracht voor de algemene vergadering der Nederlandsche Vereeniging van Schoolartsen, Utrecht, 29/12/1918'[4] — en de algemene aanduidingen in de tekst zelf. De grensretoriek van psychologen schaart elk publiek, of het nu ouders zijn of beleidsmakers, onder de diffuse Ander van de psychologie: de leek met zijn alledaagse psychologie, intuïtie, mensenkennis of sensus communis. Wie geen psycholoog is, is in de eerste plaats leek. Centraal in de demarcatie-retoriek van psychologen staat dus een gemeenplaats — wij zijn allen psychologen — die de diverse sociale werelden waarmee de psychologie te maken heeft subsumeert onder een geheel dat geen aparte sociale wereld is, maar juist datgene waar iedereen deel van uitmaakt, de common sense. Hier staan niet twee disciplines (soorten kennis en hun deskundige eigenaars) tegenover elkaar, maar enerzijds een discipline en anderzijds een soort kennis die van iedereen en dus van niemand is. De asymmetrie is nog sterker omdat het *boundary concept* common sense niet alleen de achtergrond vormt voor de demarcatie-retoriek, maar ook object van onderzoek is binnen de psychologie. Ook dan baseert men zich vaak op een psychologistische opvatting van common sense. Gerd Gigerenzer[5] heeft gewezen op een 'tools-to-theories' heuristiek in de psychologie, waarbij methoden en instrumenten van psychologisch onderzoek de inspiratie vormen voor theorieën over menselijk gedrag. De mens is beschreven als naïeve wetenschapper en intuïtieve statisticus, die taken als signaaldetectie en causale attributie onbewust op dezelfde manier uitvoert als de psycholoog. In het onderzoek naar beslissings- en beoordelingsprocessen is de rol van psychologische methoden en technieken als bronnen voor de beschrijving van gedrag verdrongen door hun functie als norm.[6] De regels voor deugdelijk psychologisch onderzoek gelden in dit 'fouten-paradigma' (de term is van Van Dam) als de standaard voor rationeel oordelen; het leken-oordeel blijkt zelden aan deze norm te voldoen.[7] Ook wanneer de psychologie de norm vormt voor menselijk gedrag en niet zozeer het model voor de beschrijving ervan, wordt de leek echter als (gemankeerd) alledaags wetenschapper opgevat. De leek wordt geacht voor dezelfde taak te staan als de onderzoeker: te komen tot een objectieve representatie van de stand van zaken in de wereld. De mens is een 'error-prone intuitive scientist'.[8] De uitkomsten van dit soort onderzoek blijken dan ook zeer geschikt om te dienen als argumenten in demarcatie-retoriek. Prak citeerde al onderzoek naar de betrouwbaarheid van intuïtieve leken-oordelen om de superioriteit van de psychotechniek te bewijzen. Linschoten en Vroon doorspekten hun ontmaskering van het idool van de rationaliteit van menselijk gedrag met onderzoek zoals dat van Festinger waaruit bleek dat mensen niet weloverwogen oordelen of beslissen, maar achteraf redenen bedenken bij min of meer instinctieve keuzes.

Het publiek van de psycholoog-redenaar kan, voor zover het zich als een publiek van alledaagse psychologen laat definiëren, tegenover dit soort argumenten geen eigen systematische kennis zetten, maar alleen common sense, de onsystematische kennis bij uitstek. Waar de psycholoog en de alledaagse psycholoog tegenover elkaar staan, heeft de eerste met zijn specialistische kennis óver de alledaagse psychologie dus altijd een extra troef in handen. De psycholoog heeft wetenschappelijke kennis van de onkunde van de leek. De koppigheid van de alledaagse psycholoog wordt vaak genoemd door psychologen als verklaring voor de weerstand tegen het vak.[9] Linschoten gebruikte de cognitieve-dissonantietheorie ook om te verklaren waarom de sensus communis alleen gebruik maakt van de wetenschappelijke psychologie als dat in de eigen kraam te pas komt.[10] De leek wordt gevraagd niet alleen zijn onkunde te accepteren, maar tevens het feit dat hij zijn ondeskundigheid eigenlijk niet kan beoordelen.

Common sense

Een rolverdeling tussen deskundigen en leken is onontkoombaar. Het onderscheid tussen wat iedereen weet en wat alleen bepaalde mensen weten is van alle tijden. De precieze rolverdeling tussen deskundige en leek, wat ze scheidt en wat ze verbindt, wisselt echter. Een waarzegger heeft een andere verhouding tot het stamhoofd dan een priester tot een parochiaan, een automonteur tot een chauffeur, een arts tot een patiënt, of een etnomethodoloog tot een 'member'. Soms ontstaan nieuwe soorten kennis, kundigheid en onkunde, zoals de wetenschap die binnen de vroege Royal Society werd ontwikkeld en die andere omgangsvormen vereiste tussen haar beoefenaars onderling en tussen hen en buitenstaanders, dan de scholastiek waartegen de nieuwe wetenschap werd afgezet.[11] Hoewel er dus altijd een verschil tussen de kenner en de onwetende zal zijn, zijn er vele manieren om dat onderscheid te maken.

Ook het verschil tussen psychologie en common sense is veranderlijk gebleken. De opvattingen over de discipline wijzigen zich voortdurend, en daarmee ook het beeld van de common sense, de achtergrond waartegen de psychologie verschijnt. Er is geen reden om aan te nemen dat de geschiedenis nu haar einde heeft bereikt en het grenswerk dat Vroon verrichtte in het voetspoor van Linschoten wel eeuwigheidswaarde zal hebben. Er is in ieder geval ruimte voor discussie over hun retoriek. De gemeenplaats die zij creëerden — de alledaagse psychologie is een theorie die wordt gekenmerkt door de overtuiging dat mensen handelen op basis van redelijkheid — is plausibel genoeg gebleken om velen te overtuigen, maar er kunnen wel degelijk kanttekeningen bij worden geplaatst.

Is het, ten eerste, wel zo vanzelfsprekend dat wij onszelf redelijk achten?

Vroons eigen demarcatieretoriek bevat een argument voor het tegendeel. De gemeenplaats die hij construeert rond de menselijke verdeeldheid verdraagt zich slecht met het topos van de redelijkheid. Roken, onveilige seks, ongewilde stemmingen: 'Dergelijke verschijnselen zijn iedereen vanuit de dagelijkse ervaring bekend.'[12] Maar al te vaak bevangt ons 'een gevoel van raadselachtigheid' wanneer we over onze eigen aard en functioneren nadenken.[13] Blijkbaar is ons gemis aan rationaliteit even evident als ons geloof in de rede. Vroon prijst MacLean's werk omdat het ingaat tegen 'algemeen aanvaarde ideeën' en het laat zien 'dat wij helemaal niet zo mooi in elkaar zitten als velen van ons willen doen geloven'.[14] Anderzijds moet hij bekennen dat de theorie van MacLean ook weer niet zó revolutionair is: 'de 'gestapelde' structuur van de mens is een wijd verbreid thema in de filosofie, de literatuur en de kunst'.[15] Wellicht zijn filosofen als Plato en Schopenhauer geen vertegenwoordigers van de sensus communis, maar het idee van 'het beest in ons' is in de christelijke cultuur net zo'n gemeenplaats als de menselijke redelijkheid. 'Reeds Paulus beschreef zichzelf als een verscheurd wezen: 'Want wij weten dat de wet geestelijk is, maar ik ben vleselijk en doortrokken van zonde. Ik begrijp mijn daden niet; het goede dat ik wil, dat doe ik niet en het slechte dat ik haat, dat doe ik' (Romeinen 7: 14-15).'[16] Dat mensen niet doen wat ze zeggen, en niet zeggen wat ze doen is ook al 'vanouds bekend'.[17] De common sense is minder naïef dan gedacht.

Vroons populariteit is eveneens een aanwijzing dat hij met 'verdeeldheid' varieerde op een bekend en geliefd thema in onze cultuur.[18] Honderdduizenden lezers lieten zich gewillig hun illusies ontnemen. Zondigheid, in de oorspronkelijke christelijke betekenis, of in de seculiere variant van cynici als Vroon, is een populaire boodschap. Ongetwijfeld beschouwt elke lezer zich als minder zondig dan anderen (beleidsmakers bijvoorbeeld), maar dat verguldt slechts de pil die men gretig slikt.

Is de alledaagse psychologie, ten tweede, wel een theorie? Is een uitdrukking als 'eerst denken, dan doen' inderdaad een *opvatting* over de menselijke natuur, zoals zowel Linschoten als Vroon beweren? Een andere interpretatie is ook mogelijk. Een bericht uit *de Volkskrant* van 5 juni 1998: 'De bevelvoerders van de brandweer in Delft hebben sinds kort kleine herinneringskaartjes op zak. *Kijken, denken, doen,* luidt een kreet.' De bedoeling van de kaartjes is om onnadenkend, habitueel handelen te voorkomen en de brandweerlieden te dwingen om eerst nut en risico af te wegen. Een bevelvoerder overwoog zijn manschappen een brandend, doch onbewoond huis in te sturen: 'Hij dacht aan zijn kaartjes en besloot van niet.'[19] Rationaliteit is wellicht meer een gebod dan een geloof, een gebod dat des te urgenter is omdat men niet al te veel vertrouwen heeft in de menselijke redelijkheid. Dat het niet evident is dat de alledaagse psychologie een theorie is blijkt ook uit de felle discussies die cognitief psychologen en filosofen voeren over *folk psychology*.[20] Sommigen menen dat de cognitiewetenschap gebaseerd moet zijn op de *folk psychology*, opgevat als een verzameling impliciete theorieën en generalisaties over mentale toestanden zoals meningen en verlangens. Anderen, de eliminatief materialisten, stellen dat de *folk psychology* een fundamenteel onjuiste theorie is, die op den duur moet worden vervangen door de neurowetenschap. Er is echter een derde positie in het debat, namelijk dat de *folk psychology* überhaupt geen theorie is, niet kan worden getoetst aan wetenschappelijke maatstaven, en dus ook nooit kan worden vervangen door een 'betere theorie'.[21] Zulke kritiek wordt vaak gedragen door een pragmatistische opvatting, volgens welke common sense geen theorie is waarmee wordt beschreven, verklaard en voorspeld, maar een instrument om waarnemingen en gedrag te ordenen in een context waarin praktische waarden als nut en efficiëntie een grotere rol spelen dan wetenschappelijke normen. Een dergelijke opvatting wint ook veld in het onderzoek naar beslissen en oordelen.[22]

Linschoten zag de mogelijkheid van een pragmatistische visie op common sense. Hij moest bekennen dat de sensus communis soms het gedrag maakt. Voor wat betreft de tweede natuur is de sensus communis enerzijds een vanuit het oogpunt van de wetenschap mislukte poging tot representatie, maar anderzijds een vorm van structurering van gedrag en beleving. In de tweede natuur zijn taal en gedrag niet onafhankelijk van elkaar, maar reflexief verbonden: mensen hebben een innerlijk omdat ze over zichzelf praten in termen van een innerlijk, hoe onzinnig dat ook is. De sensus communis is dan een alledaagse psychologie die werkt als een alledaagse gedragstechnologie. De verhouding tussen psycholoog en leek zou dienovereenkomstig veranderen — de leek heeft als gedragstechnoloog meer macht dan als pseudo-psycholoog. Linschoten wees deze mogelijkheid uiteindelijk af en beperkte de psychologie tot een studie van de eerste natuur. De ideeën van Duijker en Hofstee over de dialectische aspecten van de relatie tussen psycholoog en cliënt of leek, zijn een voorbeeld van rolverdelingen die wel een gedragssturende functie van psychologische uitspraken in aanmerking nemen.

Vroon zag de mens als ontwerper, maar de leek primair als alledaags psycholoog. Men kan het ontwerp-perspectief echter ook op leken toepassen. Alledaagse psychologie, zoals de kaartjes van de Delftse brandweer, kan ook worden begrepen als een instrument om 'het eigen bestaan te ontwerpen', in het volle besef dat er aan dat bestaan veel te verbeteren valt. Men kan, met Vroon, twijfelen aan de effectiviteit van het instrument en zich tot de psychologie wenden voor effectievere gedragstechnologie dan kaartjes bedrukt met goede voornemens, common sense is echter niet vanzelfsprekend een theorie.

Is er, ten slotte, wel één alledaagse psychologie, of bestaat de eenheid die door de term 'theorie' wordt gesuggereerd niet? Nog afgezien van variatie tùssen culturen[23] lijkt de westerse common sense geen eenheid. Linschoten schreef de sensus communis 'tegenstrijdigheden' toe en zag dat als één van de gebreken ervan.[24] Roskam was dezelfde mening toegedaan: 'Hoe dubieus onze naïeve psychologische kennis is, blijkt toch wel genoegzaam uit de heterogeniteit der mensbeelden.'[25] Heterogeniteit hoeft echter geen zwakte te zijn. Volgens de (door de retorische traditie geïnspireerde) sociaal-psycholoog Michael Billig is argumentatie het medium waardoor common sense gedrag en beleving beïnvloedt.[26] De common sense bestaat niet uit pseudo-psychologische beweringen en theorieën, maar uit een verzameling argumenten: een geheel van maximes en gemeenplaatsen die ter beschikking staan wanneer mensen met elkaar of met zichzelf debatteren over hun gedrag en hun ervaringen. Met behulp van de in een cultuur vigerende topoi wordt gedrag verantwoord en geïnterpreteerd, wordt de waargenomen wereld gecategoriseerd, worden regels gesteld waaraan gedrag dient te voldoen en wordt besloten hoe te handelen. Debat, met anderen of geïnternaliseerd tot denken, is de wijze waarop common sense en gedrag verbonden zijn. De common sense voedt die argumentatie met argumenten en tegen-argumenten: elke gemeenplaats heeft volgens Billig een tegendeel. Zo kan men 'één zwaluw maakt nog geen lente' inbrengen als argument tegen 'een goed begin is het halve werk'. Deze meervoudigheid maakt volgens de cultureel antropoloog Clifford Geertz de kracht uit van de common sense: 'It is this sort of potpourri of disparate notions (..) which not only characterizes systems of common sense generally but which in fact recommends them as capable of grasping the vast multifariousness of life in the world.'[27]

Dit alles laat onverlet dat de common sense niet alleen zijn eigen kracht, maar ook zijn eigen zwakheden kent. De kritiek van psychologen op de tekortkomingen van het alledaagse denken is zeker zinnig. De hypostasering van die zwakheden tot één web van illusies en vooroordelen, doortrokken van irrationaliteit en zelfoverschatting, behoeft echter nuancering. De psychologie levert zelf, zoals hier is gebleken, materiaal voor een complexer beeld van common sense. Deze historische studie van de retorische demarcatie van de psychologie voegt daaraan toe dat psychologie en common sense niet zonder meer tegenover elkaar staan. De scherpe scheidslijnen van Linschoten en Vroon vervagen enigszins als men de retoriek waarmee ze worden getrokken verdisconteert. De wetenschapper is ook redenaar. De psychologie wordt afgebakend in een grenszone, waarin psychologische kennis en alledaagse vanzelfsprekendheden samen psychologische gemeenplaatsen vormen die psycholoog en leek, psychologie en common sense, scheiden en verbinden.

Noten

1 H.C.J. Duijker, *De problematische psychologie en andere psychologische opstellen*, Meppel 1979, 7.
2 G. Heymans, 'Een laboratorium voor experimenteele psychologie', *De gids* 60 (1896) 2, 73-100, 79.
3 S.L. Star & J.R. Griesemer, 'Institutional ecology, 'translation' and boundary objects: amateurs and professionals in Berkeley's museum of vertebrate zoology, 1907-1939', *Social studies of science* 19 (1989), 387-420; I. Löwy, 'The strenght of loose concepts — boundary concepts, federative experimental strategies and disciplinary growth: the case of immunology', *History of science* 30 (1992), 371-396; P. Galison, *Image and logic: a material culture of microphysics*, Chicago 1997.
4 F. Roels, 'Over psychognostiek en psychotechniek', *Tijdschrift voor zielkunde en opvoedingsleer* 11 (1919), 19-37.
5 G. Gigerenzer, 'From tools to theories: a heuristic of discovery in cognitive psychology', *Psychological review* 98 (1991), 254-267.
6 K. van Dam, *Fixatie op fouten; kunnen mensen beslissen?*, Amsterdam 1991.
7 Een conclusie die overigens vaak wordt betwist, zie voor (reviews van) kritische analyses bijvoorbeeld Van Dam, *Fixatie*, Gigerenzer, 'Tools to theories'; L.L. Lopes, 'The rhetoric of irrationality', *Theory & psychology* 1 (1991), 65-82.
8 Abelson & Levi, geciteerd in Van Dam, *Fixatie*, 52.
9 Zie boven, 'Kennis en deskundigheid'.
10 Hofstee meent dat psychologen hun publiek juist tegen zich in het harnas hebben gejaagd door al te vaak te wijzen op menselijke tekortkomingen, maar nog meer 'met een truc van de tweede orde die eruit bestond dat de mensheid werd afgeschilderd als te star en te geborneerd om lering te trekken uit psychologische ontmaskeringen'. W.K.B. Hofstee, 'Praktizerende psychologie', *De psycholoog* 26 (1991), 226-227, 227.
11 S. Shapin & S. Schaffer, *Leviathan and the air-pump. Hobbes, Boyle, and the experimental life*, Princeton 1985.
12 P. Vroon, *Tranen van de krokodil. Over de snelle evolutie van onze hersenen*, Baarn 1989, elfde herziene druk 1995, 36.
13 P. Vroon, *Wolfsklem. De evolutie van het menselijk gedrag*, vijfde herziene druk, Baarn 1992, 348.
14 P. Vroon, *Allemaal psychisch*, Amsterdam 1992, 50. Oorspronkelijke uitgave: Baarn 1988. 15. Vroon, *Tranen*, 45.
16 Vroon, *Wolfsklem*, 110-111.
17 Ibidem.
18 In discussie met MacLean stelde John Durant dat diens theorie eigenlijk niet meer is dan 'a very powerful metaphor' die appelleert aan 'ideas that are deeply rooted in our

culture, ideas which I have (..) summarized under the notion of 'the beast within'.
J. Durant in A. Harrington (red.), *So human a brain: knowledge and values in the neurosciences*, Boston 1992, 268.
19 M. van Driel, 'Kreet 'kijken, denken, doen' kan brandweerlieden redden', *de Volkskrant*, 5 juni 1998.
20 Zie voor een analyse van het debat W.F.G. Haselager, 'Over de legitimatie en eliminatie van meningen en verlangens. De discussie over 'folk psychology'', *Nederlands tijdschrift voor de psychologie en haar grensgebieden* 48 (1993), 1-15.
21 Zie bijvoorbeeld L.R. Baker, *Explaining attitudes*, Cambridge 1995, hfdst. 3.
22 Van Dam, *Fixatie*. Zie voor een model van de beoordelaar als pragmaticus P. White, 'A model of the layperson as a pragmatist', *Personality and social psychology bulletin* 10 (1984), 333-348.
23 A. Lillard, 'Ethnopsychologies: cultural variations in theories of mind', *Psychological bulletin* 123, 3-32.
24 Zie bijvoorbeeld J. Linschoten, *Idolen van de psycholoog*, Utrecht 1964, 198.
25 E.E. Roskam, 'Psychologie: nomologie of mythologie', *De psycholoog* 9 (1974), 1-13, 12.
26 M. Billig, *Arguing and thinking. A rhetorical approach to social psychology*, Cambridge 1987.
27 C. Geertz, 'Common sense as a cultural system', in idem, *Local knowledge. Further essays in interpretative anthropology*, New York 1983, 73-93, 91.

Verantwoording

Dit boek heeft een verleden. Het is een bewerking van mijn proefschrift *Wij psychologen; retorica en demarcatie in de geschiedenis van de Nederlandse psychologie*, Groningen 1997. Nieuw in deze uitgave is 'De geest weet zelf niet wat de geest is', alsmede het slot van 'De valstrikken van de sensus communis' en 'Iedereen doet aan psychologie'. 'De muren van het lab' is ontstaan uit 'De muren van het lab: de demarcatie van de vroege Nederlandse psychologie', een artikel dat verscheen in het tijdschrift *Kennis & methode* 18 (1994), 250-264. 'De valstrikken van de sensus communis' is deels gebaseerd op 'Are we not experimenting then? The rhetorical demarcation of psychology and common sense', *Theory & psychology* 7 (1997), 435-456. Een versie van 'De geest weet zelf niet wat de geest is' is verschenen als 'Herkenbare rebellie: psychologie en common sense in het werk van Piet Vroon' in *Feit & fictie* 4 (1999) 3, 55-66. De (anonieme) *reviewers* van deze tijdschriften dank ik voor hun commentaar.

Velen zijn mij bij het werk aan dit boek behulpzaam geweest: Tjibbe Veldkamp maakte ons beiden gelukkig door ander werk te zoeken; Piet van Strien was een betrouwbaar promotor; met mijn mede-studenten in de onderzoeksschool LOOWTOK kon ik genieten van drank en discussie tegelijk; Ruth Benschop, Douwe Draaisma, Peter van Drunen, Hans Ettema, Erik Faas en Chris Hattuma lieten zich niet uit het veld slaan door mijn koppigheid en gaven mij de steun, kritiek en goede raad die ik nodig had; Rein de Wilde verrijkte als referent mijn kantlijnen met scherp commentaar; Ad Prins waardeerde de titel; Henk Klomp deelde zijn kennis van het interbellum met mij; Willem Halffman en Marianne de Laet inspireerden; Trudy Dehue zette de standaard en gaf mij vertrouwen; Else de Jonge wist voor dit boek subsidie te verwerven. Het is mij een genoegen hen allen hier te kunnen bedanken.

Steun kreeg ik ook van vier instellingen: het Archief en Documentatiecentrum Nederlandse Psychologie was niet alleen een onvervangbare bron van materiaal maar verzorgde bovendien mijn proefschrift; de Faculteit PPSW van de Rijksuniversiteit Groningen was een aangename werkgever; NWO en de Stichting WeTeN ondersteunden deze uitgave elk met een genereuze subsidie.

Dank, ten slotte, aan de zeer bedankbare Anne Beaulieu.